NONGYE
JINGZHUN FUPIN YINLUN

农业
精准扶贫引论

张子睿　谭军华 ◎ 著

图书在版编目（CIP）数据

农业精准扶贫引论 / 张子睿，谭军华著. -- 北京：中国商务出版社，2019.1
ISBN 978-7-5103-2669-1

Ⅰ.①农… Ⅱ.①张…②谭… Ⅲ.①农村－扶贫－研究－中国 Ⅳ.①F323.8

中国版本图书馆CIP数据核字（2018）第258749号

农业精准扶贫引论
NONGYE JINGZHUN FUPIN YINLUN
张子睿　谭军华　著

出　　版：	中国商务出版社
地　　址：	北京市东城区安定门外大街东后巷28号　邮编：100710
电　　话：	64245686
责任编辑：	陈红雷

总 发 行：	中国商务出版社发行部　（010-64266193　64515150）
网　　址：	http://www.cctpress.com
邮　　箱：	cctp@cctpress.com
排　　版：	杨　琴
印　　刷：	北京盛彩捷印刷有限公司
开　　本：	710毫米×1000毫米　1/16
印　　张：	14　　　　　　　　　　字　　数：205千字
版　　次：	2019年1月第1版　　　印　　次：2019年1月第1次印刷
书　　号：	ISBN 978-7-5103-2669-1
定　　价：	49.00元

凡所购本版图书有印装质量问题，请与本社总编室联系。（电话：010-64212247）
版权所有 盗版必究（盗版侵权举报可发邮件到本社邮箱：cctp@cctpress.com）

前 言

习近平总书记在十九大报告中这样定义我们所处的时代："这个新时代，是承前启后、继往开来、在新的历史条件下继续夺取中国特色社会主义伟大胜利的时代，是决胜全面建成小康社会、进而全面建设社会主义现代化强国的时代，是全国各族人民团结奋斗、不断创造美好生活、逐步实现全体人民共同富裕的时代，是全体中华儿女勠力同心、奋力实现中华民族伟大复兴中国梦的时代，是我国日益走近世界舞台中央、不断为人类做出更大贡献的时代。"[①]

在中国这个新时代，农业以及以农村、农业、农民为表述形式的"三农"问题是一个无法回避的话题。现代中国经济发展迅猛，人口基数庞大，农业是安天下、稳民心的基础产业和战略产业。

中国近四十年的改革开放开始于农业领域，农村成为改革开放第一个受益区域，农民也成为改革开放第一类受益人群，也相当多的农民也以"农民工"等身份为城市改革做出贡献。随着改革的深入，农业增加值虽然不断提高，但是在中国三大产业的比重却逐步下降，国家统计局有关数据显示1952年第一产业在中国三大产业比重为50.95%，1978年为28.19%，1982年达到1978年以后最高值33.39%，以后虽然个别相近年份小有波动，但是总体下降，直到2016年降低到8.56%。

上述数据显示，农村经济发展是关系到实现中国决胜全面建成小康社会目标的重要因素，"中国特色社会主义进入新时代，我国社会主要矛盾已经转化

[①] 决胜全面建成小康社会夺取新时代中国特色社会主义伟大胜利——在中国共产党第十九次全国代表大会上的报告，中国共产党第十九次全国代表大会文件汇编，[M].北京：人民出版社，2017，第9页.

为人民日益增长的美好生活需要和不平衡不充分的发展之间的矛盾。"①不解决少数贫困人口的小康社会不是真正的小康。

全面建成小康社会的"全面"二字是关键，要解决关键少数就要大力解决贫困人口脱贫问题。"坚决打赢脱贫攻坚战。让贫困人口和贫困地区同全国一道进入全面小康社会是我们党的庄严承诺。要动员全党全国全社会力量，坚持精准扶贫、精准脱贫，坚持中央统筹、省负总责、市县抓落实的工作机制，强化党政一把手负总责的责任制，坚持大扶贫格局，注重扶贫同扶志、扶智相结合，深入实施东西部扶贫协作，重点攻克深度贫困地区脱贫任务，确保到2020年我国现行标准下农村贫困人口实现脱贫，贫困县全部摘帽，解决区域性整体贫困，做到脱真贫、真脱贫。"②

"中华民族伟大复兴，绝不是轻轻松松、敲锣打鼓就能实现的。"③虽然城市也有贫困人口存在，但是打赢脱贫攻坚战的关键在农村。要在农村实现脱真贫、真脱贫就需要多方面努力，开展全面系统的工作。

中国的扶贫工作由来已久，带着资金和技术去农村扶贫的案例很多，农业推广是一个重要的手段。笔者2012年起为农业推广专业硕士学生讲授"自然辩证法"，在介绍课程定位的时候，笔者阐明这是马克思理论体系中的一个分支（源于恩格斯同名著作），也是一门哲学课程。于是，课下有学生提问：在农业推广领域中真有令人感兴趣的、值得研究的哲学问题吗？在课程教学中，笔者讲述科学技术与社会的问题时又将学生提出的问题作为另一个思考题反问给学生：

---

① 决胜全面建成小康社会夺取新时代中国特色社会主义伟大胜利——在中国共产党第十九次全国代表大会上的报告，中国共产党第十九次全国代表大会文件汇编，[M].北京：人民出版社，2017，第9页．

② 决胜全面建成小康社会夺取新时代中国特色社会主义伟大胜利——在中国共产党第十九次全国代表大会上的报告，中国共产党第十九次全国代表大会文件汇编，[M].北京：人民出版社，2017，第38-39页．

③ 决胜全面建成小康社会夺取新时代中国特色社会主义伟大胜利——在中国共产党第十九次全国代表大会上的报告，中国共产党第十九次全国代表大会文件汇编，[M].北京：人民出版社，2017，第12页．

前言

"在解决农村最贫困人口发展的时候，是否要考虑技术以外的因素，农业硕士（曾经名为农业推广硕士）学生作为农业领域高素质应用型人才，除了专业技术还有哪些内容的知识需要掌握？如果你将来成为大学生村党支部书记助理或村长助理（习惯表述为大学生村官）或者扶贫第一书记，需要进行哪些知识和能力的储备？"

这些看起来与课程不相关的问题，其实却十分重要。笔者针对农业硕士学生进行过调研，很多学生对专业不了解，一部分人甚至在报考之初看重的竟然是农业硕士在专业硕士中录取分数线较低。于是，就会出现农业硕士毕业生的去向是北京某市内各区做小学老师。这些现象的背后有许多值得反思的问题。如何解决农业领域扶贫工作的典型问题？为农业领域精准扶贫提供合理的建议是一个意义重大的课题。

本书分五部分，第一部分，首先介绍农业精准扶贫的基本问题并分析农业精准扶贫的本质；可以被称为农业精准扶贫基础问题概述。第二部分，以探讨技术概念为出发点，分析技术的概念、农业技术的本质、马克思农业技术思想，用马克思主义理论观点分析技术异化，以及技术异化与农业精准扶贫工作的关系；可以被称为农业精准扶贫所需的马克思主义思想理论回顾。第三部分，从哲学角度分析、农业精准扶贫的动力、农业精准扶贫的主体与客体、农业精准扶贫的工作方法；可以被称为农业精准扶贫的基本规定。第四部分，分析农业精准扶贫的社会作用、时代价值、典型案例，以及扶贫人才的能力体系，可以被称为农业精准扶贫的社会价值论。本书作者既是长期从事农村区域发展研究的学者，还是关注农业及其他领域的高校创业教育研究者及创业"前天使投资人"，作者希望在对自己工作总结的基础上进行理论上的分析与思考，达到为农业领域扶贫工作厘清一些理论思路，为农业领域精准扶贫工作提供一点参考的目标。本书可以作为农业领域精准扶贫工作者的阅读读本，也可以作为立志参与农业领域扶贫工作的青年学子的辅助读本。由于作者水平有限，加之时间仓促，书中不当之处在所难免，恳请同行专家予以斧正。

2018.1.6

目录
CONTENTS

第一章 农业精准扶贫的基本问题

一、农业是什么 　　　　　　　　　　　　　　5
二、农业知识、技术是什么 　　　　　　　　　9
三、农业扶贫 　　　　　　　　　　　　　　　11
四、农业扶贫中的非技术领域问题分析 　　　14

第二章 农业精准扶贫的本质

一、农业的本质及特点 　　　　　　　　　　18
二、农业精准扶贫的二重性 　　　　　　　　22

第三章 农业技术及马克思农业技术思想

一、技术与农业技术 　　　　　　　　　　　25
二、马克思农业技术思想回顾 　　　　　　　31

第四章 异化、技术异化与农业技术异化

一、异化与马克思的异化理论 41
二、技术异化 47
三、现代农业技术异化的表现形式 54
四、现代农业技术异化的成因 58

第五章 农业精准扶贫的动力

一、需要是农业精准扶贫的原始动力 63
二、利益是农业精准扶贫的直接动力 71

第六章 农业精准扶贫的主体与客体

一、农业精准扶贫工作主体因素分析 78
二、农业精准扶贫客体分析 86
三、农业精准扶贫主客体的辩证关系 95

第七章　农业精准扶贫的工作方法

一、农业精准扶贫工作方法分析　　　　　　　　　99
二、系统方法　　　　　　　　　　　　　　　　　105
三、数学方法　　　　　　　　　　　　　　　　　108
四、预测方法　　　　　　　　　　　　　　　　　110
五、决策与问题简化方法　　　　　　　　　　　　113

第八章　农业精准扶贫的社会作用

一、农业精准扶贫与经济　　　　　　　　　　　　123
二、农业精准扶贫与社会生活　　　　　　　　　　127
三、国家干预与农业精准扶贫　　　　　　　　　　129
四、农业精准扶贫与文化　　　　　　　　　　　　132

第九章　农业精准扶贫的时代特征

- 一、农业精准扶贫与马克思主义哲学时代化　135
- 二、农业精准扶贫与生态文明　144
- 三、农业精准扶贫的典型案例　153

第十章　农业精准扶贫人才能力体系分析

- 一、农业精准扶贫工作者的政治学习能力　167
- 二、农业精准扶贫工作者的系统思维能力　174
- 三、农业精准扶贫工作者的问题意识　187
- 四、农业精准扶贫工作者的信息收集能力　195
- 五、农业精准扶贫工作者的创新能力　207

参考文献

第一章　农业精准扶贫的基本问题

人类历史上最早出现的物质生产形式就是农业，人类最基础的生活资料完全来自农业。人们常说人类的基本需求衣食住行，农业则提供最基本的衣食。在中国古代，统治者都高度重视农业生产。当代中国人口总数居于世界第一，无农不稳，农业以及与之相关的粮食供给安全、食品质量安全等问题密切相关，因此可以说农业是国民经济健康发展的基石，是人类社会存在与发展的必要条件。马克思曾经对此有系统论述："一切人类生存的第一个前提也就是一切历史的第一个前提，这个前提就是：人们为了能够'创造历史'，必须能够生活。但是为了生活，首先就需要衣、食、住以及其他东西。因此第一个历史活动就是生产满足这些需要的资料，即生产物质生活本身。"[1] 农业所生产的产品是人类生存所必需的生活和生产资料，没有农业很多部门将无法获得劳动力和原材料。现代社会，人类的生产生活形式越来越多样化，而农业与其他业态的交叉、融合也越来越多。例如人类相对休闲时间增加和单位时间内劳动强度加大，人类的回归自然的需求迅速增加。于是，所谓观光农业、休闲农业的概念随之产生，农业成为现代服务业、旅游业有机组成部分。人们对于古老的事物和生活娱乐的留恋，促进了创意产业和农业的有机结合。

根据国家统计局有关数据笔者整理了1952~2016年中国三大产业增加值及比重表（如表1-1所示）在农业业态的不断丰富，促进了农业产业增加值不断增加。然而，一个更加现实的问题是农业为主体的第一产业在中国三大产业比

---

[1] 马克思，恩格斯.马克思恩格斯全集：第1卷[M].北京：人民出版社，1972：第32页.

重总体呈现出不断下降的趋势，尤其是1978年改革开放以来的变化主要表现如下：第一，农业在1978年改革开放之后曾经在1979-1985年有过一段高于1978年占比28.19%，总体就再没有超过1978年；第二，农业在1978年改革开放之后占比高于前一年只有1979、1981、1982、1990年四个年份。

分析上述数据，可以得出的结论是：1978年农村改革在短期内迅速解放了农业生产力，而后随着改革开放深入，二、三产业迅速发展，农业占比下降是总体趋势（1982年唯一反弹一年是因为1989年西方国家实施了一些手段影响出口产品订单，导致二、三产业占比略有下降）。大量农业劳动力人口转入第二、第三产业工作促进了二、三产业进步，也使农村劳动力减少，农村空巢化严重，使得三农问题更加突出。

表1-1　1952-2016年中国三大产业增加值及比重[①]

年份	国内生产总值（亿元）	产业增加值（亿元）			三大产业比重（%）		
		第一产业	第二产业	第三产业	第一产业	第二产业	第三产业
1952	679	346	142	191	50.95%	20.88%	28.16%
1953	824	381	193	250	46.27%	23.36%	30.37%
1954	859	396	212	252	46.02%	24.63%	29.34%
1955	911	425	222	264	46.64%	24.40%	28.96%
1956	1029	448	281	300	43.53%	27.28%	29.19%
1957	1069	434	317	318	40.57%	29.65%	29.78%
1958	1308	450	484	375	34.39%	36.96%	28.65%
1959	1440	387	616	438	26.89%	42.73%	30.38%
1960	1457	344	648	466	23.59%	44.47%	31.94%
1961	1221	445	389	387	36.45%	31.85%	31.70%
1962	1151	457	359	335	39.71%	31.21%	29.08%
1963	1236	502	408	327	40.60%	32.97%	26.43%

① 根据国家统计局有关数据整理制表

续表

年份	（亿元）国内生产总值	产业增加值（亿元）第一产业	第二产业	第三产业	三大产业比重（%）第一产业	第二产业	第三产业
1964	1456	564	514	378	38.75%	35.28%	25.97%
1965	1717	657	602	458	38.26%	35.07%	26.67%
1966	1873	708	710	455	37.83%	37.88%	24.30%
1967	1780	721	603	457	40.48%	33.86%	25.66%
1968	1730	733	537	460	42.36%	31.05%	26.59%
1969	1946	743	689	514	38.18%	35.42%	26.41%
1970	2261	800	912	549	35.40%	40.34%	24.26%
1971	2435	834	1023	579	34.24%	42.00%	23.77%
1972	2530	835	1084	611	32.99%	42.85%	24.16%
1973	2733	916	1173	645	33.50%	42.91%	23.59%
1974	2804	954	1192	658	34.01%	42.51%	23.47%
1975	3013	980	1371	663	32.52%	45.48%	22.00%
1976	2961	976	1337	649	32.95%	45.15%	21.90%
1977	3221	951	1509	761	29.51%	46.85%	23.64%
1978	3645	1028	1745	872	28.19%	47.88%	23.94%
1979	4063	1270	1914	879	31.27%	47.10%	21.63%
1980	4546	1372	2192	982	30.17%	48.22%	21.60%
1981	4892	1559	2256	1077	31.88%	46.11%	22.01%
1982	5323	1777	2383	1163	33.39%	44.77%	21.85%
1983	5963	1978	2646	1338	33.18%	44.38%	22.44%
1984	7208	2316	3106	1786	32.13%	43.09%	24.78%
1985	9016	2564	3867	2585	28.44%	42.89%	28.67%
1986	10275	2789	4493	2994	27.14%	43.72%	29.14%
1987	12059	3233	5252	3574	26.81%	43.55%	29.64%
1988	15043	3865	6587	4590	25.70%	43.79%	30.51%
1989	16992	4266	7278	5448	25.11%	42.83%	32.06%
1990	18668	5062	7717	5888	27.12%	41.34%	31.54%

续表

年份	（亿元）国内生产总值	产业增加值（亿元）			三大产业比重（%）		
		第一产业	第二产业	第三产业	第一产业	第二产业	第三产业
1991	21781	5342	9102	7337	24.53%	41.79%	33.69%
1992	26923	5867	11700	9357	21.79%	43.45%	34.76%
1993	35334	6964	16454	11916	19.71%	46.57%	33.72%
1994	48198	9573	22445	16180	19.86%	46.57%	33.57%
1995	60794	12136	28679	19978	19.96%	47.18%	32.86%
1996	71177	14015	33835	23326	19.69%	47.54%	32.77%
1997	78973	14442	37543	26988	18.29%	47.54%	34.17%
1998	84402	14818	39004	30580	17.56%	46.21%	36.23%
1999	89677	14770	41034	33873	16.47%	45.76%	37.77%
2000	99215	14945	45556	38714	15.06%	45.92%	39.02%
2001	109655	15781	49512	44362	14.39%	45.15%	40.46%
2002	120333	16537	53897	49899	13.74%	44.79%	41.47%
2003	135823	17382	62436	56005	12.80%	45.97%	41.23%
2004	159878	21413	73904	64561	13.39%	46.23%	40.38%
2005	184937	22420	87598	74919	12.12%	47.37%	40.51%
2006	216314	24040	103720	88555	11.11%	47.95%	40.94%
2007	265810	28627	125831	111352	10.77%	47.34%	41.89%
2008	314045	33702	149003	131340	10.73%	47.45%	41.82%
2009	340903	35226	157639	148038	10.33%	46.24%	43.43%
2010	401513	40534	187383	173596	10.10%	46.67%	43.24%
2011	471564	47712	220592	203260	10.12%	46.78%	43.10%
2012	519322	52377	235319	231626	10.09%	45.31%	44.60%
2013	588019	55322	256810	275887	9.41%	43.67%	46.92%
2014	636139	58336	271765	306038	9.17%	42.72%	48.11%
2015	676708	60863	274278	341567	8.99%	40.53%	50.48%
2016	744127	63671	296236	384221	8.56%	39.81%	51.63%

当代社会，农村脱贫问题的重要性进一步凸显。农业已经不仅仅是一个生产、生产技术的问题，而是一个新的大系统。这一系统涉及的问题大致包括：农业技术、农业相关产业技术、农业相关领域的人、农业相关领域的人组成的社会子系统关系、农业社会子系统与自然系统关系、农业社会子系统与社会系统关系。而上述问题几乎每一个问题都与农业扶贫密切相关。因此从哲学、社会学、教育的视角对上述问题进行审视与探讨意义是十分重大。

要解决这一系列问题，就需要首先回答如下问题：农业是什么？农业知识、技术是什么？农业扶贫工作是什么？农业扶贫中的非技术领域问题有哪些？

一、农业是什么

农业生产是最重要的人类活动之一，是人类生存不可或缺的实践活动，尤其是当代全世界人口已经超过 65 亿之后，没有农业是不可想象的。农业的发展，是人类发展的基础。也引发了令人不安的、涉及广泛的社会问题。在农业的发展历程中，农业产业的具体功能不断分化和细化，人类对农业的认识也不断深入。中国古代对农业的认识为"辟土殖谷曰农"[1]，西方农业（agriculture）一词来源于拉丁语 agricultura，agri 的意思是田地，cultura 是指栽培、耕作。但是，也必须看到关于农业概念外延之争古而有之。最早关于这个问题的论争可以从瓦罗在《论农业》中的叙述见到："和农业有关的是只有土地的播种呢，还是要牵连带到土地上来的诸如牛羊等这样一些东西。"[2] 瓦罗进一步分析，"因为一个所有主从他的土地直接或间接取得的一切受益，不能一律归之于农业，只有那些在播种之后，从土地里生长出来以供人们消费的东西，才可以归之于农业。"[3] 由此不难发现，古代农业的重点是种植业。

---

[1] 班固.汉书［M］.北京：中华书局，2005：第 943 页.
[2] 瓦罗.论农业［M］.王家绶，译.北京：商务印书馆，1981：第 25 页.
[3] 瓦罗.论农业［M］.王家绶，译.北京：商务印书馆，1981：第 27 页.

查阅古今中外文献，可以找到关于农业重要地位的论述。《尚书》中说"食为政首"，《国语·周语》中"夫民之大事在农"，《劝农诏》中说"国以民为本，民以食为天"，《王祯农书》中提到"农，天下之大本也。故古先圣贤，敬民事，首重农"，毛泽东也说过："手中有粮，心中不慌"。古希腊思想家色诺芬十分重视农业的社会地位，认为农业是其他技艺的母亲和保姆，是增加财富、维持军队开支和缴纳贡物的手段，是锻炼身体、培养技艺和造就人的手段[①]。亚当·斯密则认为，农业提供国民经济中每年全部生产物的一部分，为都市和工业提供原料与生活资料，为工业提供了制成品的市场[②]。

在农业产生之前，人类主要依靠简单的采集、狩猎方式生存的，利用来自大自然的生物作为食品来源。此时由于没有剩余食品，人类社会发展缓慢。只有当人类生存所需的食品得到基本的满足之后，人类才能不断进步。正如马克思所论述的："最文明的民族也同最不发达的未开化民族一样，必须先保证自己有食物，然后才能去照顾其他事情。财富的增长和文明的进步，通常都与生产食品所需要的劳动和费用的减少成相等的比例"[③]。

以种植业和养殖业为主要形式的农业生产的出现，为人类发展提供关键条件。农业生产力和劳动生产率的不断提高，人类生存所需的食物不断增多；剩余产品增多，使得一部分劳动力可以从农业中分离出来，其他产业和经济形式逐步出现，人类开始从事其他生产和文化、政治活动。马克思认为："在一个国家里，剩余劳动首先必须在农业中出现，然后才有可能在从农业取得原料的那些工业部门中出现"[④]"农业劳动的这种自然生产率，是一切剩余劳动的基础，因为一切劳动首先而且最初是以占有和生产食物为目的的。"[⑤]

近代资本主义社会，国民经济其他部门彻底与农业分离，现代农业产业也

---

① 李宗正.西方农业经济思想[M].北京：中国物资出版社，1996：第9页.
② 李宗正.西方农业经济思想[M].北京：中国物资出版社，1996：第78页.
③ 马克思，恩格斯.马克思恩格斯全集：第9卷[M].北京：人民出版社，1961：第347页.
④ 马克思，恩格斯.马克思恩格斯全集：第26卷[M].北京：人民出版社，1972：第162页.
⑤ 马克思，恩格斯.马克思恩格斯全集：第25卷[M].北京：人民出版社，1974：第712页.

成为国民经济部门中相对独立的部门。随着社会的发展，以工业为代表的第二产业和以服务业为代表的第三产业逐渐在国民经济中占据主要地位。现代农业在国民经济中所占的比例越来越小，从数字上看对社会经济的贡献也越来越小。但是，农业作为提供生活必需品的业态，仍然是决定和制约其他产业的基础，在社会发展中处于基础性地位。恩格斯认为："农业是整个古代世界的决定性的生产部门，现在它更是这样了。"[1]

中国也一直将农业作为国民经济的基础。改革开放的总设计师邓小平同志一贯坚持经济工作要确立"以农业为基础、为农业服务"[2]的思想，他指出，"工业越发展，越要把农业放在第一位"[3]。

随着时代的发展，科学技术不断进步；现代人更应当从多角度去看待分析农业，比较典型的观点有如下几种：

第一种，认为农业是一种生产部门。《中国大百科全书》就将农业定义为："以动物植物和微生物为劳动对象，以土地为基本生产资料，通过人工培育和饲养，以取得人们需要的产品的物质生产部门。"[4]当代中国学者大多认为农业是一个生产部门，邹德秀认为："农业是依靠植物、动物、微生物的机能，通过人的劳动去控制、强化农业生物的生长发育过程，来取得社会所需要的产品的生产部门"[5]；高亮之认为："农业是人类对植物与动物进行种植、饲养或管理，并将其产品为人类自身利用的一种综合性产业"[6]；张湘琴认为："农业是人类通过社会生产劳动，利用社会资源和自然资源，促进生物有机体生命机能的活动过程，以取得人类所需产品的生产活动，以及从属于这类生产活动的其他部门的总称。"[7]

---

[1] 马克思，恩格斯.马克思恩格斯全集：第21卷［M］.北京：人民出版社版，1965：第169页.
[2] 邓小平.邓小平文选：第2卷［M］.北京：人民出版社，1983：第28页.
[3] 邓小平.邓小平文选：第2卷［M］.北京：人民出版社，1983：第29页.
[4] 徐惟诚.中国大百科全书［M］.精粹本.北京：中国大百科全书出版社，2002：第526页.
[5] 邹德秀.绿色的哲理［M］.北京：农业出版社，1990：第77页.
[6] 高亮之.农业系统学基础［M］.南京：江苏科学技术出版社，1993：第11页.
[7] 本书写作组.农业哲学基础［M］.北京：科学出版社，1991：第1页.

第二种，认为农业是一种自然——经济过程。马克思在《资本论》中说，"经济的再生产过程，不管它的特殊的社会性质如何，在这个部门（农业）内，总是同一个自然的再生产过程交织在一起。"① 国内外经济领域一般认为：农业是国民经济的一个部门，在现代国民经济中被称为第一产业。农业的本质是人类利用生物有机体的生命力，把外界环境中的物质和能量转化为生物产品，以满足社会需要的一种生产经济活动。

第三种，认为农业是一种综合活动。于光远先生认为②：农业分为严格意义上的科学概念和日常用语中的概念。严格科学意义下的农业的概念是与工业相区别的。农业是依靠生物的生长发育来取得产品，在生命活动终止的地方，农业也就终止。国外学者斯佩丁认为："农业主要是为了生产食物和纤维（和燃料以及许多其他物质）而进行的人的活动，这是通过有目的、有控制地使用（主要是陆地上的）植物和动物来实现的。"③ 日本学者祖田修将农业定义为："通过保护和活用地域资源，管理和培育有利于人类的生物来实现经济价值、生态环境价值和生活价值的均衡与和谐的人类的目的性社会活动。"④

第四种，认为农业是一种技术技艺。《不列颠百科全书》将农业视为农业技术，"农业：耕耘土地、种植和收获庄稼、饲养牲畜的科学和技术。"⑤ 美国学者约翰·H·帕金斯认为："农业是一套利用自然资源来生产食品的复杂技术，使人们能够较好地利用作为农业基础的自然资源——阳光、土壤、作物、水分和气候。"⑥

随着对于"农业、农村、农民"问题（本书以下简称三农问题）研究的深入，对于农业概念的研究也越来越系统。笔者认为农业概念的内涵主要包括如下几点：

首先，农业是人类历史上的一种长期性的实践活动，它是人类认识自然、

---

① 马克思，恩格斯.马克思恩格斯全集：第24卷[M].北京：人民出版社，1975：第398页.
② 于光远.关于发展我国农业的一些问题[M].北京：农业出版社，1980：第175~178页.
③ 斯佩丁.农业系统导论[M]吕永祯，等译.兰州：甘肃人民出版社，1984：第6页.
④ 祖田修.农学原论[M]北京：中国人民大学出版社，2003：第57页.
⑤ 不列颠百科全书公司.不列颠百科全书[M].北京：中国大百科全书出版社，1999：第125页.
⑥ 帕金斯.地缘政治与绿色革命：小麦、基因与冷战[M].北京：华夏出版社，2001：第3页.

改造自然的开端和重要组成部分。农业领域的发明创造是人类进步的基础。

其次,农业生产实践的对象是具体的生物有机体及其所存在的环境,农业生产实践的根本目的是改变具体生物有机体的生命过程及其所存在的具体环境。农业创造了人类生存的必需物质产品。

再次,农业作为一个专门产业,是由单一的活动(如农业产生之前的采集活动或狩猎活动)逐步发展起来的,并逐步形成一个相对系统的物质产品生产集合体,一般涉及种、管、养及其方法、制度等因素。

最后,近现代科学技术的不断发展,对农业产生巨大影响,这种影响的直接后果就是工业等领域的技术与方法开始大量向农业领域转移与渗透,在渗透过程中,交叉学科的技术和理念进入农业领域导致农业很难彻底的封闭化。系统的相对开放,导致物理、化学、生物学和管理学与农业融合,使农业成为一个更加复杂的生产技术体系。

回顾人类的发展历史,人类所需要的最基本的生活资料和原料,主要由农业生物产品来提供。虽然随着人类科技飞速发展,人类可以用工业手段合成食品添加剂,但是仍旧不可以合成食品,在人类的未来农业仍是人类社会的衣、食之源和生存的基础。历史经验同样证明:只有当从事农业生产的劳动者能够提供剩余农产品时,人类社会的其他经济、政治和文化活动才有可能实现。剩余农业产品和"超越劳动者个人需要的农业劳动生产率,是一切社会的基础"[1],农业是人类社会发展的基础。

二、农业知识、技术是什么

研究农业就必须关注农业技术,农业技术是农业生产实践中使用的方法、知识的体系,人类对农业生产实践,发展了农业知识、技术本身,同时也深化

---

[1] 马克思,恩格斯.马克思恩格斯全集:第25卷[M].北京:人民出版社,1974:第885页.

了人类对农业知识、技术的认识。要从哲学角度分析研究农业,就需要界定探讨农业技术是什么?人类从古至今对农业知识、技术的表述很多。概括地说包括如下几种:

第一种,认为农业知识、技术是具体的技能。古罗马时代瓦罗就认为,应用于农业的知识"不仅仅是一种技艺,而且是一种既必需又重要的技艺;它教给我们在各种不同的土地上,要种怎样一些庄稼和使用怎样一些方法,什么样的土地能不断地提供最高的产量"[1]。

第二种,认为农业知识、技术是具体的生产要素。日本学者角田公正指出,农业技术由生产的主体、生产的对象、生产的手段、生产的环境四大要素构成[2]。中国学者葛松林认为,中国古代农业技术的构成主要有作为田器的工具技术、人的技能和智慧的技能技术及方法技术[3]。

第三种,认为农业知识、技术是工业化过程。海德格尔在讨论现代技术时论述:"就连田地的耕作也已经沦于一种完全不同的摆置着自然的订造的漩涡中了。它在促逼意义上摆置自然。于是,耕作农业成了机械化的食物工业。"[4]

第四种,认为农业知识、技术是各种知识和技术的总和。中央政策研究室农村局局长冯海发认为[5]:农业技术是人类根据农业生产的实践经验和应用科学原理发展而成的各种农事操作的方法、技能、生产手段及其他物质装备的总称,是由许多部分组成的一个有机体。根据农业技术是否具有实物形态将其划分为无形技术和有形技术;根据农业技术来源于经验还是科学将其划分为传统技术与现代技术;根据农业技术的作用方式将其划分为生物技术与机械技术;根据农业技术本身自然特性将其划分为有机技术与无机技术;根据是否被直接运用于生产将其划分为生产技术与管理技术。

---

[1] 瓦罗.论农业[M].王家绶,译.北京:商务印书馆,1981:第29页.
[2] 角田公正.谈谈农业技术的四大要素[J].农业现代化研究,1985(3):第60页.
[3] 葛松林.中国古代农业技术哲学思想初探[J].科学技术与辩证法,1995(2):第14页.
[4] 海德格尔.海德格尔选集:下[M].上海:上海三联书店,1996:第933页.
[5] 冯海发.试论农业技术结构的发展趋势及其对策[J].农业现代化研究,1986(2):第27页.

三、农业扶贫

在人类的发展历程中，农业的发展是重要的组成部分。而当代农业的发展也使农业生产活动从封闭走向开放，以生产技术为例，现代生物技术、信息技术等高新技术在农业上的应用成为农业生产变革的主要形式，具体地说可以包括农业生物技术、信息技术、数字技术及激光技术、空间技术、设施农业技术和海洋技术。

在技术飞速发展的同时，中国"三农"领域所使用的具体技术还相对落后。农业发展必须依靠科学技术，科学技术的转化必须依靠技术推广，这是解决农业发展问题特别是落后地区农业发展问题的关键。1949年新中国成立以来，农业技术推广工作为农业增产、农民增收、农村繁荣做出了巨大贡献。

农业精准扶贫工作是国家为解决"三农"领域问题提出的对策，该政策反映了国家开展农业扶贫工作的指导思想和政策目标，对农业扶贫工作进行管理的方式、方法，以及采取的具体措施。随着社会的不断进步，农业扶贫体制也不断发展和完善。当代世界，农业技术发展模式在每个国家都不相同，即使在同一个国家的不同地区，也可能不完全相同。在我国比较典型的农业扶贫模式主要包括如下几种：

第一种，常规农业扶贫模式。这种模式也可以被称为传递服务模式，这种模式在发展中国家中比较普遍。传递服务模式最主要的目标是增产增收；服务对象是全体农民，在具体的工作中往往选择一些类群的农户作为联系户、示范户；一般会在政府农业部门领导下设立推广机构；主要采用直接面向个人的推广方法，对农民进行宣传、培训、示范和指导等活动；推广人员充当教育者和信息的传播者。

第二种，培训与访问相结合模式。这种模式是一种在常规推广模式基础上的改进模式。基本上是由政府引领，建设国家农业精准扶贫工作队伍作为工作主体，同时吸收民间组织参与。中国的农民合作社就是在这一背景下产生的。

第三种，商品发展与生产系统。这种模式，农业扶贫工作是同投入供应、技术引进及其他农业服务相联系的。这种系统的目标主要是发展单项商品，对技术开发、技术传播、市场销售都有周密安排。其对象一般只限于这种商品产区内的农民，通常是由为生产某一商品而设立的独立的、半自主的专业公司来为农民提供有关的研究、推广、投入供应及其他市场信息服务。

第四种，项目带动推广模式。这种模式主要通过重大项目的支持，将信贷、水利、农业等部门整合在一起，为农户开展系列化服务。一些地区农业发展过程中缺乏合作或投入，通过这种模式，可以在某一特定地理区域内组织有关影响农业发展的专题项目合作，共同促进当地的农业生产发展。

第五种，综合乡村发展计划模式。这种模式依据具体地区的经济、社会发展目标确定工作目标。主要内容包括：引进技术以提高农业产量和增加收入；提高农民素质，尤其是激发农民的自信心和创造精神；发展卫生、交通及基础教育等方面的目标。

第六种，农作系统开发模式。这种模式以农户（农场）为综合整体，通过开发系统技术，使农户取得综合效益。这种模式的目的是向技术扶贫人员提供专为满足当地耕作条件及农户的需要和利益而进行研究的成果。实地人员一般专业化程度很高。计划是通过研究和技术扶贫人员的互助合作以及同当地农民的合作来实现的。农作系统开发方式的特点是要求在推广人员与科研人员之间建立一种合作的伙伴关系，要求他们一起深入农村，进行农业产业系统的分析研究，充分了解农户或农场的需要，把农户或农场视为一个综合系统。

随着科技的不断进步，农民经济实力的增强，依托技术开展的农业扶贫将会发挥更大作用。具体地说依托技术开展的农业扶贫趋势是：农业技术推广工作的目标由增加产量向以经济效益、社会效益和生态效益为中心转移，并逐步发展到把农村、农业、农民生产的发展与生活的改善作为农业精准扶贫的总目标；农业技术推广工作的内容由产中服务向产前、产后服务纵深拓展，并逐步发展成为农业精准扶贫咨询服务,即除去农业外,还包括农民所需要的其他生产、生活领域,如社会、经济、市场、管理、信贷、家政、法律、文化等,从而更多地重视在农村社会市场经济发展的基础上对人力资源的开发;农业技术推广服务的对象不再只是农民,而应当是全体农村人民推广的策略方式,由自上而下行政指令驱动式向以由下而上自愿参与咨询式为主并辅以其他模式过渡;农业服务的组织体系进一步向多元化综合型方向发展,民间组织力量将不断加强;"三农"领域服务的手段和方法不断更新。沟通将成为农业精准扶贫咨询的重要方法,计算机及大众传媒将被广泛应用。不同地区农业生产潜力、经济发展水平差异及产业结构不同,针对不同地区采取不同的,在不同地区应因地制宜地确定不同模式理论。再者,根据各个地区的产业结构,在不同地区应因地制宜地确定以某种具体模式为主,辅以其他多种模式按一定程序分类型确定推广的组合模式。笔者认为未来农业精准扶贫体制将呈现以下特征:

首先,农业精准扶贫要素将呈现多元化特点。农村工作领导机构、农业科研机关、农业院校、农业技术推广单位、农民)等都将成为农业精准扶贫的相关参与者,农业精准扶贫工作内容除去农业外,还涉及农民所需要的其他生产、生活领域,如社会、经济、市场、管理、信贷、家政、法律、文化等。

其次,农业扶贫模式的复杂化。单一的农业扶贫模式不再适合越来越复杂的农业经济社会,这就要求各种农业扶贫模式进行优化组合,共同发挥作用。对于高新技术的推广可以采用政府资助有偿服务的信息咨询模式、技术转让模式、高新技术开发、技术辐射模式,完善相应的技术市场和市场机制(如目前采用的"公司加农户""民间组织加农户"的多元化组织模式,或者类似于"公司加协会加农户"式的各种组合模式,这些模式的服务方式的多样化且不断增加有偿服务方式,逐步形成城郊型、外向型、市场化、产业化的农业新格局。)。

再次,要坚持农业精准扶贫的公益性。在具体工作中,必须以政府为主导,农业院校、农业科研单位将继续发挥其原动力的作用。美国所有的推广体系都是商业化的,唯独农业推广体系是绝对不向农民要一分钱的。因为农民是一个弱势群体,受自然力不可预测因素的影响特别大,一旦遇到灾害就很难有自救的能力，最需要外界的帮助。

　　最后，现代技术尤其是计算机网络技术将在农业生产中广泛应用。德国的农业信息服务主要通过三种类型的计算机网络来实施。一是各州植保局开发和运营的电子数据管理系统（EDV），二是邮电系统开发经营的电视屏幕文本显示服务系统（BTX），用户须购买BTX主机和键盘，将其与电视、电话连接，即可通过邮局的通信网络，获得农业信息服务和农作物病虫测报信息服务。三是德国农林生物研究中心开发建设的植保文献数据库系统（PHYTOMED）、农药残留数据库INTERPRET、害虫管理数据库等，大多以科隆市的德国计算中心的大型计算机作为宿主机，德国计算中心的大型计算机存储了德国各行各业的数百个数据库，其中农业方面的数据库30多个。凡与德国计算中心的大型计算机联网的微型计算机用户或大型计算机终端用户，如农业领导机构、农业科研机关、农业院校、农业技术推广单位、配备了计算机的农场主等等，都可通过国家邮电通讯网络系统，与德国计算中心的大型计算机连接，购买了数据库访问通行字的用户，可随时查询数据库中的内容，经当场测试，无论全国哪个地方，联机接通后，一般仅需1~3秒的等待时间，查询结果可以在显示屏上显示，也可以在打印机上打印查询结果。这种模式也是中国，尤其是中国经济发达地区开展农村扶贫工作时是可以借鉴的。

四、农业扶贫中的非技术领域问题分析

　　农业精准扶贫活动中，还需要考虑很多问题。事实上，农业精准扶贫活动中，大量存在有重要意义和迫切需要解决的的确不是一般的学理是非，而是要在处理具体实践问题中取得效果（效率、效用和效益）。解决狭义农业精准扶贫问题需要有农业学科理论研究者、农艺师、农业技术普及人员的努力，而几乎用不上哲学和社会工作者。狭义农业精准扶贫工作是要动手去做的（当然有时也要动口），狭义农业精准扶贫活动与具体的普及农业技术、应用有关，不能只

是讲述概念和解释政策观点，狭义农业精准扶贫特别是农业生产领域中某种具体的技术扶贫工作大多要进行投入产出的经济核算，不能只把国家和政府的惠农思路讲一遍就能解决问题。

因此，即便是在自然辩证法课程中也不应当把农业精准扶贫与社会科学的关系讲得过于直接、过于密切，更不能夸大社会科学对农业精准扶贫发展的作用，虽然社会科学是农业精准扶贫的指导，但也不要把农业精准扶贫领域中某一具体工作的成败简单归结为社会科学的指导。客观地应当说，社会科学与农业精准扶贫的相互影响是通过许多中间环节实现的，在这个关系中首先是社会科学受农业发展状况的影响，农业精准扶贫相关社会科学理论的发展得益于农业精准扶贫进步。在当今社会中，有一种观点认为社会科学只有指导自然科学领域工作才会被认为有价值的，有价值就要指导自然科学领域工作，否则就是没有价值。实际上，社会科学价值，主要是指社会科学的理念会影响到人们的思维倾向、思维模式和思维方法，会影响到看待事物的原则、对待生活现实的态度和处理问题的方式，特别是会影响到基本概念和基本规范的形成、理解和运用。深刻领会习近平代表党中央提出的农业精准扶贫思想，结合具体地区实际情况开展工作就是这个道理。

社会科学，尤其是社会科学中的哲学之所以能对其他领域、其他学科有影响，是因为哲学有着从总体性、根本性和普遍性上来思考问题的特点，或哲学乃是穷根究底思考的结晶和表现。那么，作为真正未来会从事把农业精准扶贫领域的人，需要提高哪些知识？尤其是人文社会科学或者说哲学知识呢？笔者认为，首先需要了解的就是哲学与农业精准扶贫领域有哪些关联？根据笔者调研，认为如下几方面是农业精准扶贫领域工作者需要关注的。

第一，农业精准扶贫工作者的活动有什么本质性的特点和要求。农业精准扶贫专家的知识结构、行为规范和风格，与农业科学理论研究工作有何差异？

第二，搞农业精准扶贫与搞农业生产有什么关系。是否搞农业生产必然需要搞农业精准扶贫，搞农业精准扶贫必然在搞农业生产？农业精准扶贫活动除要有农业新技术推广，是否还有所谓社会领域的农业精准扶贫？

第三，农业精准扶贫工作究竟是什么？是本领、能力，是知识、方法，还是具体产品、劳动手段或这些因素的加和？在农业精准扶贫活动中，头等重要的是发挥人的能动性、创造性，还是物的因素如运用先进的技术？

第四，在农业精准扶贫活动中，如何使高新农业技术推广与基础农业技术推广协调匹配。使用高技术开展农业精准扶贫、农业新技术普及、高新农业技术推广各有何特点？是否在农业精准扶贫中使用技术是越高越好、越新越好？

怎样看待和对待"因地制宜的农业精准扶贫"、"地区特色的农业精准扶贫"，怎样既在农业精准扶贫上不断"上台阶"，又使依托高新农业精准扶贫同已有农业技术基础间合理"对接"？

第五，农业精准扶贫发展有什么样的规律性。各种农业精准扶贫方法怎样互相结合，建构为农业精准扶贫体系？在农业精准扶贫工作进化发展中的规律是不断革命、飞跃，还是持续地积累渐进？政治与社会体制改革、科学进步与农业精准扶贫发展有何关系？

第六，农业精准扶贫工作如何实现创新？农业精准扶贫创新工作有几种模式？

第七，农业精准扶贫的社会价值和农业精准扶贫工作者的社会职责。农业精准扶贫工作者应怎样处理好农业精准扶贫的生产功能、经济效益、环境后果、伦理义务与政治法律约束的关系？

第八，农业精准扶贫的发展和应用需要怎样的社会支持？农业精准扶贫活动需要以何种经济体制、管理模式的保证？是否存在农业精准扶贫发展战略、农业精准扶贫方针、农业精准扶贫政策、农业精准扶贫规划？如果存在怎样去制定上述规则，它们对农业精准扶贫活动有何影响？

第九，农业精准扶贫人才的成长有什么特点和规律性？作为农业精准扶贫人员应有怎样的思想修养、知识构成、作业技能，从一个大学毕业生（本科生或研究生）到足以胜任的农业精准扶贫工作者、高农艺师，需要哪些内外条件？

第十，从事农业精准扶贫活动需要掌握哪些方法？是否存在现代农业精准扶贫的方法论？怎样在农业精准扶贫领域运用系统方法、优化方法、试错方法、合理地进行模拟试验、中间试验，做出有意义的工作？

　　农业精准扶贫是需要哲理思考，需要一点辩证法的，前面列举的十个方面就是农业精准扶贫工作者会涉及或会关心的问题，也是农业精准扶贫工作者学习哲学和社会科学需要研究的内容。首先，在工作中，农业精准扶贫工作者不看哲学的书刊，也会在一定程度上达到或接近于辩证法的观点，只要他们在自己的实践中去琢磨、总结、概括。问题在于这条道路相对漫长，得到的结论往往缺乏明晰的条理，还可能不够正确、不够系统和不够全面。如果他们能看一点哲学的论著学一点辩证法，并且与自己的体验对照，就会较快地得到有益的启示。这也是教育部规定研究生要开设自然辩证法的原因之一。其次，农业精准扶贫工作者也有不同的类型和层次。有的刚从事农业精准扶贫工作，有的是工作多年的农业精准扶贫工作者或者是一个地区农业精准扶贫工作领导者。一般来说，后者常常与农业精准扶贫活动的战略、政策、规划的制定和执行相关，更需要有诸如辩证法等哲学观点和方法。如果我国的农业精准扶贫工作者有多一点的人懂点哲学，还有个别的人更加关注参与到农业精准扶贫相关的哲学和社会科学问题研究、宣传中去，或许会有益于处理全局性的、根本性的重大农业问题。

第二章　农业精准扶贫的本质

"农业精准扶贫"是各种农业扶贫工作的核心范畴,也是新时期农业扶贫工作的逻辑起点。本章将探讨农业和农业精准扶贫的本质,及其他相关问题。

一、农业的本质及特点

现代社会的科学技术发展使得学科交叉日趋明显,学科交叉与融合导致许多其他学科的知识和技术进入农业领域,这一现象的直接后果是人类对农业的认识和实践不断深化、进步。归根到底,现代农业生产的过程已经是自然再生产和经济再生产的混合体。

(一)农业的定义和现代农业的属性

1989年版《辞海》中对"农业"一词的解释为:"利用植物和动物的生活机能,通过人工培育以取得农产品的社会生产部门。"回顾农业研究的历史,许多专家学者对农业有过不同角度的论述,比较典型的观点有如下几种:

梁家勉等认为农业"就是以食物生产为主要目的的经济活动"[①]。邹德秀认为农业"是依靠植物、动物、微生物的机能,通过人的劳动去控制、强化农业

---

① 梁家勉.中国农业科学技术史稿[M].北京:农业出版社,1989:第10页.

生物的生长发育过程，来取得社会所需要的产品的生产部门。"① 高亮之认为"农业是人类对植物与动物进行种植、饲养或管理，并将其产品为人类自身利用的一种综合性产业。它的主要部门是种植业与养殖业，它还包括农产品加工业以及直接为种植、养殖与加工业服务的工业、商业、科技、教育、管理等有关部门。"② 德国专家从经济学的角度考察农业提出："农业是一种经济经营形式，是利用土地生产农产品与畜产品以满足人类需要的经营活动。"③ 现代农业和古代农业一样，是社会经济活动中的重要基础，既包括农产品的生产，也包括历史上没有被列入农业的农产品加工、销售、生产管理和科学技术研究。

马克思认为劳动手段就是"劳动者置于自己和劳动对象之间，用来把自己的活动传导到劳动对象上去的物或物的综合体。劳动者利用物的机械的、物理的和化学的属性，以便把这些物当作发挥力量的手段，依照自己的目的作用于其他的物。"④ 现代农业生产是人类利用已经掌握的农业技术、依托生物有机体生命活动规律，将外界环境中的物质和能量转化为人类生产、生活所需的各种产品的活动。在此过程中，通过农业生产劳动实现了人与自然交融。

现代农业生产中的人、社会与自然三者形成了紧密的联系，在具体的生产中表现为如下几方面：

首先，现代农业是自然与经济生产相结合的生产形式。农业的最基本生产对象是农作物和畜牧饲养所涉及的动物，这些生产对象一般被称为生物有机体。生物有机体的生长、繁殖与其具体所处的环境密切相关，并且遵循一定的自然规律。在种植业领域，农业主要通过绿色植物利用光合作用把无机物转变为有机物；在养殖业领域，人类主要通过人工饲养畜禽获得动物性食品及其他生产资料，同时人工饲养畜禽排泄的粪便等还可以作为种植业所需的肥料等。上述生产活动形成一个不断循环、不断更新的过程。在现代农业生产领域，参与生

---

① 邹德秀.绿色的哲理[M].北京：农业出版社，1990：第77页.
② 高亮之.农业系统学基础[M].南京：江苏科学技术出版社，1993：第11页.
③ 胡越高.农业总论[M].北京：中国农业大学出版社，2003：第12页.
④ 马克思，恩格斯.马克思恩格斯全集：第23卷[M].北京：人民出版社，1979：第203页.

产的人，使用劳动工具，投入资金和生产资料，以一定的劳动消耗，生产出人类和开展社会活动所必需的食品及其他物质产品。这一过程是一个经济再生产过程。农业生产所获得的农产品一般会有如下几种用途：第一种情况供生产者消费；第二种情况作为生产资料（如种子等）进入新的农业生产过程；第三种情况作为商品，通过商品交换使生产者获得所需而又服务有自己生产的消费品和生产资料。

其次，现代农业是人类对生产对象的生命过程进行干预以获取产品的活动。虽然，农业生产需要遵循自然规律。但是，人类自身的需要决定农业就是在尊重基本自然规律基础上，通过人类的主观干预，通过对生产对象生长规律进行促进或者抑制。在农业种植业领域，绿色植物在太阳光照射下，进行光合作用，把二氧化碳、水和矿物质转变为农产品。在农业养殖业领域，依靠动物的生长发育取得产品。在现代农业生产的大多情况下，人类依靠所掌握的科学技术知识通过直接干预作为劳动对象的生物体的生长、繁殖过程，或者改变生长、繁殖的环境条件等手段，来实现获得人类生存和开展社会活动所必需的食品及其他物质产品，化学肥料、农药、人工配制的饲料的使用就是典型的人工干预过程。

最后，现代农业是人类通过劳动改造自然环境的活动。现代农业生产是通过具体的劳动实现的，这一过程涉及农业劳动组织形式、农业劳动对象、农业劳动工具、农业劳动辅助生产资料、劳动所涉及的技术与方法等。劳动直接所用于具体的劳动对象，但也会影响农业生产所处的环境。随着现代农业科学技术的发展，农业研究已经达到细胞、分子、基因水平，农业生产的影响也涉及动物、植物、微生物、土壤、水、太空等层面，改变着原有的自然环境。

（二）现代农业的特点

农业作为人类生产生活、生产资料的基础性行业，在不同的历史时期，生产工具、生产技术、生产管理等方面存在着巨大差异。这是不同历史时期，农业主要业态表现形式不同的原因之一。虽然现代科学技术的进步，促进农业的迅速发展，但农业的根本特点并没有随之改变。现代农业的一般特点如下：

首先，现代农业生产必须以自然环境条件为基础。正如恩格斯指出："对自然界的统治的规模，在工业中比在农业中大得多，直到今天，农业不但不能控制气候，还不得不受到气候的控制。"① 自然环境主要由阳光、空气、水、温度、岩石、土壤和生物体等组成，是人类生存、生活和生产所必需的自然条件与自然资源的总和。农业与土地、自然生态环境和气候的关系密切，土地包括土壤、岩石、植被、气候、地貌、地质、水文等要素，土地是一切人类生产劳动的基本场所，也是最基本的生产资料。在农业领域，土地是不仅农业劳动的场所，而且是农作物和养殖产品必需的基础性环境；它既是农业产业的生产资料，又是现代农业的劳动对象。不同地区的土地存在着差异，加上气候、环境等因素，造成人类农业生产的巨大差异。不仅如此，季节也是农业生产不能回避的发展规律。中国古代就有春种、夏忙、秋收、冬藏的说法。这也是工科院校可以基本不考虑季节因素调整教学计划，而农林院校则不可以这样做的原因。

其次，人类农业生产对自然环境反作用呈递增趋势。原始农业的产生发端于人类从采集、狩猎的生活方式转入到以种植和饲养获取食物的生产系统的形成。随着现代科学技术的发展，人类在农业生产活动中对物种的干预越来越多，干预的重要结果之一就是导致生态系统中的动植物种群发生巨大变化，食物链趋于简化。农作物和动物的遗传性状在人类强烈干预下被破坏，甚至野生动植物的生存环境也受到严重的影响。在农业生产活动中，灌溉、育种、施肥、收获加工等工作，都将改变土壤性质、农作物性状、生物种群、农产品物质的原有特性。

再次，农业生产时间和劳动时间的不一致性。农作物的生长周期有的是数月或者数年，而农业生产却并不需要持续贯穿整个过程，这就是在中国东北出现"三个月的农活、半年干闲"的说法的原因。

最后，农业对社会经济呈现出越来越强的依赖性。在人类发展的历程中，人类在农业生产系统中都扮演着生产者、改造者、设计者和破坏者的角色。社

---

① 马克思，恩格斯. 马克思恩格斯全集：第 20 卷 [M]. 北京：人民出版社，1971: 第 191 页.

会制度、社会经济条件和人们的科学文化水平都会影响农业生产。农业作为社会大系统的有机组成部分,对社会经济存在依赖性。一方面,人类对农产品的需要、政府农业政策导向、经济投入、市场规模、价格波动、国民素质和社会文化传统等因素都将直接影响农业生产,农业生产必须尊重社会经济、政治和文化规律;另一方面,由于农业自身的特点和在国民经济中的特殊重要性,农业生产决策风险大,必须建立和完善一系列社会保障制度,确保农业的发展。

二、农业精准扶贫的二重性

马克思在谈及资本主义生产管理时曾经指出:"如果说资本主义生产管理就其内容来说是二重的——因为它所管理的生产过程本身具有二重性:一方面是制造产品的社会劳动过程,另一方面是资本的价值增殖过程"。[1]"资本家的管理不仅是一种由社会劳动过程的性质产生并属于社会劳动过程的特殊职能,它同时也是剥削社会劳动过程的特殊职能,因而也是由剥削者和他所剥削的原料之间不可避免的对抗决定的。"[2] 马克思指出:"凡是直接生产过程具有社会结合过程的形态,而不是表现为独立生产者的孤立劳动的地方,都必然产生监督劳动和指挥劳动。不过它具有二重性。"[3] 因此可以说按照马克思主义的理论,由于资本主义生产既是创造社会物质财富的生产过程,同时又是资本家剥削雇佣劳动的资本增值过程,这就决定资本主义的生产管理具有二重性。

1999年5月10日,国务院学位委员会第十七次会议审议通过的《农业精准扶贫硕士专业学位设置方案》,该方案第二条指出:"农业推广(含农业、林业、牧业、渔业推广,下同)硕士专业学位具有特定的职业背景,与农业技

---

[1] 马克思,恩格斯.马克思恩格斯全集:第23卷[M].北京:人民出版社,1971:第368~369页.
[2] 马克思,恩格斯.马克思恩格斯全集:第23卷[M].北京:人民出版社,1971:第368页.
[3] 马克思,恩格斯.马克思恩格斯全集:第23卷[M].北京:人民出版社,1971:第431页.

术推广和农村发展领域任职资格相联系,与相应学科的农学硕士学位处于同一层次。农业精准扶贫硕士专业学位侧重于应用,主要为农业技术推广和农村发展培养高层次应用型、复合型人才。"

农业技术推广和农村发展领域是农业精准扶贫硕士的两大培养方向,也是农业精准扶贫工作的两大工作领域,在这两个工作领域中传播并使用新技术、理念与服务社会,同指挥劳动一样都是不可缺少的。

笔者认为,不论是狭义和广义农业精准扶贫都有二重性,这就是农业精准扶贫的技术性和农业精准扶贫的社会性。技术性包括农业精准扶贫的科学决策程序、计划的制定方法、合理的组织原则、有效的指挥艺术和严密的调控机制等;社会性指农业精准扶贫的各类社会属性,包括精准扶贫工作者的社会地位或所属阶级的阶级性、精准扶贫工作者的价值观念和价值取向、农业精准扶贫关系的社会性质以及农业精准扶贫所产生的社会意义。这就意味着,农业精准扶贫作为一种特殊的社会实践活动,尽管它具有我们前面提到的多种属性,但归根到底又不过这两类基本属性。其中,农业精准扶贫的技术性遵循着效率原则,反映了农业精准扶贫的客观规律,它表现了农业精准扶贫的科学性和通用性,属于农业精准扶贫的自然本质;农业精准扶贫的社会性则不同,它所遵循的是价值原则,反映了精准扶贫工作者的主观意图和价值取向,代表着某种特殊的社会关系,属于农业精准扶贫的社会本质。

首先,农业精准扶贫二重性表明,农业精准扶贫既不是无目的的无计划的纯感性活动,又不是纯理性的认识活动和思维活动,而是目的观念的对象化活动,是主观和客观、目的和手段、观念和技术相统一的特殊实践活动。任何农业精准扶贫活动都是由两重基本属性共同规定的,缺一不可。如果只看到农业精准扶贫某一方面的属性,就会对农业精准扶贫的本质做出错误的判断。

其次,农业精准扶贫的自然性表明,农业精准扶贫虽是人类一种有目的、有计划、有组织的实践活动,但其目的计划必须合乎农生产的实际,不得违背农业生产实践活动的运行规律。任何一项有效的科学农业精准扶贫活动,都是农业扶贫工作者正确认识了农业精准扶贫实际和遵循农业生产实践规律办事的结果。如果以为农业精准扶贫既然是农业扶贫者掌控的活动，农业扶贫者可以随心所欲、任意妄行，这就抹杀了农业精准扶贫的客观自然性，其结果是无法进行科学有效的农业精准扶贫工作。

再次，农业精准扶贫工作具有合理组织农业生产和提高农业生产工作效率的技术性职能，说明不同的农业精准扶贫活动之间又有其相似性和相通性，可以而且应当前后继承、彼此借鉴。农业精准扶贫的自然性所规定的各类技术职能是超越时代和国界的，农业技术手段是不同阶级，不同制度之间可以而且必须相互借鉴。如果以为农业精准扶贫有社会性便抹杀其自然性而拒绝向先进国家学习先进的农业技术方法，就违背了农业精准扶贫工作二重性原理。

最后，农业精准扶贫的社会性表明，农业精准扶贫作为由其他实践所决定并反映一定社会关系的特殊实践，还具有时代性、民族性、阶级性、社团性等特殊性，不同的农业精准扶贫实践活动之间存在着严格的界限，不容混淆和机械照搬。马克思早就指出：不能"把从共同劳动过程的性质产生的管理职能，同从这一过程的资本主义性质因而从对抗性质产生的管理职能混为一谈。"[1]列宁当年一方面充分肯定了泰罗制管理的科学性，并号召苏维埃的农业精准扶贫人员要大胆引进。同时也指出它是"资产阶级剥削的最巧妙的剥削手段"[2]，警告人们不要将它的资产阶级价值观念和非人道原则一同带进苏维埃厂矿。因此，在开展农业精准扶贫工作的过程中，要始终牢记农业精准扶贫工作的公益性，坚持为人民服务、为"三农"发展服务的基本原则。

---

[1] 马克思，恩格斯.马克思恩格斯全集：第23卷[M].北京：人民出版社，1972：第369页.
[2] 列宁.列宁选集：第3卷[M].北京：人民出版社，1972：第511页.

第三章 农业技术及马克思农业技术思想

如前文所述农业精准扶贫工作需要以农业技术为基础，推广农业高新技术让技术为农民增收服务是农业精准扶贫工作内容之一。在人类早期需要经常面对的话题就是技术的失传问题。正如马克思所指出的："在历史发展的最初阶段，每天都在重新发明，而且每个地方都是单独进行……只有在交往具有世界性质，并以大工业为基础的时候，只有一切民族都卷入竞争的时候，保存住以创造出来的生产力才有保障。"[①] 只有当人类的科学技术知识可以持续稳定传播时，技术才能发挥更大作用。这项工作在农业领域是通过农业技术普及、传播与推广工作实现的。要做好农业精准扶贫工作，就要首先分析技术与农业技术基本问题，用马克思主义农业技术思想指导农业精准扶贫工作。因此，在介绍农业精准扶贫工作基本问题和分析农业精准扶贫工作本质之后，就要分析农业技术及马克思农业技术思想。

一、技术与农业技术

农业技术是在农业领域生产者在农业生产实践中使用的技术，要更好地分析农业精准扶贫，就要首先理解技术、农业技术的相关问题。

---

① 马克思，恩格斯.马克思恩格斯选集：第1卷［M］.北京：人民出版社，1972：第61页.

(一）技术的定义

当人类文明产生之初，技术也随之诞生。而随着科学技术的发展，每一个自然人来到世界时，需要面对都不是一个天然自然的世界，很多由科学技术和前人创造的社会和科技环境都是当下人类必须面对的。正如马克思所指出的："人们能不能自由选择自己的生产力——这是他们的全部历史基础，因为任何生产力都是一种既得的力量，以往活动的产物。"[①] 因此，现代人类即便不从事技术性质的工作，也无法脱离科学技术而存在。技术是什么？如何定义技术？就是一个具有理论意义的课题。

技术（Technology）一词由希腊语"techne"（艺术、技巧）和"logos"（言词、说话）而来，意为"完美的记忆和演讲"，从词源不难发现技术应当表示技艺、手艺、技能、技巧、本领等。和"农业精准扶贫"一样，作为概念"技术"也有广义和狭义之别。广义技术可以涵盖一切讲求方法的有效活动，就是指泛指人类在改造自然、改造社会和改造人本身的全部活动中，所应用的一切手段和方法的总和，泛指一切有效用的手段和方法。狭义技术是从人能动地改造自然的关系方面来定义技术，它包括具体的人造物质产品及通过工程方法创造和使用的，如生产技术、工程技术、医疗技术等，是关于人与自然关系的技术。

关于技术的定义历史上都有很多种。由于技术具有历史性和动态性、社会性和文化性、多元性和层次性、复杂性、不确定性以及学科差异性等特征一些特征，人们在定义技术时角度也大相径庭。从哲学角度定义，就会寻找技术的本质。从社会学角度定义，会把技术看作社会中的一个决定性因素。从人类学角度定义的技术活动，则把技术看作一种人类活动。从历史学角度定义，就会自然肯定技术是一种社会和历史的产物，在不同的时代具有不同的特征；强调技术的历史性的同时，也不回避技术的本质包含着某种超社会、超历史性的因素，存在超历史性。从心理学角度定义，则会把技术和人的心理状态联系起来。

要更好地研究技术，就需要分清科学、技术，探讨技术独有的特性。在这

[①] 马克思，恩格斯.马克思恩格斯选集：第4卷［M］.北京：人民出版社，1972：第321页.

一方面，国内做出有开创性意义研究的学者当首推专门从事技术哲学领域研究的陈昌曙、远德玉两位教授。他们从哲学的视角专门研究技术的本质。认为："只有把技术如实地看作一个系统或过程才能揭示技术的本质和特征。"[①] 现代技术依托于科学的发展，但又是一个由技术要素构成的复杂的动态系统或过程。在动态过程中，"技术作为一个系统，输入的是物质、能量和信息，经过人的加工、处理和控制，输出的是人工化了的物质、能量和信息"[②]，技术可以是科学的应用，也可以是人类生产实践经验的结晶，但归根到底是由人决定的。因此，两位前辈将技术概括为"技术是按照人所需要的目的，运用人所掌握的知识和能力，借助人可能利用的物质手段而使自然界人工化的动态系统或过程，并且是实现自然界人工化的手段。"[③]

远德玉教授针对技术动态特性阐述技术的内涵，指出："技术是无形技术与有形技术、潜在技术与现实技术在动态过程中的统一；技术是软件与硬件在动态过程中的统一；技术是经验、知识、能力与物质手段在动态过程中的统一；技术是目的与手段在动态过程中的统一。"[④] 并认为技术的形态可以分为："创意、构想形态的技术——技术构想；发明形态的技术——技术发明；设计形态的技术——设计技术；试制和试验形态的技术——试制技术或试验技术；生产形态的技术——生产技术；产业形态的技术——产业技术。"[⑤] 陈凡教授认为技术是"人类在利用自然、改造自然的劳动过程中所掌握的各种活动方式的总和"[⑥]。

从上述观点，不难发现动态过程是技术的重要属性。现代技术与科学关系日趋紧密，科学技术化、技术科学化成为时代的主题。现代技术特征现代技术对社会的广泛、深刻的影响形成于19世纪末20世纪初，主要表现为以下几个方面。

---

① 远德玉，陈昌曙.论技术 [M].沈阳：辽宁科学技术出版社，1986：55.
② 远德玉，陈昌曙.论技术 [M].沈阳：辽宁科学技术出版社，1986：55.
③ 远德玉，陈昌曙.论技术 [M].沈阳：辽宁科学技术出版社，1986：65.
④ 远德玉.技术过程论的再思考 [J].东北大学学报：社会科学版，2003（6）：392.
⑤ 远德玉.产业技术界说 [J].东北大学学报：社会科学版，2000（1）:22.
⑥ 陈凡，张明国.解析技术：技术社会文化的互动 [M].福州：福建人民出版社，2002：4.

首先，现代技术深刻地改变了人与自然的关系。正如舒尔曼所说："高度发达的技术对象在我们的掌握之中，我们的观察已经变得非常工具化，可以使我们让自身从自然中分离出来"[1]。现代技术的关键因素——能源，从直接来自于自然（煤炭）到取自自然由人二次加工（采集石油进行加工）到复杂加工（核能裂变）。机器作为技术活动装置大量使用、自动化程度日益提高，在减少人类参与生产的人数的同时，又要求更加细化的分工、高度合作和协调。人类与自然的关系看似越来越远，实则更加密不可分。

其次，人类使用技术对自然物质进行重组，解决人类所需。通过现代技术，挑选并纯化自然物质，"力图独立于"或"脱离由自然赋予形式的那些物质"[2]，然后制造人类所需产品。

最后，现代技术与科学有机结合，摆脱了偶然性，实施标准化、一般化，技术的结构和设计与实际生产相互沟通日趋紧密。

雅斯贝斯认为现代技术这一决定力量的出现"似乎将人类在过去几千年中在工作方法、生活方式、思想和信仰方式方面的一切一扫而空"[3]，进而认为"技术是目的的手段和人的行动"，"无论如何更明确得多的是，技术仅是一种手段，它本身并无善恶。一切取决于人从中造出些什么，它为什么目的而服务于人，人将其置于什么条件之下"[4]。在海德格尔认为在当今世界，现代技术发挥着决定性的作用，它成为"普遍地、对人和自然和世界的关系加以规定的力量"[5]，使"环境本身打上了技术的烙印"[6]。

---

[1] 舒尔曼.科技文明与人类未来[M].北京：东方出版社，1995：11.
[2] 舒尔曼.科技文明与人类未来[M].北京：东方出版社，1995：11.
[3] 雅斯贝斯.历史的起源与目标[M].北京：华夏出版社，1989：112.
[4] 雅斯贝斯.历史的起探与目标[M].北京：华夏出版社，1989：142.
[5] 绍伊博尔德.海德格尔分析新时代的技术[M].北京：中国社会科学出版社，1993:20.
[6] 舒尔曼.科技文明与人类未来[M].北京：东方出版社，1995：11.

（二）如何认识农业技术

农业的产生并不是人类"突如其来的灵感"[①]，而是人类长期改造自然的结果，在自身进化过程，形成人类社会与自然的关系，是改造、协调、妥协的结果。旧石器时期，农业尚未产生，制造石器、利用火，可以提高人类采集植物和捕猎动物的效率，丰富了人类食物来源。然而，在早期的采集、捕猎活动中，人们是无法控制所需的食物作为动植物的生长和再生产，而只能靠自己的体力和耐力在自然环境猎取所需的产品，刀耕火种成为农业的表现形式。日本技术哲学家星野芳郎认为："为了支配自然，人类领悟或认识自然规律，并把它们在实践中加以利用，这就是技术的本质。"[②]随着时间的推移，人类关于植物、动物的知识和实践经验越来越丰富。植物、动物生长特性及其与环境关系的经验逐步成为技术知识的基础。于是，以畜力或风力等来自于自然的动力驱动，使用石、木、铁为材质等简单工具，对土地进行简单的物理形状的改变，对动植物进行驯养而不改变其本质的农业形态，农民播种以后，基本上需要靠自然规律等待作物的成熟。

伴随着第一次技术革命，以石油燃料为动力、以化学肥料和复合饲料为主要辅助工具的现代农业出现了。石油燃料（化学能）、化学肥料、生物技术、工业技术方法的等诸多应用彻底改变了农业的生态循环。

现代技术与传统技术差异巨大，主要表现为："更加突出了技术理论知识的重要地位，不仅现代重大的技术变革都是以科学原理为基础的技术理论为先导，而且技术理论知识又对实体技术产生了重大影响，导致了更加独立于人的新的工具的诞生，这就是自控装置"[③]。由于农业生产的特殊性，农业技术具有一般工业技术所没有的特征。现代农业技术是人开展农业精准扶贫工作的基础，分析农业技术的特性十分重要。

[①] 斯塔夫里阿诺斯.全球通史：上［M］.上海：上海社会科学院出版社，1999：83.
[②] 邹珊刚.技术与技术哲学［M］.北京：知识出版社，1987：11.
[③] 陈凡，张明国.解析技术［M］.福州：福建人民出版社，2002；26.

首先，农业技术具有复杂性。农业生产主要形式对农作物、畜禽的品质改良、培育、饲养、利用和繁殖，并防治危害农作物、畜禽的病虫、杂草等。为了给农业生物有机体生长创造良好的营养、温度、湿度环境，开展土壤耕作和施肥、水利灌排、机械利用等工作，干预和改造自然生态环境。生物有机体的自然机制有自己独特的特点，是具有自身的客观规律的。现代农业在使用农业技术的干预和改变动植物固有属性的过程涉及因素很多，是一个极其复杂的过程。

其次，农业技术受到空间和时间影响。空间主要指地理和气候条件，空间的差异导致完全不同的农业技术体系，如我国北方和南方种养殖品种、耕作方式、饲养方式和管理方式都完全不同。时间是指不同历史阶段的农业生产技术形态的也大不相同。

再次，农业技术过程和农业生产过程可以在一定时期内分离。在工业领域，生产流程是对原材料进行开采、加工的过程。在生产过程中技术连续地作用于技术对象，并与生产过程几乎同步。在农业领域，生产流程则是自然再生产和经济再生产的混合体，生产对象和自然条件等因素对农业生产影响巨大。虽然，农业技术涉及耕作、栽培、管护、收获等环节，但是，农业技术并不是连续地作用于技术对象的，即农业生产实践劳动过程间断时，农作物和所养殖动物的生长过程仍然在进行，依据人类的需要、技术目的和生物生长规律生产出人类所需的农产品。正如马克思指出的："农业是一种特殊生产方式，因为除了机械过程和化学过程以外，还有有机过程，而对自然的再生产过程只要监督和指导就行了。"[1]

最后，农业技术与自然关系十分紧密。"植物和动物是由长期以来在自然中建立起来的方式养育、生长和再生产的。它们之间的内部联系也同样自然"[2]。在农业生产领域中，人们依靠土体作为生产资料，种植农产品，饲养动物，解决人类生存必需。农业技术的产生与使用，彻底改变了人与自然的关系。"农业导致了人与自然间一种在本质上是新的关系。人在农业实践中，应用了对于

---

[1] 马克思，恩格斯.马克思恩格斯全集：第46卷下［M］.北京：人民出版社，1980：242.
[2] 巴里·康芒纳.封闭的循环［M］.长春：吉林人民出版社，1997：116.

生物界的生殖规律的知识，就控制了生物界，如此就可以大大地少依靠外界条件，这是以前所做不到的。最早的农业也许不过是耙松地面或是园艺性质的。即使是在这样低下的水平，农业实践对于人类的物质文化和社会文化，曾起到一种爆发性的影响。和在旧石器时代任何一次转变相比较，农业都标志着一个新进步等级，其所导致的是在质的方面有所不同的一种新社会，因为在同一块土地上可以养活的人，在量的方面已大大增加了。"[①]

二、马克思农业技术思想回顾

马克思主义是中国社会建设的指导思想，做好农业精准扶贫工作就需要掌握马克思的相关论述。农业精准扶贫工作产生较晚，熟悉马克思关于农业技术的论述就显得十分重要。下面将重点回顾马克思关于农业技术的论述。

马克思主义思想形成的时期正是在农业文明向工业文明的过渡时期，马克思十分重视农业的基础作用，在指出："一切工业劳动者都要靠农业、畜牧业、狩猎业和渔业的产品维持生活这一早已尽人皆知的经济事实。"[②]他的一生中关于农业问题的研究很多。在1868年1月3日写给恩格斯的信中，他写道："我想向肖莱马打听一下，最近出版的有关农业化学的书籍（德文的）哪一本最新最好？此外，矿肥派和氮肥派之争现在进行得怎么样了？（从我最近一次研究这个问题以来，德国出版了许多新东西。）他对近来反对李比希的土壤贫瘠论的那些德国作者的情况了解点什么吗？他知道慕尼黑农学家弗腊斯（慕尼黑大学教授）的冲积土论吗？为了写地租这一章，我至少要对这个问题的最新资料有所熟悉。"[③]马克思的农业技术思想以种植业为重点，同时涉及林业、畜牧业、渔业等技术形态，是其对农业、农民、土地所有权、地租等具体问题研究的外延。

---

① 贝尔纳.历史上的科学[M].北京：科学出版社，1959：51.
② 马克思，恩格斯.马克思恩格斯全集：第35卷[M].北京：人民出版社，1971：130.
③ 马克思，恩格斯.马克思恩格斯全集：第32卷[M].北京：人民出版社，1974：5~6.

（一）马克思农业技术形态的论述

马克思十分重视人类对农作物生长的技术性干预。他指出："印度、波斯等地，在那里人们利用人工渠道进行灌溉，不仅使土地获得必不可少的水，而且使矿物质肥料同淤泥一起从山上流下来。兴修水利是阿拉伯人统治下的西班牙和西西里岛产业繁荣的秘密。"[①] 同时指出："所谓永久性改良——这种改良通过各种耗费资本的方法来改变土地的物理性质，部分地也改变土地的化学性质……一块土地天然是平坦的，另一块必须加以平整；一块土地有天然的排水沟，另一块则需要人工排水；一块土地天然有很深的泥土层，另一块则必须用人工去加深；一块黏性土地天然含有适量的砂，另一块则只有靠人工造成这种情况。"[②]

生产什么？如何生产？是社会物质生产活动的关键问题，也是各行业技术孕育、产生的基础性条件。马克思指出，"各种经济时代的区别，不在于生产什么，而在于怎样生产，用什么劳动资料生产。"[③] 农作物种类、地域、气候等因素直接导致农业技术的差异，也孕育了物种的多样性。虽然农业技术种类繁多，但归根到底还是只有农艺流程技术与农业生产品种技术两大类技术。流程技术围绕农作物生长过程展开，耕作、栽培、管护、收获、贮藏等生产环节是该过程主要表现形式；农产品品种技术选种、育种、杂交、嫁接、转基因等改良农作物的方法，以及与之相关的仪器设备制造及操作使用技术。农艺流程技术是围绕农作物生长周期而展开的，例如间苗技术只在作物生长的幼苗期施行，收割技术只在作物成熟期使用。在这一过程中一些现代技术进入农业领域，"一切现代方法，如灌溉、排水、蒸汽犁、化学产品等等，都应当广泛地用于农业。"[④] 如施肥、灌溉技术在多数地域，对于多数农作物都是适用的，形成地域、气候、作物品种等通用技术。在农艺流程技术基础上，逐步产生了相对独立的农业生

---

① 马克思，恩格斯.马克思恩格斯全集：第24卷［M］.北京：人民出版社，1972：第561页.
② 马克思，恩格斯.马克思恩格斯全集：第25卷［M］.北京：人民出版社，1974：第840页.
③ 马克思，恩格斯.马克思恩格斯全集：第23卷［M］.北京：人民出版社，1972：第204页.
④ 马克思，恩格斯.马克思恩格斯全集：第18卷［M］.北京：人民出版社，1972：第65页.

产品种技术，主要表现为育种技术体系，品种技术兼有农艺流程技术形态特征。两种技术形态相互依存、相辅相成，形成农业生产活动的技术基础。

（二）马克思关于小农技术形态分析

19世纪西欧小农经济的解体与农业生产工业化的兴起成为社会的主旋律。马克思十分关注这一问题，并指出，小农经济"土地所有制的这种形式以及由此造成的把土地分成小块耕种的方式，排斥了采用现代农业改良措施的任何可能性。"[1]农业生产所需土地的规模小型化奠定了小农经济的基础，马克思指出："小块土地所有制按其性质来说就排斥社会劳动生产力的发展、劳动的社会形式、资本的社会积聚、大规模的畜牧和科学的不断扩大的应用。"[2]在封建社会，即便土地所有者拥有大量土地，也会因为没有合适的技术，无法实现大规模的农业生产，通过租种的形式实施分散生产成为历史的必然。随着资本主义生产关系的确立，小农生产方式开始成为先进农业技术普及的障碍。马克思认为："这种生产方式是以土地及其他生产资料的分散为前提的。它既排斥生产资料的积聚，也排斥协作，排斥同一生产过程内部的分工，排斥社会对自然的统治和支配，排斥社会生产力的自由发展。它只同生产和社会的狭隘的自然产生的界限相容。"[3]马克思进一步指出："在小块地制度下，土地对于所有者全然是生产工具。但是土地的肥沃程度随着土地被割碎的程度而递减。使用机器耕作土地，分工制度，大规模的土壤改良措施，如开凿排水渠和灌溉渠等，都愈来愈不可能实行，而耕作土地的非生产费用却按照这生产工具本身被割碎的比例而递增。"[4]

马克思认为，小农技术是农业技术发展的低级阶段，根据马克思理论其特点可以概括为：

---

[1] 马克思，恩格斯.马克思恩格斯全集：第18卷［M］.北京：人民出版社，1972：第66页.
[2] 马克思.资本论：第3卷［M］.北京：人民出版社，1995：第830页.
[3] 马克思，恩格斯.马克思恩格斯全集：第23卷［M］.北京：人民出版社，1972：第830页.
[4] 马克思，恩格斯.马克思恩格斯全集：第7卷［M］.北京：人民出版社，1974：第96页.

首先，较少小农生产时代技术以农作物的自然生长为基础，靠天吃饭，对自然条件的依赖性较强，对农作物生长的干预范围小、程度浅。例如，这个时代技术体系中很少关注植保、灌溉、土壤改良、育种等技术环节。

其次，生产工具多为手工农具，依赖人力、畜力、自然力驱动，使用范围狭小、生产效率低下。正如恩格斯所指出的，"劳动资料——土地、农具、作坊、手工业工具——都是个人的劳动资料，只供个人使用，因而必然是小的、简陋的、有限的。"①

再次，很少有劳动分工。小农农业生产劳动者不仅要独立地完成农业生产过程，而且总是"独立地经营他的农业和与农业结合在一起的农村家庭工业。"②马克思指出："就劳动过程是纯粹个人的劳动过程来说，同一劳动者是把后来彼此分离开来的一切职能结合在一起的。"③

最后，生产技术的封闭性。小农生产技术体系是相对封闭的，社会其他部门之间的交流与联系较少，对其他产业技术的依存度不高，外部先进技术成果难以迅速进入农业领域。正如马克思所指出的："犁完全不包含新的原理，而且根本不能引起工业革命。它完全适合于小生产的范围。在这里，牲畜的作用和以前一样，是搬运和拖拉重物，也就是作为活的动力……动力和工作机的结合也同样不包含新的原理。把犍牛或马套在犁上，或者套在大车上，是同样容易的。在单纯采用畜力的情况下，随意运动的原理仍然占主导地位，纯机械动作隐藏在随意运动的外表之下，因而不引人注意。"④

（三）马克思关于农业技术科学化、工业化的论述

近代，科学技术与资本结盟，成为资本家追逐剩余价值的重要工具。马克

---

① 马克思，恩格斯.马克思恩格斯全集：第19卷[M].北京：人民出版社，1972第229页.
② 马克思.资本论：第3卷[M].北京：人民出版社，1995：第890—891页.
③ 马克思，恩格斯.马克思恩格斯全集：第23卷[M].北京：人民出版社，1972：第555页.
④ 马克思，恩格斯.马克思恩格斯全集：第47卷[M].北京：人民出版社，1979：417.

思指出："科学获得的使命是：成为生产财富的手段，成为致富的手段。"① "随着资本主义生产的扩展，科学因素第一次被有意识地和广泛地加以发展、应用并体现在生活中，其规模是以往的时代根本想象不到的。"② "资本主义生产方式的重要结果之一是，它一方面使农业由社会最不发达部分的单纯经验的和机械地沿袭下来的经营方法，在私有制条件下一般能够做到的范围内，转化为农艺学的自觉的科学的应用……一方面使农业合理化，从而第一次使农业有可能按社会化的方式经营。③ "资本能够固定在土地上，即投入土地，其中有的是比较短期的，如化学性质的改良、施肥等等，有的是比较长期的，如修排水渠、建设灌溉工程、平整土地、建造经营建筑物等等。"④ 资本主义经济发展带了工业文明，也对农产品带来了巨大的需求，这必然导致农业技术科学化、工业化。人类早期经验是农业生产活动的基础，科学发展将农业技术科学研究范围。生物学、化学、生理学、遗传学、微生物学、土壤学和气象学等学科的研究成果与实验方法，逐步渗透到农学研究领域。人类通过对作物、土壤、肥料、气候等所做的大量实验，形成了农业科学门类，古典农学进化为现代农业科学。农业技术开发在科学研究基础上逐步展开，逐步以相关科学成果为依据，有目的、有计划地推进，从而打破了以经验摸索为主导的小农技术发展模式。这就是农业技术的科学化。马克思指出："随着自然科学和农艺学的发展，土地的肥力也在变化，因为各种能使土地的要素立即被人利用的手段在发生变化。"⑤ "科学终于也将大规模地、像在工业中一样彻底地应用于农业。"⑥ 化学、生物学是现代农业技术科学的基础，马克思进一步分析农业的发展之落后于工业的原因时说"工业的前提是比较老的科学——力学，而农业的前提是崭新的科学——

---

① 马克思，恩格斯.马克思恩格斯全集：第47卷［M］.北京：人民出版社，1979：570.
② 马克思，恩格斯.马克思恩格斯全集：第47卷［M］.北京：人民出版社，1979：572.
③ 马克思，恩格斯.马克思恩格斯全集：第25卷［M］.北京：人民出版社，1974：696.
④ 马克思，恩格斯.马克思恩格斯全集：第25卷［M］.北京：人民出版社，1974：698.
⑤ 马克思，恩格斯.马克思恩格斯全集：第25卷［M］.北京：人民出版社，1974：867.
⑥ 马克思，恩格斯.马克思恩格斯全集：第31卷下［M］.北京：人民出版社，1972：470.

化学、地质学、生理学。"①"如果真正农业上的资本构成低于社会平均资本的构成，那么，这首先就表示，在生产发达的各国，农业的发展没有达到加工工业那样的程度。撇开其他一切部分有决定作用的经济情况不说，这个事实已经由下述情况得到说明：机械学，特别是它的应用，同发展较晚而且部分地还十分幼稚的化学、地质学和生理学，特别是同它们在农业上的应用比较起来，发展得比较早，而且比较快。"②

马克思认为：在小农经济时代，"农民的劳动则是孤立的，他们的生产资料是零星分散的……由于农艺学的新发展，这种生产方式本身已经老朽了。"③"只有大工业才用机器为资本主义农业提供了牢固的基础……虽然种地的人数减少了，但土地提供的产品和过去一样多，或者比过去更多，因为伴随土地所有权关系革命而来的，是耕作方法的改进，协作的扩大，生产资料的积聚等等。"④恩格斯也指出"农业里面也发生了变革……大佃农开始下本钱来改良土壤，拆毁不必要的篱笆，排干积水，施以肥料，使用较好的农具并实行系统的轮作制。科学的进步也帮助了他们：亨·戴维爵士把化学应用于农业得到了成功，而技术的发展又给大佃农带来许多好处。"⑤

在论述农业技术工业化时马克思指出："修建巨大规模的排水工程，采用圈养牲畜和人工种植饲料的新方法，应用施肥机，采用处理黏土的新方法，更多地使用矿物质肥料，采用蒸汽机以及其他各种新式工作机等等，总之，耕作更加集约化就是这一时期的特点。"⑥科学技术和资本迅速向农业领域渗透，在获取剩余价值的同时，也迅速改变农业技术的面貌。"在这个时代里，不单是科学的农业，而且还有那新发明的农业机械，日益使小规模的经营变成一种过时的、不再有生命力的经营方式。正同机械的纺织业排斥了手纺车与手织机一样，

---

① 马克思，恩格斯.马克思恩格斯全集：第30卷[M].北京：人民出版社，1975：269.
② 马克思，恩格斯.马克思恩格斯全集：第25卷[M].北京：人民出版社，1974，第856页.
③ 马克思，恩格斯.马克思恩格斯全集：第17卷[M].北京：人民出版社，1963，第597页.
④ 马克思，恩格斯.马克思恩格斯全集：第23卷[M].北京：人民出版社，1972：817.
⑤ 马克思，恩格斯.马克思恩格斯全集：第2卷[M].北京：人民出版社，1972：293.
⑥ 马克思，恩格斯.马克思恩格斯全集：第23卷[M].北京：人民出版社，1972：742.

这种新式的农业生产方法,一定会无法挽救地摧毁小土地经济,而代之以大土地所有制。"①化学、生理学、生物学等相关学科的迅速发展导致是以农作物栽培过程为研究对象的技术科学——农艺学的产生。农艺学为现代农业奠定了基础。"农业资本家把农艺学应用到他们的土地上来又提高了土地的出产。"②成为推动农业技术变革的基本动力。马克思认为:"在自然肥力相同的各块土地上,同样的自然肥力能被利用到什么程度,一方面取决于农业化学的发展,一方面取决于农业机械的发展。这就是说,肥力虽然是土地的客观属性,但从经济学方面说,总是同农业化学和农业机械的现有发展水平有关系,因而也随着这种发展水平的变化而变化。"③

依据马克思理论,农业技术的工业化改造具有以下几个特点:

首先,机械化、蒸汽化成为农业生产的主流。工业是农业发展的动力,提供农业大规模经营所需要的一切技术手段。马克思认为:"大工业在农业领域内所起的最革命的作用,是消灭旧社会的堡垒——'农民',并代之以雇佣工人……最陈旧和最不合理的经营,被科学在工艺上的自觉应用代替了。"④大工业和农业的标志都是机器生产。工业革命之后,新型农业机械不断替代传统的手工农具;同时,人力、畜力、自然力被蒸汽动力所取代,成为农业机械的主要驱动力。而后内燃机、电力技术逐步取代了蒸汽动力,成为农业机械的主要驱动力,工厂大量生产化学肥料。马克思的指出"轮作制、人造肥料、蒸汽机、动力织机同资本主义的生产也是分不开的。"⑤

其次,工业化明显提高农业生产效率。"农业的改良方法。例如,把休闲土地改为播种牧草;大规模地种植甜菜,(在英国)于乔治二世时代开始种植甜菜。从那时起,沙地和无用的荒地变成了种植小麦和大麦的良田,在贫瘠的土地上

---

① 马克思,恩格斯.马克思恩格斯全集:第19卷[M].北京:人民出版社,1972:368.
② 马克思,恩格斯.马克思恩格斯全集:第17卷[M].北京:人民出版社,1963:630.
③ 马克思,恩格斯.马克思恩格斯全集:第25卷[M].北京:人民出版社,1974 第733页.
④ 马克思,恩格斯.马克思恩格斯全集:第23卷[M].北京:人民出版社,1972:551.
⑤ 马克思,恩格斯.马克思恩格斯全集:第36卷[M].北京:人民出版社,1974:170.

生产的谷物增加两倍,同时也获得了饲养牛羊的极好的青饲料。采用不同品种杂交的方法增加牲畜头数和改良畜牧业,应用改良的排灌法,实行更合理的轮作,用骨粉作肥料等等。"①工业技术提高了人类改造自然的能力,为促进农作物丰产的农业技术开发提供了新的平台。工业技术促使农艺流程技术环节增多,对农作物生长的干预范围扩大、程度加深,生产效率明显提高。众多农业新技术的推广应用,弱化了农业生产对气候、土壤等自然条件的依赖,从而使农作物的丰产有了可靠的保障。

再次,土地大规模集聚现象出现。马克思指出:"现存的大地产将给我们提供一个良好的机会,让联合的劳动者来经营大规模的农业,只有在这种巨大规模下,才能应用一切现代工具、机器等等,从而使小农明显地看到通过联合进行大规模经营的优越性。"②新型农业技术的推广应用与小块土地经营的矛盾决定土地集中经营的必然,资本又为农业技术的工业化改造提供了资金支持与驱动力量,资本主义制度为土地的流通与集中提供了保障。马克思指出:"英国的农业在很大程度上恰恰具有这样一种优越性:它是采取工厂方式经营的,而地租(即土地所有权)也像任何其他交易所证券一样,都是活动的和流通的证券。采取工厂方式(按照大工业的方式)经营农业必然会使土地流通起来,使它成为自由交易的对象。"③

最后,农业技术体系更加多元化。"由于这种集中(指土地),才能在农业中使用机器,实行大规模的劳动分工,并使英国的工业和商业同农业互相配合。"④从这段论述不难看出,农业技术的工业化使农业与工业、商业、科学研究等部门之间的联系日益紧密。农业技术不仅依赖于工业、商业提供技术装备与农资产品,而且不断地吸纳生物学、化学等领域的科学成果,以及机械、化工、水利等领域的技术成果,从而使农业技术迅速发展。但是,也必须看到农

---

① 马克思,恩格斯. 马克思恩格斯全集: 第47卷[M]. 北京: 人民出版社, 1979: 599.
② 马克思,恩格斯. 马克思恩格斯选集: 第3卷[M]. 北京: 人民出版社, 1995: 220.
③ 马克思,恩格斯. 马克思恩格斯全集: 第5卷[M]. 北京: 人民出版社, 1958: 504.
④ 马克思,恩格斯. 马克思恩格斯全集: 第5卷[M]. 北京: 人民出版社, 1958: 504.

业技术工业化是一把双刃剑。正如马克思指出的:"资本主义农业的任何进步,都不仅是掠夺劳动者的技巧的进步,而且是掠夺土地的技巧的进步,在一定时期内提高土地肥力的任何进步,同时也是破坏土地肥力持久源泉的进步。"①

(四)马克思关于社会主义农业技术发展的构想

在反思历史、批判现实的基础,马克思也对未来提出了构想。他指出:"资本主义制度同合理的农业相矛盾,或者说,合理的农业同资本主义制度不相容(虽然资本主义制度促进农业技术的发展),合理的农业所需要的,要么是自食其力的小农的手,要么是联合起来的生产者的控制。"②如果分析马克思准备给查苏利奇的四个复信,就会发现他关于未来社会主义农业的基本构想。

首先,公有制土地制度。马克思指出:"我们所具有的科学知识,我们所拥有的进行耕作的技术手段,如机器等,只有在大规模耕种土地时才能有效地加以利用。"③要实现这一目标显然不能简单重复古代公有制,而是建立社会主义公有制,形成在先进生产力基础上的公有制。马克思认为,土地公有制可以借助农艺学、化学、生物学、工业技术等最新科技成果,逐步以联合耕种代替小土地耕种,把土地小块耕种的个体劳动变为土地公有制基础上的集体劳动,进而构建各类新型农业技术形态。

其次,实行社会主义农业合作论。马克思指出:"俄国农民习惯于劳动组合,这特别便于他们从小土地劳动过渡到合作劳动,并且他们在公社草地的割草以及像排除沼地积水等集体作业中,已经在某种程度上实行了合作劳动。"④,进而说:"土地公有制赋予它以集体占有的自然基础,而它的历史环境(资本主义生产和它同时存在)又给予它以实现大规模组织起来的合作劳动的现成物质条件。因此,它可以不通过资本主义制度的卡夫丁峡谷,而吸取资本主义制度

---

① 马克思,恩格斯.马克思恩格斯全集:第23卷[M].北京:人民出版社,1972:552.
② 马克思,恩格斯.马克思恩格斯全集:第25卷[M].北京:人民出版社,1974:139.
③ 马克思,恩格斯.马克思恩格斯全集:第19卷[M].北京:人民出版社,1972:637.
④ 马克思,恩格斯.马克思恩格斯全集:第18卷[M].北京:人民出版社,1972:65.

所取得的一切肯定成果。它可以借使用机器而逐步以联合耕种代替小土地耕种，而俄国土地的天然地势又非常适合于使用机器。如果它在现在的形式下事先被引导到正常状态，那它就能直接变成现代社会所趋向的那种经济体系的出发点，不必自杀就能获得新的生命。"[1] 马克思认为，未来社会主义农业是大规模组织起来的利用机器进行生产、密切合作的集体劳动，是以土地公有制为基础展开的工业化的合作劳动。

再次，科学与工业技术是农业的支撑。马克思认为合作劳动必须具备设备、肥料、农艺科学与技术等集体劳动所必需的一切生产要素。集体劳动所需要的这些设备、肥料等生产资料，只有在机器大工业的基础上才能生产出来；农业技术也只有在农艺学、生物学、化学等科学研究的基础上，才能建构和持续发展。马克思指出："在这些土地上用最新的科学方法大规模地经营农业，以利于全社会。"[2] "按照总的计划增加国家工厂和生产工具，开垦荒地和改良土壤……把农业和工业结合起来，促使城乡对立逐步消灭。"[3] "那时，城市工业就能腾出足够的人员，给农业提供同以前完全不同的力量；科学终于也将大规模地、像在工业中一样彻底地应用于农业。"[4]

---

[1] 马克思，恩格斯.马克思恩格斯全集：第19卷[M].北京：人民出版社，1972：451.
[2] 马克思，恩格斯.马克思恩格斯全集：第5卷[M].北京：人民出版社，1958：3.
[3] 马克思，恩格斯.马克思恩格斯选集：第1卷[M].北京：人民出版社，1995：294.
[4] 马克思，恩格斯.马克思恩格斯全集：第31卷下[M].北京：人民出版社，1972：470.

第四章　异化、技术异化与农业技术异化

随着农业科学技术的不断发展，现代农业技术一方面导致农业生产效率大大提高，另一方面却引发出人类历史上从未出现的环境和社会问题，这些问题愈演愈烈，甚至有影响人类生存的危险，这种危机被称为农业技术的异化。

回顾历史不难发现，异化并不是现代社会才出现的现象。从黑格尔的客观精神异化到费尔巴哈的宗教异化再到马克思的劳动异化，历史上许多哲学家都对异化问题有过探讨。为了更好地探讨异化、技术异化、农业技术异化对农业推广的影响，下面将以回顾异化概念为起点探讨上述问题。

一、异化与马克思的异化理论

（一）异化的概念源起与发展回顾

《圣经·旧约》在讲述原罪与赎罪教义时，这样描述过："由于亚当不听上帝的忠告，偷吃了天堂中的智慧之果，所以堕落成了凡人，从上帝的纯真神性中异化（Alienat）了出去。"《圣经·新约》记载，使徒保罗传道时，受到了异教徒的包围，他训斥那些人说，由于你们的愚昧无知，就使你们从上帝的生活中异化了。在宗教领域，异化就是指人因为原罪而使自己的精神与上帝产

生疏离。①因此,异化有疏远、转让、分离等含义。德文异化一词"entfremdung"由德文动词"entfremden"变化而来,是疏远、冷淡化、夺取、盗窃等意思。英文"alienation"一词最早译自德文 entfremdung,来源于拉丁文的 alienatio(异化,外化,一物交给别人占有,脱离)和 alienare(转让,异化,分离,让异己的力量统治,让别人支配)②,是由动词 alienat 变化来的一个名词。主要有两个含意:一是指人在默祷中使精神脱离肉体,而与上帝合一;二是指圣灵在肉体化时,由于顾全人性而使神性丧失以及罪人与上帝疏远。

文艺复兴之后,异化一词被一些资产阶级思想家引用到世俗理论,近代资产阶级思想家中霍布斯在《利维坦》一书中说:"因为由于国家里每个个别的人所给予他(君主)的这种权威,他就可以使用每个人转让给他的足够的权力和力量,凭着这种权力和力量所引起的恐惧,把大家的意志都引向国内和平和互相帮助,来反对国外敌人。"③文中的权力转让,原文是"strangement",可译为异化。卢梭在《社会契约论》中讲到社会公约时,也使用了"权力转让"这个词:"每个结合者及其自身的一切权利全部都转让给整个的集体。因为,首先,每个人都把自己全部地奉献出来,所以对于所有的人条件便都是同等的,而条件对于所有的人既然都是同等的,便没有人想要使它成为别人的负担了。"④

真正明确地把异化作为哲学概念使用的是黑格尔。黑格尔把异化问题变成绝对观念和它的创造物之间的关系问题,认为异化就是绝对精神向自然和社会的外化与倒退,人的本质的一切异化都不过是自我意识的异化。费尔巴哈不限于纯粹思辨的范围里面,而用异化问题来批判宗教,认为上帝是人的本质的异化,异化就是宗教的异化,人类的本质自我异化为一个上帝,世俗世界异化出一个天国世界,反过来统治人们。马克思由黑格尔出发,经过费尔巴哈,走向新的世界观,在《1844 年经济学—哲学手稿》中提出"劳动异化"的概念,并从劳

---

① 马小彦.异化概念的历史考察[J].河南大学学报:社会科学版,1984(3):7.
② G.克劳斯.何谓异化?[J].哲学译丛,1979(2):60.
③ 霍布斯.利维坦[M].北京:商务印书馆,1985:131.
④ 卢梭.社会契约论[M].北京:商务印书馆,1980:24.

动产品和劳动者相异化、劳动本身和劳动者相异化、人同自己的类本质相异化和人同人相异化四个方面对异化问题进行分析。

异化是一种客观现象。异化包括三个方面：第一，它是客观的现象，就是说，它不像有些（资产阶级）学者说的，是一种心理状态。第二，它和人的活动有关（必须和人的活动连在一起），是人的物质活动和精神活动的产物。第三，异化是一定历史条件下的产物，它是客观的现象，而且和主体的活动连在一起[①]。为了更好地分析农业技术异化现象，应该以马克思对异化的研究结论为指导，对异化在农业技术和农业精准扶贫领域中的表现进行分析。

（二）马克思的异化理论

马克思在资本主义快速发展的时代条件下开始了他的理论活动。他迅速地越过了青年黑格尔派，并借助于费尔巴哈改造了黑格尔哲学，同时吸取了英法等国家的古典政治经济学、政治学、历史学以及空想社会主义的优秀成果，从而形成了成熟的马克思异化理论。马克思真正把异化问题引向对现实问题的研究，把异化问题和经济学分析问题结合在一起，建立起异化劳动的理论。马克思的异化论是马克思哲学中的一个重要内容和重要因素。马克思的异化劳动批判是马克思异化理论的核心，这一批判既洞察了资本主义社会的本质，同时为现代性批判开启了一个新的维度。在有关马克思异化论的研究中，绝大部分都是关于马克思劳动异化论的研究，以马克思的劳动异化论等同于马克思的异化论。马克思的劳动异化论在马克思异化论中占有很重要的位置，但马克思有关异化的丰富思想也绝不只是局限在劳动异化论的范畴之内。换句话说，马克思的劳动异化论只是马克思异化论整体中的一部分。在探讨马克思的异化论时，有必要从马克思的"一般异化论"和"劳动异化论"两个方面以及它们之间的联系，来全面地理解马克思异化论的完整思想体系。

第一方面，马克思的一般异化理论。马克思较早使用"异化"一词时、是

---

① 姜涌. 异化理论的发展过程[J]. 济南大学学报，1992（3）：15.

出现在《关于伊壁鸠鲁哲学的笔记》和博士学位论文《德谟克利特的自然哲学和伊壁鸠鲁的自然哲学的差别》两篇论文中,他把现象理解为"本质的异化",把对自然的认识看作"自然的异化"。马克思认为,"对自然的任何关系本身同时也就是自然的异化"[①]。在马克思的博士学位论文中,当分析德谟克利特和伊壁鸠鲁自然科学的差别时,马克思评价伊壁鸠鲁的自然主义哲学思想时说:"在伊壁鸠鲁那里,现象才被理解为现象,即理解为本质的异化,这种异化本身是在它的现实性里作为异化表现出来的。"[②] 在《黑格尔法哲学批判》中,马克思提出了政治国家、政治制度像宗教一样也是一种"类"的异化的观点。强调"政治国家的彼岸存在无非就是要确定它们这些特殊领域的异化"[③]。这时,马克思已把异化概念及对异化现象的批判引申到现实的政治领域,提出"市民社会"(物质生活关系)决定政治国家的思想,这是马克思确立社会历史现象的唯物主义观点的开端。

第二方面,马克思的劳动异化理论。

马克思用劳动异化理论对资本主义社会劳动所发生的异化现象进行分析和阐述,其主要内容包含四个方面:第一,劳动产品的异化。马克思认为:"劳动者把自己外化在他的产品中,这不仅意味着他的劳动成为对象,成为外部的存在,而且还意味着他的劳动作为一种异己的东西不依赖于他而在他之外存在着,并成为与他相对立的独立量;意味着他灌注到对象中去的生命作为敌对的和异己的力量同他相对抗"[④]。第二,是劳动本身的异化。马克思指出:"劳动者在自己的劳动中并不肯定自己,而是否定自己,并不感到幸福,而是感到不幸,并不自由地发挥自己的肉体力量和精神力量,而是使自己的肉体受到损伤,精神遭到摧残"。"劳动的异化性的一个明显的表现是,只要对劳动肉体的强

---

① 马克思,恩格斯马克思恩格斯全集:第40卷[M].北京:人民出版社,1979:174.
② 马克思,恩格斯马克思恩格斯全集:第40卷[M].北京:人民出版社,1979:231.
③ 马克思,恩格斯.马克思恩格斯全集:第1卷[M].北京:人民出版社,1956:283.
④ 马克思.1844年经济学—哲学手稿[M].北京:人民出版社,1984:45.

制或其他强制一消失，人们就会像逃避鼠疫一样地逃避劳动。"① 这段话深刻指出在异化劳动中，劳动的性质完全改变带来的困境。第三，是人的本质的异化。马克思认为，人的本质是自由自觉的活动。"自由"是指人对规律的认识和把握，是指人能"按照任何物种的尺度来进行生产"的能力；"自觉"则是指摆脱了本能冲动和肉体需要的状态以后，能在理性支配下自愿从事某种活动的心理状态。异化劳动则使人的自由自觉的特性丧失，变成了像动物一样的生存。第四，是人与人的异化。马克思在《1844年经济学—哲学手稿》中认为"人从自己的劳动产品、自己的生命活动、自己的类的本质异化出去这一事实所造成的直接结果就是：人从人那里的异化"②。这就是说，产品、劳动及人的本性的异化，必然导致人与人的异化。这种异化，马克思又称为"人的自我异化"。

马克思深入批判了黑格尔形而上学的思维方式，他指出了黑格尔在异化问题上的错误：其一，黑格尔把异化看成"纯粹的即抽象的哲学思维的异化"，"第一个错误在黑格尔哲学的诞生地《现象学》中表现得最为明显。例如，当他把财富、国家权力等等看成同人的本质相异化的本质时，这只是就它们的思想形式而言。它们是思想的本质，因而只是纯粹的即抽象的哲学思维的异化。因此，整个运动是以绝对知识结束的。这些从对象中异化出来的并且以现实性自居而与之对立的，恰恰是抽象的思维。哲学家——他本身是异化的人的抽象形象——把自己变成异化的世界的尺度。因此，全部外化历史和外化的全部消除，不过是抽象的、绝对的思维的生产史，即逻辑的思辨的思维的生产史。因而，异化——它从而构成这种外化的以及这种外化之扬弃的真正意义——是在自在和自为之间、意识和自我意识之间、客体和主体之间的对立，也就是抽象思维同感性的现实，或现实的感性在思想本身范围内的对立。其他一切对立及其运动，不过是这种唯一有意义的对立的外观、外壳、公开形式，这些对立构成其他世俗对立的意义。在这里，不是人的本质以非人的方式同自身对立的对象化，而是人的本质以不同于抽象思维的方式，并且同抽象思维对立的对象化，被当作异化

---

① 马克思.1844年经济学—哲学手稿[M].北京：人民出版社，1984：47.
② 马克思.1844年经济学—哲学手稿[M].北京：人民出版社，1984：51.

的被设定的和应该扬弃的本质。"①。其二,既然存在着异化,也就存在着扬弃异化的必然要求。既然对象化也是异化,则扬弃异化必定包含着扬弃对象化②。在《神圣家族》中,马克思和恩格斯曾经指出:"有产阶级和无产阶级同是人的自我异化。但有产阶级在这种异化中感到自己是被满足的和被巩固的,它把这种异化看作自身强大的证明,并在这种异化中获得人的生存的外观。而无产阶级在这种异化中则感到自己是被毁灭,并在其中看到自己的无力和非人的生存的现实。"③在这里,马克思和恩格斯所说的"人的自我异化",是指人类的阶级分化,与以后西方马克思主义者所谈的人的异化是有区别的。

马克思在《1844年经济学—哲学手稿》中,系统地论述了资本主义社会的异化现象,基本上形成了"异化理论",马克思从资本主义制度的角度对劳动异化进行分析,认为劳动异化是"劳动者生产的(劳动产品)越多,他的产品的力量和数量越大,他就越贫困""劳动所生产的对象,即劳动的产品,作为一种异己的存在物,作为不依赖于生产者的力量,同劳动相对立。劳动的产品就是固定在某个对象中、物化为对象的劳动,这就是劳动的对象化。"④劳动实践是人类特有的区别于动物的本质活动,人类从事劳动实践应该是自由的。由于异己的力量支配、驱使,人类的劳动实践的过程就像卓别林在电影摩登时代中演绎那样,成为一种为了满足自己的生存需要而开展的盲目的、机械式的活动,而不是人类本质自由的表现、人类的价值的体现。马克思把人看作现实活动的、实际改造自然界的因素,所以得出贫困和痛苦的原因:由于劳动分工,人从多种活动中被排挤出来;人失去普遍性,内容贫乏,成果被剥夺,也就是说剥夺了人的劳动过程和生活的物质条件;人的主要活动表现在物质上被异化了。

---

① 马克思.恩格斯.马克思恩格斯全集:第3卷[M].北京:人民出版社,2002:318.
② 李庆霞."现代性"批判的先声:重读马克思的异化劳动理论[J].哲学研究,2004(6):14.
③ 中国人民大学.马克思恩格斯论人性人道主义和异化[M].北京:人民出版社,1984:130.
④ 马克思.恩格斯.马克思恩格斯全集:第42卷[M].北京:人民出版社,1979:91.

二、技术异化

（一）关于技术异化相关的学术观点回顾

异化一词产生之后大多用于社会、政治、经济等方面，权力异化、政治异化、民主异化成为日常用语后。人们也在追问技术是否也存在异化现象？技术是被人类创造出来，又为人类改造自然服务的特殊工具系统，有自身的特点。一方面，技术作为"一本打开了的关于人的本质力量的书"[1]，是人类创造性的体现；另一方面，技术改变人类与大自然之间的关系，人被技术系统改成为服从技术自身所要求的附属品。在承认技术服务人类的正价值的同时，否认、忽视技术给人类带来危害的负价值是不可取的。

回顾历史，不难发现人类早期就认识到技术的负面作用，中国古代的道家思想对技术的负面作用的有过清醒而深刻的分析。庄子就曾有过这样论述："有机械者必有机事，有机事者必有机心，机心存于心中，则纯白不备；纯白不备，则神生不定；神生不定者，道之所不载也。"[2] "低投入、高产出"的技术被庄子看成对人的纯朴本性的损害，因而反对与"机事""机心"相关的技术。反技术主义者法国思想家卢曾说："我们的灵魂正是随着我们的科学和我们的艺术之臻于完美而越发腐败的"[3]。在哈贝马斯《走向一个合理的社会》一书中对技术有这样一段论述："人类掌握了主要根植于人类有机体之中的目的—合理的活动的行为系统之基本成分，并把它们一个接一个地投射到技术手段的平面上。从而使自身摆脱了相应的功能。首先是人进行活动的器官（手和脚）的

---

[1] 马克思，恩格斯.马克思恩格斯全集：第42卷[M].北京：人民出版社，1979：127.
[2] 《庄子·天地篇》孙通海译注《庄子》[M].北京：中华书局：,2007年，第359页.
[3] 卢梭.论科学与艺术[M].北京：商务印书馆.1963：11.

功能得到扩充和被取代，然后是（人体的）能量制造，再后是人的感觉器官（眼睛、耳朵和皮肤）的功能，最后是人的指挥中心（大脑）得到扩充和被取代。"[1]

科学技术是一把"双刃剑"：一方面创造高度的物质文明，另一方面被改变的大自然会反过来报复人类。恩格斯曾明确指出："我们不要过分陶醉于我们对自然界的胜利。对于每一次这样的胜利，自然界都报复了我们。"[2] 自然的破坏、气候异常、环境污染、自然资源短缺、生态失衡等构成威胁人类生存和发展的全球性生态问题。生态恶化导致农业生产投入增加，产出减少，农产品的质量降低，人类的生存质量下降低；环境污染导致生物物种灭绝，加剧了生态恶化；这是"技术的异化"典型表现。

以胡塞尔、海德格尔、哈贝马斯、马尔库塞、福柯等为代表的诸多西方学者西方，从人本主义立场出发，对现代科学技术带来的种种消极后果进行质疑，批判技术异化的现实，进而将技术异化的根源归结为科学技术本身，这是西方哲人对科学技术异化根源问题的一般看法。海德格尔在《世界图像的时代》一文中指出："科学是现代的根本现象之一。按照地位而论，同样重要的现象是机械技术。不过，我们不能把机械技术曲解为现代数学自然科学的单纯的实践应用。机械技术本身就是一种独立的实践变换，唯这种变换才要求应用数学自然科学。机械技术始终是现代技术之本质迄今为止最为显眼的后代余孽，而现代技术之本质是与现代形而上学之本质相同一的。"[3] 而在《诗人何为》一文中，更明确地说："现代科学和极权国家都是技术之本质的必然结果，同时也是技术的随从……不仅生命体在培育和利用中从技术上被对象化了，而且，原子物理学对各种生命体现象的进攻也在大量进行当中。归根到底，这就是要把生命的本质交付给技术制造去处理。今天，人们极其严肃认真地在原子物理学的各种成就和状况中去寻找证明人的自由和建立新价值学说的各种可能性，这正是技术观念占了统治地位的标志……甚至，人变成主体而世界变成客体，也是自

---

[1] 陈学明.哈贝马斯的"晚期资本主义"论述评[M].重庆：重庆出版社，1993：288.
[2] 恩格斯.自然辩证法[M].北京：人民出版社，1971：158.
[3] 海德格尔.林中路[M].孙周兴，译.上海：上海译文出版社，2004：77.

行设置着的技术之本质的结果,而不是倒过来的情形。"①霍克海默认为技术的负面效应远远大于正面效应,科学技术的副作用,主要在于运用技术的一系列外在环境不当。马尔库塞不认为科学技术产生消极的社会作用是科学技术本身固有的属性,科学技术无所谓"善"还是"恶",它在一定的历史条件下,才起消极的历史作用,科学技术的发展方向是由人掌握的,是可以改变的。哈贝马斯不同意霍克海默和马尔库塞把科学技术产生消极的社会作用归结于社会环境,认为科学技术产生的消极的社会作用是科学技术本身造成的。

从唯物辩证主义的观点出发分析,技术异化既有主观原因,也有客观原因。过分强调技术异化的主观原因,轻视甚至忽视技术异化的客观原因,把技术异化的主要根源归于技术应用主体对技术的不恰当的使用,也就是技术的社会属性,认为技术本身没有罪过,罪过在人;过分强调技术异化的客观原因,忽视技术应用的过错;这两种观点都是片面的。任何事物都有利弊两个方面,都是利弊共存的整体,研究技术异化必须全面考查相关因素。

(二)技术异化的本质与表现形式

费尔巴哈哲学意义的异化理念是当前学术界关于技术异化本质讨论的理论基础。有学者认为技术的异化是指"科技这种人的创造物变成了统治人、压抑人的一种异己性力量,它不但不是'为我'的,反而是'反我'的"②。也有学者认为技术的异化是指"按照人的愿望形成的技术的体系,一旦存在,也就开始具有自主性。并且在一定的情况下开始违背人的意志,变成反对人的力量,这就是技术的异化"③。

技术是一定社会历史条件下为增强人类认识自然、改造自然的能力而产生、发展的,技术的根本目标是使自然界向有利于人类生存和发展的方向发展。伴随着技术的产生、发展及其正面效能实现,也出现有悖于人类发展科学技术的

---

① 海德格尔.林中路[M].孙周兴,译.上海:上海译文出版社,2004:303~304.
② 李桂花.科技异化和科技人化[J].哲学研究,2004(1):84.
③ 贾星客,等.作为时代主题的技术哲学[J].云南师范大学学报,2004(3):1.

目的，使自然界向不利于甚至严重威胁人类生存和发展的方向发展的现象。这直接导致全球性生态环境危机、人类生存和发展的危机。

马克思视劳动为人的本质，认为在工业文明条件下，人的劳动本质发生严重异化，即劳动者同其劳动的异化，这种情况下劳动者不仅同自己生产的劳动产品相疏离，而且同自我相疏离。马克思指出："通过异化的、外化的劳动，工人生产出一个跟劳动格格不入的、站在劳动之外的人同这个劳动的关系"[①]。蒸汽机引发技术革命，机器使劳动的内容简单化，通过代替手工劳动大大降低劳动生产中人的需要，马克思认为：机器使技术"从直接劳动转移到机器，转移到死的生产力上面"，机器"代替劳动者而具有技巧和力量，它自己就是技术专家，它在自身内部发生作用的力学规律和它自身持久不息的自身运行之中具有它自己的心灵"[②]。法兰克福学派著名代表人物哈贝马斯针对现象指出："人类掌握了主要根植于人类有机体之中的目的——合理的活动的行为系统之基本成分，并把它们一个接一个地投射到技术手段的平面上，从而使自身摆脱了相应的功能。首先是人进行活动的器官（手和脚）的功能得到扩充和被取代，然后是（人体的）能量创造，再后是人的感觉器官（眼睛、耳朵和皮肤）的功能，最后是人的指挥中心（大脑）得到扩充和被取代。"[③]

技术异化主要表现在对人、社会和环境等方面影响。

首先，技术异化导致人类生存条件和自然环境的严重恶化。人类生活在自然之中，从属于自然，早期人与自然浑然一体。社会的发展、技术的进步，西方启蒙运动对人类主体性地位的确认和弘扬，人与自然被分置对立。在主客体二元对立中，人与自然的关系发生急剧变化。随着技术手段的大规模介入，自然逐步被人类改变为"商品化的自然、被污染的自然、军事化的自然"，人类"征服自然"力度不断扩大，导致能源枯竭、环境污染、生态失衡，森林面积减少，土地沙漠化日益严重，沙尘暴、酸雨频繁、雾霾频出，耕地面积锐减，矿产资

---

① 马克思，恩格斯.马克思恩格斯全集：第42卷［M］.北京：人民出版社，1972：100.
② 马克思.政治经济学批判大纲（草稿）：第3分册［M］.北京：人民出版社，1963：369.
③ Jurgen Harbermas. Toward a ration society［M］.Boston；Beacon Press，1968；871.

第四章 异化、技术异化与农业技术异化

源日益耗竭,饮用水被严重污染,清新的空气、蓝天和阳光成为现代人难得的奢侈品。就像马克思指出的:"像一个巫师那样不能再去支配自己用符咒呼唤出来的魔鬼了"①。因此,技术异化引发的生态危机直接威胁人类的生存环境,严重破坏人类的生活基础。

其次,现代机器大工业化生产技术严重压抑劳动的自主性。马克思指出:"技术的胜利,人几乎是以道德的败坏为代价换来的……人的生命则化为愚钝的物质力量。现代工业、科学与现代贫困、衰颓之间的这种对抗,我们时代的生产力与社会关系之间的这种对抗,是显而易见的、不可避免的和毋庸争辩的事实。"②机器相对减轻了工人的体力劳动,却剥夺了工人的主体理性。高的日作业定额;标准的作业条件;对于完成作业的工人,提高工资率付给报酬;对于未完成作业的工人,按低工资率付给报酬。这些标准化管理和刺激性工资制度在使用之初起到提高效率的作用,但很快就使工人受制于机器和技术,使大多数人失去有目的的活动,工作被异化为非理性状态下的本能动作。弗洛姆在《希望的革命》一文中曾经探讨这样分析技术对工人的影响:"人,作为生产机器的一个齿轮,成了物而不再为人……当今工业社会中人的被动性是他最主要的性格和病理特征……由于是被动的,人感觉到软弱、孤独和焦虑。"③ "在这样一个社会的发展进程中,人自身被转变为整个机器的一部分,尽管他吃得好,娱乐得好,然而他却是被动的,缺乏活力和感情。"④技术导致工人在生产劳动过程中的被动性,不断向人类日常生活渗透,引发人的文化心理结构发生变化。正如哈贝马斯在《单向度的人》中引用萨特的话:"在采用半自动化机器不久,研究表明:女技工在劳动时禁不住陷入有关性生活的梦境。她回忆起卧室、床笫、黑夜以及有关跟她独处的那个人的一切。但是,她梦中拥抱的却是她手中的机器。"⑤

---

① 马克思,恩格斯.马克思恩格斯全集:第1卷[M].北京:人民出版社,1972:256.
② 马克思,恩格斯.马克思恩格斯全集:第12卷[M].北京:人民出版社,1972:4.
③ 刘文海.技术异化批判[J].中国社会科学.1994(2):102.
④ 弗洛姆.弗洛姆著作精选[M].上海:上海人民出版社,1989:477.
⑤ 赫伯特·马尔库塞.单向度的人:发达工业社会意识形态研究[M].上海:上海译文出版社,1989:26.

再次，技术引发的管理手段巩固和加剧对工人的统治。法兰克福学派创始人霍克海默指出："技术知识扩大了人的思维和活动的范围，与此同时……旨在启蒙的技术能力的进步伴随着非人化的过程"[1]。马尔库塞更直接地指出："技术进步＝社会财富的增长（国民生产总值的增长）＝奴役的扩展。"[2]哈贝马斯在《文化与批判》中说"科技日益成为统治人民的政治、经济、思想、文化以及社会生活一切其他方面的工具，成为人民'解放的桎梏'"[3]。

（三）技术异化现象的成因

技术异化的产生是一个多因素共同作用的过程，主要原因有如下几个方面。

首先，技术发展水平和人类认识水平的局限的原因。所有事物都具有正、反两面性，技术也不例外，很多技术早期状态都表现出不成熟，加上技术具有多样性、多层次性、整体性、开放性、非线性、动态演化、不确定性、不稳定性、不可逆性、自组织性等一系列特征，技术在应用之后出现人类始料未及的情况在所难免。不仅如此，人类对自然规律和科学技术的认识总带有片面性和局限性。恩格斯指出："我们只能在我们时代的条件下进行认识，而且这些条件达到什么程度，我们便认识到什么程度。"[4]人类认识上的片面性和局限性，导致在改造和利用自然过程中出现意料不到的消极结果。上述两方面的因素都会导致技术异化。

其次，人类文化价值中的功利主义观念引发技术异化。格里芬指出："我们时代严重的全球性问题——从核武器的威胁和有毒化学物质到饥饿、贫穷和环境恶化，到对地球赖以生存的体系的破坏——凡此种种都是几个世纪以前才开始统治世界的西方工业思想体系所产生的直接后果。"[5]前文曾经论述过人类

---

[1] 霍克海默.理性的失落[J].纽约，1974：前言.
[2] 马尔库塞.反革命与造反[M].波士顿，1972：4.
[3] 杨雪英.理性至上与技术异化[J].兰州学刊，2003（1）：34.
[4] 马克思，恩格斯.马克思恩格斯选集：第3卷[M].北京：人民出版社，1972：562.
[5] 格里芬.后现代科学：科学魅力的再现[M].北京：中央编译出版社，1998：154.

在解决技术问题时，往往不会追求最优解，而选择满意解或可行解，这就是比较典型的功利主义科技价值观。正如罗素所说："工业化的兴起导致人们在某种程度上强调了功利（主义）。"①当人类在狭隘的功利主义科技价值观指导下思考问题时，往往会考虑当前情况而忽视长远问题；当人类基于上述情况在技术活动中选择满意解或可行解的时，也就埋下了技术异化的隐患。

再次，资本化经营方式对经济利益的贪婪追逐引发技术异化。资本化经营方式引发自由主义思想，在自由主义思想指导下，人类将经济效益的最大化和物质的享受作为追求的目标和幸福的标准，消费是获得幸福的必然手段，因此"消费决定生产"成为众多企业的基本信条，人也被定义为"一种欲望无止境、能够驱动经济不断实现新繁荣的消费动物"②。消费促进了生产，生产又加剧了对于消费的无止境的要求。这种经济方式直接导致"几乎人类的一切活动都是围绕一个共同的，甚至可以说是唯一的目标进行的。这就是：追求更多的物质财富。"③人类过度的生产和消费必然浪费资源导致技术异化。

最后，社会发展状况引发技术异化。马克思就指出："由于自然科学被资本用作致富手段，从而科学本身也成为那些发展科学的人的致富手段，所以，搞科学的人为了探索科学的实际应用而互相竞争。另一方面，发明成了一种特殊的职业。因此，随着资本主义生产的扩展，科学因素第一次被有意识地和广泛地加以发展、应用并体现在生活中，其规模是以往的时代根本想象不到的。"这样，科学对于劳动来说"表现为异己的、敌对的和统治的权力"④。马克思认为："一个毫无疑问的事实是：机器本身对于把工人从生活资料中'游离'出来是没有责任的……同机器的资本主义应用不可分离的矛盾和对抗是不存在的，因为这些矛盾和对抗不是从机器本身产生的，而是从机器的资本主义应用产生的！因为机器就其本身来说缩短劳动时间，而它的资本主义应用延长工作日；因为

---

① 罗素.西方的智慧：下卷[M].北京：文化艺术出版社，1997：571.
② 黄梅.从比琳达的虚荣消费说开去[J].读书，1997（4）：15.
③ 刘思华.可持续发展经济学[M].武汉：湖北人民出版社，1997：3.
④ 马克思，恩格斯.马克思恩格斯全集：第47卷[M].北京：人民出版社，1979：571.

机器本身减轻劳动，而它的资本主义应用提高劳动强度；因为机器本身是人对自然力的胜利，而它的资本主义应用使人受自然力奴役；因为机器本身增加生产者的财富，而它的资本主义应用使生产者变成需要救济的贫民。"[①]在资本主义社会，"只有资本主义生产才第一次把物质生产过程变成科学在生产中的应用，变成运用于实践的科学，但是，这只是通过使工人从属于资本，只是通过压制工人本身的智力和专业的发展来实现的。"[②]资本主义的本质决定它不可能从根本上消除科技异化现象。

总之，在人类技术发展的历程中，技术异化无法避免。工业社会前的技术能力较弱，对自然改变程度较低，自然能够自我恢复，工业社会对自然改变程度已经达到自然无法自我恢复的程度，技术异化才被人类所认识。正如乌尔里希·贝尔所指出："工业社会前的灾难，无论有多大多惨烈，也只是来自'外部的'对人类'命运的打击'，可以归责于一种'另外的力量'——上帝、恶魔或自然。"[③]因此，认识技术异化的原因，对于减少和预防技术异化意义重大。

三、现代农业技术异化的表现形式

工业革命之前，农业一直是人类社会基本的和主导的产业部门。随着科学技术的不断进步，尤其是19世纪技术革命促进农业科技大发展，农业生产随之迅速变化。20世纪中叶以来，生物技术、信息技术引发新的农业科技革命。为了养活不断增加的人口，农业必须迅速发展，工业革命的成果在农业中的应用，为人类带来丰富的农产品，也逐步造成农业技术的异化。农业技术的异化引起学术界广泛关注，一时间声讨者众多，一些悲观者甚至认为，"起源于刀耕火

[①] 马克思，恩格斯.马克思恩格斯全集：第26卷（上册）[M].北京：人民出版社，1972：483~484.

[②] 马克思，恩格斯.马克思恩格斯全集：第47卷[M].北京：人民出版社，1979：576.

[③] 乌尔里希·贝尔.世界风险社会[M].吴英姿，等译.南京：南京大学出版社，2004：68.

种的农业的发展史,满足人类欲求的农作法的变迁史及农业科学技术(文明进步)发展的历史,其本身就是一部对自然破坏的历史。"[1]这种对现代农业、现代农业技术,甚至对人类有史以来农业和农业技术的全盘否定的观点显然是不恰当的。但是,现代农业技术异化已经是精准扶贫工作者无法回避的话题。因此,研究现代农业技术异化的表现形式与成因就显得十分必要。

现代农业技术的异化已经十分严重,必须引起人类高度重视。在现实农业生产和农村生活领域,现代农业技术的异化主要表现为如下几种形式。

(一)破坏自然生态系统

现代农业技术在经历一个时期迅速发展之后,陷入发展困境,面临着严峻的挑战。马克思曾经说过:"耕地的最初影响是有益的,但是,由于砍伐树木等,最后会使土地荒芜……结论是:耕作如果自发地进行,而不是有意识地加以控制(他作为资产者当然想不到这一点),接踵而来的就是土地荒芜……"[2]现代农业技术面临的主要问题是资源问题,森林、淡水、土地、动植物物种等都是人类赖以生存和发展的重要资源。在农业生产中人类为了眼前经济效益或保障短期消费水平,挪用"未来的资源"、消耗"生产资源基础",甚至"吃老本"。"自古以来,人类一直依赖于地球资源的可持续产出而得以生存,这个可持续产出可以理解为从大自然捐给人类的一笔本金中产生出的利息。但是现在我们正在消费这笔本金。生态学的情况也像经济学一样,我们可以在短期内连本带息一起花销,但长此以往则必将导致破产。"[3]

现代农业对自然生态环境的破坏主要表现在如下几个方面。第一方面,森林面积减小。由于过伐、滥伐、毁林造田、林地放牧以及城市、工业用地等原因,全世界的森林面积以每年1%的速度在减少。无限地砍伐森林以扩大耕地面积,是发达国家早期和发展中国家正在使用的增加农产品的有效措施,导致全球森

---

[1] 福冈正信.一根稻草的革命[M].樊建明,译.北京:北京大学出版社,1994:序2.
[2] 马克思,恩格斯.马克思恩格斯全集:第32卷[M].北京:人民出版社,1974:53.
[3] 莱斯特·布朗.B模式[M].北京:东方出版社,2003:1.

林面积锐减。第二方面,水资源严重危机。联合国公布的有关数据显示,全球目前有11亿人的生活缺水,26亿人缺乏基本的卫生设施[1]。在严重缺水的地区,因争夺水资源而导致的村民械斗、部落冲突乃至不同民族之间的战争屡见不鲜。全世界已耕地面积中,约有40%处于干旱地区,有15%处于半干旱地区,只有45%分布在水资源充沛的地区[2]。第三方面,土地资源骤减。不合理的农业开发导致土地面积锐减,主要表现如下。当前,全世界有三分之一的土地受到严重侵蚀,每年600多亿吨肥沃的表土流失[3]。不仅如此,土地沙漠化也成为一个全球性的问题。地球陆地面积的三分之一以上正处在沙漠化过程中,影响所及多至100余个国家。美国已有超过4000万公顷的土地不可挽回地沙漠化了;印度约有三分之一的可耕地有完全不宜耕种的危险。第四方面,能源危机凸显。据Pimental等(1975年)计算,美国当时每年在食物供应系统上输入的能量平均为每人1250升汽油。若全世界都用这个标准来进行食物生产,则所有石油的储存量将在13年内全部消耗殆尽。美国农业自1940年以来总产量增长了1倍,但能量的消耗却增长了2.2倍,能量的转换效率随着投入能的增加而明显降低。以美国的玉米生产为例,1945年的能量产投比为3.71,1959年和1970年分别为2.83和2.82[4]。第五方面,生态环境恶化。大量化肥、农药等石化产品进入农业生态系统,不仅对生态环境造成污染,而且造成农畜产品质量与安全性降低。施用化肥对周围环境和农民造成伤害。农用水域、大气、土壤日益受到污染,局部地区达到相当严重的程度。蔬菜中硝酸盐累积和有机磷农药残留普遍超标,对人体危害明显。第六方面,生物多样性被破坏。"人发现了种子的成熟,并加以利用。他们开荒种地,逐渐定居下来。如同最初技术方面的成就一样,人是从自然那里学会的,但这是一种高层次的学习:人不是学习如何更好地同自

---

[1] 方祥生. "世界水日"的思考[DB]. http. // www. gmw. cn/content/2005-04/05/content-201624. htm.
[2] 卞有生. 生态农业基础[M]. 北京:中国环境科学出版社,1986:12.
[3] 森林锐减后果是什么? 导致六大生态危机[DB].http://www.gmw.cn/content/2004-08/02/content 69601.htm.
[4] 卞有生,等. 国内外生态农业对比:理论与实践[M]. 北京:中国环境科学出版社,2000:8.

然斗争，而是学习如何模仿它、引导它。"[1]高产农作物品种的单一种植，虽然能够解决当下人口的粮食需求，但该系统十分脆弱、危险，一旦环境状况发生改变，就会引发大规模病虫害肆虐，后果不堪设想。农业动物的单一性也会带来同样的危险。生物越多样化，越能应付外来危险，动植物单一化，农业系统不稳定性和脆弱性加大，必将导致农业生态系统失衡。

（二）对人类造成伤害

今天，人类经常感到饮食无味（一些反季节和使用农药化肥的农产品已经与原来的产品相差很多）、没有纯洁无污染的食物。农药污染对农作物和人类的危害十分严重，某些农药化学性质稳定、半衰期长，不易分解，毒性可通过食物链浓缩积累。卡逊的《寂静的春天》有过这样的描述："这是一个没有声音的春天。这儿的清晨曾经荡漾着乌鸦、鸦鸟、铿鸟、鸽子、鹤的合唱以及其他鸟鸣的声浪。而现在，一切声音都没有了。只有一片寂静覆盖着田野、树林和沼地。"[2]农业失业导致农业人口大量向城市流动，"甚至增加了营养不良，因为穷人和失业者没有钱去买新生产的粮食"[3]。

以亚当·斯密为代表的自由主义经济思想认为："每一个人，在他不违反正义的法律时，都应听任其完全自由。让他采用自己的方法，追求自己的利益，以其劳动及资本和任何其他人或其他阶级相竞争"[4]。然而，在现代消费时代，人也被定义为"一种欲望无止境、能够驱动经济不断实现新繁荣的消费动物"[5]。在这种观念下，"几乎人类的一切活动都是围绕一个共同的，甚至可以说是唯一的目标进行的。这就是：追求更多的物质财富"[6]。在此思想影响下，现代农业技术发展追逐经济效益，以经济衡量农业的发展成为农业发展思想的主流并

---

[1] 汉斯·萨克斯.生态哲学［M］.文韬，等译.北京：东方出版社，1991：3.
[2] 蕾切尔·卡逊.寂静的春天［M］.长春：吉林人民出版社，1997：2.
[3] 丹尼斯·米都斯.增长的极限［M］.长春：吉林人民出版社，1997：111.
[4] 亚当·斯密.国民财富的性质和原因研究：下卷［M］.北京：商务印书馆，1974：252.
[5] 黄梅.从比琳达的虚荣消费说开去［J］.读书，1997（4）：15.
[6] 刘思华.可持续发展经济学［M］.武汉：湖北人民出版社，1997：3.

改变人类的消费观。过分强调农产品外观，在追求感官刺激的影响下，任意改变生物体性状，甚至创造出自然中没有的生物性状。不顾消费者和农业从业人员的经济利益与身体健康，改变生物体遗传性状，甚至制造不育后代，以牟取暴利。发达国家设置技术和经济壁垒限制发展中国家的技术发展和社会进步。

四、现代农业技术异化的成因

现代农业技术异化的成因包括现代农业技术系统内部和外部环境两方面原因。

（一）农业技术本身的原因

首先，农业技术的双重属性导致技术反自然性。"人类所创造的和未来要创造的一切技术都必然是与自然法则相一致的"[①]，从唯物辩证法的立场出发，不存在绝对安全或无公害的技术。现代农业产品是典型的人造物，因此，不可避免存在缺陷的，存在缺陷的技术必然破坏自然环境，对人类造成伤害。现代农业大量地使用农药、化肥，对土壤、气候、资源、水、能源的消耗和浪费更大，现代农业技术对生命过程的干预更强烈、更直接、更深入，森林减少、水土流失、资源枯竭等现象频出，例如化肥造成土壤板结是与化肥技术相伴生的技术负效应。

其次，现代农业技术的不确定性和不可控性导致农业技术异化。拉普指出："技术是复杂的现象，它既是自然力的利用，同时又是一种社会文化过程。"[②]技术拥有自然属性和社会属性二重性特征。科学知识的不确定性，导致技术也存在不确定性。现代科学技术一体化使得技术越来越复杂，越来越不确定。人类目前还不能完全认识清楚生物体的复杂的生命过程，同时，农业生产中人类自以为认识清楚的理念，实际上是错误的，如认为通过给牛喂饲动物尸体加工

---

① F. 拉普. 技术哲学导论 [M]. 沈阳：辽宁科学技术出版社，1986：102.
② F. 拉普. 技术哲学导论 [M]. 沈阳：辽宁科学技术出版社，1986：57.

的饲料来提高肉牛的产量，却引发疯牛病；希望大量施化肥提高作物产量，却导致土壤板结和水污染。人类对生物体复杂性认识的不足，使现代农业技术无法达到尽善尽美，现代农业技术的不确定性和不可控性在所难免，农业技术异化由此产生。

最后，对自然的干预不断加强和深化导致农业技术异化。农业生产中，烧毁森林、开垦荒地为的是造出易于耕种的农田，就是在干预自然。不仅如此，现代农业技术对自然的干预已经深入到分子层面上。自然系统和农业系统都应当服从生态规律。现代农业技术对自然的干预不断加强和深化，使农业系统和自然系统差异越来越大，农业系统的食物链短、物种少、层次少、结构简单随之出现，这很可能导致现代农业生产系统不稳定，自我调节能力下降；农业生产系统对外界变化极其敏感，抗灾能力脆弱。

（二）农业技术异化的人类主体性原因

首先，人类对技术的崇拜导致技术理性主义和人与自然关系的割裂。现代技术时代以前（指工业革命以前的世界近代时期），虽然在"人以自身的活动来引起、调整和控制人和自然之间的物质变换的过程"的能力有了很大提高的同时，人类的自然生态环境也遭到一定破坏，但人类自然生态系统仍大体上处于良性循环状态，这是由于人类对生态环境的破坏大多尚未超出生态环境自我修复能力所规定的界限。"当人类开始干涉自然界里先已建立了的平衡，而所取的途径在基本上异于任何其他生物所取的，我们的这个星球的历史上的一个新局面就展开了。"马克思指出："技术的胜利，似乎是以道德的败坏为代价换来的。随着人类愈益控制自然，个人却似乎愈益成为别人的奴隶或自身的卑劣行为的奴隶。甚至科学的纯洁光辉仿佛也只能在愚昧无知的黑暗背景上闪耀。我们的一切发现和进步，似乎结果是使物质力量具有理智生命，而人的生命则化为愚钝的物质力量。"[①] 现代农业技术的发展，导致作为客体性的技术逐渐吞

---

① 马克思，恩格斯. 马克思恩格斯全集：第12卷［M］. 北京：人民出版社，1972：4.

没人的主体性，使人的行为失去主动性、目的性，而受制于技术，使人有目的的活动异化为非理性状态下的本能动作，人的主体随意性和个别性被压制、消解了，成为"单向度的人"，成片单一的农作物、成群被束缚的牲畜和操作机械的毫无土地情结的农民成为技术理性主义影响农业的真实写照。新的农业技术"最初无意识地而且小规模地，后来有意识地，而且扩展到整个星球——人就从事推翻自然界的平衡以利自己。在早期阶段里，人类对于自己做些什么，缺少适当的了解，而产生一些偶尔不是自己所要的结果，例如歼灭了人类赖以为生的野兽，纵牲畜过分吃去牧草，或耗竭了一片片耕地。但由于这些作为规模小，故并不致怎样永久地损害地球上的种种资源。现在情况不同了，既不缺少知识，又不缺少能力，但取代机械化农业和林业的成功代价却是毁坏了地球上大到危险比例的土壤面积，并改变了地球上的气候，对于几乎所有各种生物都不利"①。马克思指出："自然力的征服，机器的采用，化学在工农业中的应用，轮船的行使，铁路的通行，电报的往返，大陆一洲一洲的垦殖，河川的通航，仿佛用法术从地底下呼唤出来的大量人口——试问在过去哪一个世纪能够料想到竟有这样大的生产力潜伏在社会劳动里面呢？"②

其次，资本主义经营方式的影响导致农业技术异化。资本主义经营方式导致的农业生产大规模经营是造成农业土地和资源被破坏的主要原因。贝尔纳指出："这种大规模的极度破坏与人类先天凶恶或愚蠢无关，又或与许多政论家要人民以为人类所具有的约束不住的传种欲望也无关；而不过是由于资本主义本质上的掠夺性，而这主义现在已成为广布在世界上很大地区的帝国主义。在过去五十年中，土壤的破坏大大加速，这是由于表出资本主义特征的为目前利益而进行不择手段的剥削方法。实际破坏土壤者未必本身是资本家，而可能是作价偿租的贫苦农民，为了不致被逐而不得不争取多收卖现钱的农作物；或者被那些夺取最肥土地的欧洲人驱赶到划定保留区的非洲土人。这些不同原因都导致同样结果，而且这种过程正在不断加速。土地越是不毛，越要榨取得厉害，

---

① 贝尔纳. 历史上的科学 [M]. 北京：科学出版社，1956：535~536.
② 马克思，恩格斯. 马克思恩格斯全集：第4卷 [M]. 北京：人民出版社，1958：471.

因此它的情形也就越恶化。"①马克思认为:"随着农业变成按资本主义方式经营的工业部门,随着农业为市场而生产,生产商品即为了售卖而不是为了自己直接消费的物品,农业就以相同的程度计算其费用,把费用的每一项都看作商品"②,"资本主义农业的任何进步,都不仅是掠夺劳动者的技巧的进步,而且是掠夺土地的技巧的进步,在一定时期内提高土地肥力的任何进步,同时也是破坏土地肥力持久源泉的进步。"③"资本主义生产使它汇集在各大中心的城市人口越来越占优势,这样一来,它一方面聚集着社会的历史动力,另一方面又破坏着人和土地之间的物质变换,也就是使人以衣食形式浪费掉的土地的组成部分不能回到土地,从而破坏土地持久肥力的永恒自然条件。"④

再次,人类主体性认识的局限性导致农业技术异化。人的活动"带有经过思考的、有计划的、向着一定的和事先知道的目标前进的特征。"⑤然而,以机械化、化学化、大生产为主要形式现代农业技术使人丧失了人的本性。正如马克思指出的:"技术的胜利,人几乎是以道德的败坏为代价换来的。随着人类愈益控制自然,个人却似乎愈益成为别人的奴隶或自身的卑劣行为的奴隶。甚至科学的纯洁光辉仿佛也只能在愚昧无知的黑暗背景上闪耀。我们的一切发现和进步,似乎结果是使物质力量具有理智生命,而人的生命则化为愚钝的物质力量,现代工业、科学与现代贫困、衰颓之间的这种对抗,我们时代的生产力与社会关系之间的这种对抗,是显而易见的、不可避免的和毋庸争辩的事实。"⑥人类认识能力和水平总是受到实践发展水平限制,具有历史的局限性。对此,马克思总指出:"……在人类历史上存在着和古生物学中一样的情形。由于某种判断的盲目,甚至最杰出的人物也会根本看不到眼前的事物。后来,到了一定的时候,人们就惊奇地发现,从前没有看到的东西现在到处都露出自己的痕

---

① 贝尔纳.历史上的科学[M].北京:科学出版社,1956:536.
② 马克思,恩格斯.马克思恩格斯全集:第49卷[M].北京:人民出版社,1972:7.
③ 马克思.恩格斯,马克思恩格斯全集:第1卷[M].北京:人民出版社,1972:552.
④ 马克思.恩格斯.马克思恩格斯全集:第1卷[M].北京:人民出版社,1972:552.
⑤ 马克思.恩格斯.马克思恩格斯全集:第3卷[M].北京:人民出版社,1972:516.
⑥ 马克思.恩格斯.马克思恩格斯全集:第12卷[M].北京:人民出版社,1972:4.

迹。"① 在《自然辩证法》中，恩格斯系统地分析人类生产活动由于认识的局限性而在自然和社会两个方面都导致了不可预料的负效应。恩格斯指出："自然界都报复了我们。每一次胜利，在第一步都确实取得了我们预期的结果，但是在第二步和第三步却有了完全不同的、出乎意料的影响，常常把第一个结果又取消了。美索不达米亚、希腊、小亚细亚以及其他各地的居民，为了想得到耕地，把森林都砍完了，但是他们梦想不到，这些地方今天竟因此成为荒芜不毛之地，因为他们使这些地方失去了森林，也失去了积聚和贮存水分的中心。""如果我们需要经过几千年的劳动才稍微学会估计我们的生产行动的比较远的自然影响，那么我们想学会预见这些行动的比较远的社会影响就困难得多了。""当阿拉伯人学会蒸馏酒精的时候，他们做梦也不会想到，他们却因此制造出使当时还没有被发现的美洲的土人逐渐灭种的主要工具。后来，当哥伦布发现美洲的时候，他也不知道，他因此复活了在欧洲久已绝迹的奴隶制度，并奠定了贩卖黑奴的基础。"②

最后，人类社会层面的原因导致农业技术异化。过分注重农业生产的扩大和发展，片面地追求产量和利润，极端的消费主义泛滥，导致人类忽视了农业技术的涵养水源、净化大气、防止土壤流失，使农业技术在动力形式、生产方式、物质投入、组织形式等方面全面工业化，打破农业生产与自然原有的和谐。"这个时代产生了一种力量，这种力量打乱了空气、土壤、水的化学组成，并深入影响到这个星球的有机生命之网。"③ 人类应该是技术伦理责任的主体，"技术责任主体是一个包含科学家、工程师以及企业、政府在内的一个完整体系"④。农业技术研发人员过分重视自我发展，农产品生产者过度关心经济效益，要求农业产业商品化程度。这些问题直接导致技术主体伦理责任的缺失，引发农业技术异化。

---

① 马克思.恩格斯.马克思恩格斯全集：第4卷［M］.北京：人民出版社，1972：366.
② 马克思.恩格斯.马克思恩格斯全集：第3卷［M］.北京：人民出版社，1972：517~519.
③ Thomas Berry. The Great Work［M］. New York：Bell Tower，1999：138.
④ 杜宝贵.论技术责任的主体［J］.科学学研究，2002，2（2）：124.

第五章　农业精准扶贫的动力

在回顾农业精准扶贫的基本问题、分析农业精准扶贫的本质、马克思农业技术思想,尤其是以马克思主义农业技术思想审视异化、技术异化与农业技术异化之后,不难发现系统研究农业精准扶贫的动力、主客体关系以及工作方法有着十分重要的意义。接下来,本书的第三部分将逐一阐述上述问题。

一、需要是农业精准扶贫的原始动力

马克思历史唯物主义经验昭示,社会的基本矛盾是生产力和生产关系、经济基础和上层建筑的矛盾,它是推动社会发展的根本动力。需要是人类各种实践活动和社会基本矛盾背后的原始动力,在探讨农业精准扶贫的动力问题上,我们也必须坚持这一点。

人的需要和动物的需要有本质区别。在农业精准扶贫领域中,需要指出的是人的需要。"通过实践创造对象世界,改造无机界,人证明自己是有意识的类存在物,就是说人是这样一种存在物,它把类看作自己的本质,或者说把自身看作类存在物。诚然动物也生产……但是动物只生产它自己或它的幼仔所直接需要的东西;动物的生产是片面的,而人的生产是全面的;动物只是在直接的肉体需要的支配下生产,而人甚至不受肉体需要的影响也进行生产,并且只有不受这种需要的影响才进行真正的生产;动物只生产自身,而人再生产整个自然界；动物的产品直接属于肉体，而人则自由地面对自己的产品。动物只是按照它所属的那个种的尺度和需要来构造，而人懂得按照任何一个种的尺度来进行生产，并且懂得处处都把内在的尺度运用于对象；因此，人也按照美的规律来构造。"[1] 人的需要不是动物式的直接需要、片面的需要和肉体需要，人的需要是多层次、全面的、立体化的需要体系。除了直接需要，还有间接需要，除了本身生理的需要，还有其他的物质需要、交往的需要和精神需要，除了必要需要，还有奢侈需要。这些需要的满足依赖于自然界，但是即便是农产品也很少直接来源于自然界。人类需要的特点直接决定人类超越性的存在方式，决定了人们必须进行物质生产、交往和精神生产，才能满足自己的需要，解决所需资源匮乏的问题，实现超越。需要是人们发挥能动性的源泉，是人们创造性活动的根据。农业精准扶贫实践是把现代农业高新技术和方法更加快速、更大范围的送到农民手中并实现农民致富的一项创造性活动；从这个意义上说，笔者认为需要是农业精准扶贫实践的原始动力。

在研究农业精准扶贫工作动力的过程中，我们必须坚持历史唯物主义的原则。马克思关于历史唯物主义的第一个规定，也就是关于实践的第一个规定是："我们首先应当确定一切人类生存的第一个前提，也就是一切历史的第一个前提，这个前提是：人们为了能够'创造历史'，必须能够生活。但是为了生活，首先就需要吃喝住穿以及其他一些东西。因此第一个历史活动就是生产满足这些需要的资料，即生产物质生活本身。"[2] 这就是说，人类的生产活动，人类的第一个创新实践，是为了满足人类的最基本的需要——生存需要而进行的，而在这项活动中农业的地位十分重要。人类的需要正是在这个基本需要的基础上发展起来的，人们的各种实践活动也是在满足人类第一个需要的生产实践的基础上丰富起来的。

需要作为农业精准扶贫工作的原始动力主要表现在两个方面：一方面，人的需要是最贴近主观能动的客观现实，需要是人的内部客观存在的一种缺乏和

---

[1] 马克思.《1844年经济学哲学手稿》，北京：人民出版社，2006年，第57~58页.

[2] 马克思，恩格斯.马克思恩格斯选集：第1卷[M].北京：人民出版社，1995年，第79页.

不平衡状态。它一方面体现了人的存在和发展对于客观世界的依赖，另一方面表达了人的超越性的生存方式。需要和人的主观世界关系密切，一旦产生就会激发人的欲望。"欲望以需要为基础，是需要在观念上、心理上的反映。例如，与人的物质需要相对应的是物欲，与性生活需要相对应的是性欲，与精神需要相对应的是求知欲、美欲，与交往需要相对应的是爱欲、情欲。既然欲望是需要在观念上、心理上的反映，所以只能是需要引起欲望，而不是反过来欲望引起需要。同时，又应看到，欲望对需要不是消极被动的，它对需要具有反作用。需要一旦被观念、心理所反映，形成欲望，就会使需要变得更加自觉、更加明显、更加强烈，从而使需要主体采取积极有效的行动去满足这种需要。因此，需要与欲望的关系不仅是需要引起欲望，而且欲望也会反过来强化需要。"[①]这说明需要是客观存在的，但是它最贴近人的意识世界，充满了主观能动的色彩。需要作为客观现实，一旦产生，就会在第一时间转化为主体的欲望。欲望是主体能动性的催化剂，它在主体意识世界的萌动，会调动一切理性和非理性的精神因素，使需要变成主体自觉的价值目标。这个价值目标作为对现实的超越又必然地和客观世界产生矛盾，即客观世界不能直接满足人的需要。为了解决这个矛盾，使客体满足主体的需要，就需要发挥人的主观能动性，认识和利用客观规律，变纯粹的客观世界为人化的客观世界。随着人口的增长和对生活品质要求的提高，生活成本也随之提高，这就需要提高收入来满足需求。农业精准扶贫工作就是通过帮助农村低收入者掌握新的农业技术或者其他劳动方法，并最终实现增加劳动者收入的目标。

　　农业精准扶贫工作需要使用和推广新技术使贫困户获得更多、更好、具备更高附加值的新型农产品，要提高新型农产品的产量、质量和让更多人掌握新技术，就需要扶贫工作带着农业高新技术来开展农业精准扶贫工作。在农业精准扶贫工作中，农业高新技术可以为农民提供新的物质工具和生产方法，使人们利用原有的资源能够更好、更多地生产出高附加值的农产品满足人们的需要，

[①] 赵家祥.《历史过程理论和历史动力论》，长春：吉林人民出版社，2006年，第188页.

原来人们无法利用的资源成为人们可以控制的物质产品,并最终实现提高扶贫对象收入的目标使。在农业精准扶贫工作中,扶贫工作者还要善于协调人与人之间的关系,提高人们的生产效率,满足人的交往需要;有时还要为扶贫对象提供精神食粮,丰富人们的精神世界,满足人的精神需要。

另一方面,人的需要和人的本质的一致,决定了需要是农业精准扶贫工作实践内在的必然的推动力量。马克思在《詹姆斯·穆勒〈政治经济学原理〉一书摘要》中曾说:"人的本质是人的真正的社会联系,所以人在积极实现自己本质的过程中创造、生产人的社会联系、社会本质,而社会本质不是一种同单个人相对立的抽象的一般的力量,而是每一个单个人的本质,是他自己的活动,他自己的生活,他自己的享受,他自己的财富。因此……真正的社会联系并不是由反思产生的,它是由于有了个人的需要和利己主义才出现的,也就是个人积极实现其存在时的直接产物。""这些个人是怎样的,这种社会联系本身就是怎样的。"[①] 这说明,人的本质,如马克思在《关于费尔巴哈的提纲》中提到的,在其现实性上是一切社会关系的总和,人们之间的社会关系又是人们在生产、交往、精神生产等各种现实的实践活动中形成的,而人的各种实践活动不过是为了满足人的需要,它们是每个人需要的展开、交融和结合。因此,人的需要和人的本质具有一致性,人们在实践中满足自己需要的过程,就是人的本质实现的过程。人的本质的生成、人的新的需要的满足和创新实践是同一个过程,需要作为农业精准扶贫工作的动力具有内在必然性。

需要作为农业精准扶贫工作的原始动力,它的特点决定了农业精准扶贫工作的基本面貌。首先,需要鲜明的主观能动性决定了农业精准扶贫工作实践浓重的主观色彩。农业精准扶贫工作实践是扶贫工作把农业科学技术研究新成果应用于实际生产、实现超越并最终实现扶贫对象增加收入的方式,它是现实的,同时也是观念的。观念的超越先于现实的超越,这就是为什么习近平总书记提出精准扶贫理念后,全国扶贫工作才有上了新台阶的原因。人的意识不是对客

---

① 马克思,恩格斯.马克思恩格斯全集第42卷[M].北京:人民出版社,中文版第1版,1972:第24~25页.

观世界的镜面表征，尽管它的信息来源于客观世界，但是它在被需要激发开始自身活动的时候起，就已经开始在头脑中利用一切精神因素，构建一个超越的蓝图。人们随后对这张蓝图的运用，就是人的本质力量的实现，处处体现主观能动性的作用。在农业精准扶贫工作领域中，技术和制度资源的选择、调整、建设等，都是在需要和需要所激发的主观能动性的引导下完成的。

其次，需要的社会性推动农业精准扶贫工作实践和配套制度创新。马克思在《论犹太人》一文中说："把人和社会连接起来的唯一纽带是天然必然性，是需要和私人利益，是对他们财产和利己主义个人的保护。"[①]人为了满足自己的需要就要生产，而无论是物质生产还是精神生产，都不是孤立的个人的生产，而是社会性的生产。也就是说，一切生产都是一定生产关系中的生产，人们对"三农"领域的需要主要表现为对具体产品的需求，因此不是抽象的需要，而是一定社会关系中的需要，他连接着人与人，人与社会。农业精准扶贫工作就应当抓住这个主要需求，帮助扶贫对象开发出社会所需的产品，使其掌握增加收入的手段。

需要的社会性的特点，在两个层次上推动农业精准扶贫工作实践的发展：一方面，人的需要水平越来越高，内容越来越丰富，这就推动了人类交往实践的展开，人们的交往越来越复杂，交往频率越来越高，交往空间越来越大。人类交往实践的新情况要求人类的制度创新实践，建立更有效的组织、研究更科学的管理方法、建立更合理的规章制度，以促进和规范人类新的交往行为。于是，农业精准扶贫工作就从传统的帮扶活动中逐步形成体系，以"对症下药"的方式体现精准性，成为"三农"领域一个崭新的工作范畴。另一方面，由于需要总是在一定的社会关系中得到或者得不到满足，因此由于每个人所处的社会关系或在所处的社会关系中的地位不同，需要是有差异的，需要的满足程度也是不一样的。当需要也不能满足的时候，就产生了的需要。十九大报告对当代中国社会主要矛盾做出了新阐述："中国特色社会主义进入新时代，我国社会主

---

① 马克思，恩格斯. 马克思恩格斯全集. 第1卷[M]. 北京：人民出版社，中文第1版:1972：第439页.

要矛盾已经转化为人民日益增长的美好生活需要和不平衡不充分的发展之间的矛盾。我国稳定解决了十几亿人的温饱问题，总体上实现小康，不久将全面建成小康社会，人民美好生活需要日益广泛，不仅对物质文化生活提出了更高要求，而且在民主、法治、公平、正义、安全、环境等方面的要求日益增长。同时，我国社会生产力水平总体上显著提高，社会生产能力在很多方面进入世界前列，更加突出的问题是发展不平衡不充分，这已经成为满足人民日益增长的美好生活需要的主要制约因素。"①解决发展不平衡，就需要解决最贫困人口的生活质量问题，这是新时代的新需求。"每一种革命和革命的结果都是由这些关系决定的，是由需要决定的。"②革命是具有质的飞跃性的创新实践。它催生了一个又一个新的社会制度的出现。农业精准扶贫工作虽然不会如革命一样激烈，甚至与社会制度变革无关，属于农村发展范畴。但是，农业精准扶贫工作作为农业领域的制度创新却解决了很多低收入农民需求得不到满足带来的困难。

再次，需要的无限超越性决定了人类创造活动的无限发展，不同时代的人生活在不同的生产方式之中。人的需要是一个历史范畴，需要总是一定历史阶段、一定社会关系中的需要。需要具有无限超越的性质，当人的最初的需要通过人的创新实践活动得到实现之后，人就会产生一个新的需要。新的需要，不会在自然中得到直接的满足，又呼唤再次的创新活动实践。然后又产生新的需要，新的创新活动实践。可以说，整个人类历史，就是人们不断地实践，不断地满足需要，不断地创新实践，不断地满足人的新的需要的过程。不同的只是，在不同的历史时期，人类创新活动的水平和特点不同。在人类社会早期，人的需要还很简单，人们从事以农业为主手工劳动，人和人之间是以血缘和地缘为基础的依赖关系，脑力劳动和体力劳动分工不久，精神产品还很匮乏，人的新

---

① 决胜全面建成小康社会 夺取新时代中国特色社会主义伟大胜利——在中国共产党第十九次全国代表大会上的报告，中国共产党第十九次全国代表大会文件汇编，[M]．北京：人民出版社，2017，第9页．

② 马克思，恩格斯．马克思恩格斯全集：第3卷[M]．北京：人民出版社，中文第1版，1972：第439页．

的需要产生的周期比较长,创新活动的频率比较低,创造性成果一般具有偶然性和自发性。科技发展和商业需求促使人类不断开发人的需要潜力,被激发的新的需要又会促发人类新一轮的创造创新活动。马克思说:"以资本为基础的生产……创造出一个普遍利用自然属性和人的属性的体系,创造出一个普遍有用性的体系,甚至科学也同人的一切物质的和精神的属性一样,表现为这个普遍有用性体系的体现者,而且再也没有什么东西在这个社会生产和交换的范围之外表现为自在的更高的东西,表现为自为的合理的东西"。[①] 人类为了满足自身的需要,利用可以利用的一切,不仅包括以机器为核心的技术,而且包括分工和协作;不仅包括微观的企业制度,而且包括国家体制;不仅包括制度前提,而且包括科学和一切精神产品。知识经济社会,是人类的当代需要在更高的层次上与客观世界的碰撞。原有的工业生产方式对自然资源的掠夺,已经造成常规资源的短缺,人类的生存环境受到威胁,不但无法满足人类发展的需要,而且也与人类已有的需要背道而驰。人类农业生产实践的方式必须也发生改变。在这个时代问题面前,人类的回答是,只有依靠知识的强大创造力,才能解决这个矛盾,满足人类新的需要。我国处于社会主义初级阶段,具有多元经济的特点,即不仅包括农业经济、工业经济,而且也融合了知识经济的特点,新时代的主要矛盾为精准扶贫工作指明了方向,根据我国农村社会特点,解决这个矛盾的方式应该不拘一格,其中最主要的是知识的力量。农业精准扶贫工作就是把以知识形式存在农业科研成果通过扶贫工作者的具体工作转化为现实的生产力,让知识服务"三农",为低收入农民增收、农业发展、农村和谐发展服务,为践行社会主义核心价值观和实现"中国梦"做出贡献。

最后,需要的全面性决定农业精准扶贫工作必须与其他行业有机结合。人类的需要不仅是无限发展的,而且是全面的,这包含两层意思:一是指需要涉及的领域是全面的,不仅有物质需要,而且有精神需要和交往需要;二是指需要在各个领域内的展开也是全面的,以精神需要为例,不仅包括对真理的需要,

---

[①] 马克思,恩格斯.马克思恩格斯全集:第46卷上[M].北京:人民出版社,中文第1版,1972:393页.

而且包括对善良和美感的追求。需要的不断全面化，必然要求实现需要的手段的不断全面化。它推动着人类实践在物质生产领域、交往领域和精神生产领域的全面展开。需要的全面性，也催发了人的全面发展的价值目标的确立。马克思在《1844年经济学哲学手稿》中曾说：全面发展的人"同时就是需要有完整的人的生命表现的人，在这样的人的身上，他自己的实现表现为内在的必然性、表现为需要。"[①] 这说明，人的自由而全面的发展不是外在给予的，而是人自身发展的必然性，这一内在的必然性表现为需要。需要是人发展的标志，需要内容的不断丰富、水平的不断提高，标志着人越来越接近全面而自由的发展目标。只有在人的全面的需要得到确立和满足的时候，人的全面发展的价值目标才能实现。笔者认为发展教育、提高低收入者文化水平还是脱贫的根本之策。例如，贫困、愚昧、多生这个怪圈中的几个要素来说，恐怕治贫不一定是根本，治愚才是根本。这是值得扶贫工作者思考的，任何一个国家都不可能也不应该先发展经济后发展教育。贫相对好治，愚更加难除。如果仅仅以可支配的钱来衡量，一个穷光蛋可能在短期内甚至一夜间成为百万富翁，但任何人都无法使一个目不识丁的愚昧者在短期内突然变得聪颖起来。只有解除愚昧，低收入农民才会最终摆脱贫困的阴影，才会最终认识到人口多既是个人家庭的负担，更是社会和国家的负担。

　　需要是人的本质的体现，是人的内部的一种不平衡状态，也是人对外部环境的依靠和追求，它总是处于主观欲望和客观现实的矛盾之中。矛盾在未得解决之前，表现为匮乏；在解决之后，表现为超越。需要就是在匮乏和超越之间的一种不平衡状态。它触动人类发挥一切主观能动性，联合一切社会力量，利用可以利用的一切物质工具，超越现实，在无限发展中生存，实现自由而全面的发展。现代人对于农业的需求都需要技术助力，农业精准扶贫工作就要科研新成果转向为现实生产力作为核心通道之一，它以人类需求为导向以满足需求为目标。因此，需要是农业精准扶贫工作的原始动力。

[①] 马克思，恩格斯.马克思恩格斯全集：第42卷[M].北京：人民出版社，中文第1版，1972:197页.

二、利益是农业精准扶贫的直接动力

需要和利益是经常同时出现的两个概念，具有密切的关系。它们都体现了主体与客观世界的对立统一关系，具有相似的结构，都是人类实践活动的原因。但是它们还是存在差别。"需要和利益的差别主要表现为两个方面……第一个方面，需要反映人对客观需求对象的直接欲求，利益则体现了人对客观需求对象更高层次的从理性上的关心、兴趣和认识。第二个方面，需要反映的是人对客观需要对象的直接依赖关系，而利益则反映的是人与人之间的社会关系即人与人之间对需求对象的一种分配关系。"[①] 也就是说，在人与客观世界的对立统一关系中，需要和利益都是客观存在的，具有对应关系，但是需要是一个起点，它表现为人对客观需求对象的直接欲求和依赖关系，表现为一种间接可能性；而利益是一个结果，它是建立在人的实践理性和实践活动及其成果基础上的需要的满足，表现为人们对于物质生活条件和精神财富的分配关系，具有直接的现实性。因此我们说需要是农业精准扶贫的原始动力，利益是农业精准扶贫的直接动力。

诚然，人们会因为社会责任、工作安排甚至好奇心而从事农业精准扶贫实践活动，但是由于农业精准扶贫工作的艰辛性和风险性，因此大多数的农业精准扶贫工作实践是为提高农民收入，使低收入农民获得更大利益的目标驱使下完成的。利益是"人民生活中最敏感的神经"，[②] 追求利益是人类一切社会活动的直接动因。赵家祥把利益的构成归结为三个方面：需要是形成利益的自然前提；社会关系是构成利益的社会基础；社会实践活动及其成果是构成利益的手

[①] 王伟光:《利益论》，北京：人民出版社，2001年，第73页.
[②] 《列宁全集》第16卷，北京：人民出版社，中文第2版，1988年，第136页.

段和资源。① 并在此基础上，归纳了利益的实质。"利益的实质是需要主体以一定的社会关系为中介，以社会实践为手段，占有和消费需要对象，从而使需要主体和需要对象的矛盾状态得到克服，即需要的满足。这时，需要主体就转化为利益主体，即利益的承受者。从利益的抽象意义看，它的实质就是需要的满足。但从利益的现实性和具体实现来看，其实质必然是一定的社会关系的体现。"② 王伟光也认为："所谓利益，就是一定的客观需要对象在满足主体需要时，在需要主体之间进行分配时所形成的一定性质的社会关系的形式。"③

这说明，所谓利益，是指需要的满足和需要的社会化，它既以客观现实为依托，具有现实性，又随着人类社会的发展而变化发展，具有历史性，它是现实性和历史性的统一。作为一个现实范畴，利益的基本含义很广，包括生产力和物质生活条件、交往和交往关系、精神生产和精神财富；作为一个历史范畴，利益总是在一定水平的生产力之上，一定性质的社会关系之中的利益，所有利益的现实性都归结于一定历史阶段的现实性。利益对于人类社会实践的推动作用就体现在现实性与历史性的统一之中，这是一个辩证发展的过程，不同历史阶段的利益内容、格局和特点直接决定了人类实践的面貌和特点。

在人类之初，生存作为人们的共同利益处于绝对的核心地位。因此这一阶段农业领域的重大进步几乎都与人的生存直接相关，农业技术进步的价值很快得到人们的公认，农业新技术、新方法应用的成果得到人们的分享。韩非子《五蠹》中说："上古之世，人民少而禽兽众，人民不胜禽兽虫蛇。有圣人作，构木为巢以避群害，而民说之，使王天下，号之曰有巢氏。民食果蓏蚌蛤，腥臊恶臭而伤害腹胃，民多疾病。有圣人作，钻燧取火以化腥臊，而民说之，使王天下，号之曰燧人氏。"④ 房子和火，都是人类为了解决基本生存问题而进行的发明

---

① 参见赵家祥：《历史过程理论和历史动力论》，长春：吉林人民出版社，2006年，第197~198页.
② 赵家祥：《历史过程理论和历史动力论》，长春：吉林人民出版社，2006年，第198页.
③ 王伟光：《利益论》，北京：人民出版社，2001年，第74页.
④ 《韩非子·五蠹》，北京燕山出版社，1995年，第428页.

和发现，它们在人类历史上具有重大的意义。但是这时候的人类进步还具有偶然性的特点，实践活动没有明确的主体，历史书上的"有巢氏"、"燧人氏"也大都是人们对于自己群体历史行为的一种抽象。

谭培文说："在古代，利益要服从政治原则，而现代却不同，政治原则要服从利益。"[1] 这句话不是说古代的利益关系不重要，利益在任何社会都是人类实践活动所要追求的目标，只是不同时代利益的内容与人类追求和实现利益的方式不同。在古代生产力的条件下，人们的财富和创造财富的手段都很有限，人与人的依赖关系处于统治地位，人们追求利益的主要方式不是在现有社会秩序下鼓励创新实践，利用各种手段追求财富的最大化，而是制造顺民，争夺政治权力，重新确定有限物质财富和精神财富的分配关系和分配比例。这种追求利益的方式是古代社会重视农业的原因，也暴露了古代社会的保守性。

到了资本主义社会，随着机器生产力的发展，人们追求利益的方式发生了转变，人们在基于物的平等关系下，通过财富最大化的方式，展开了对于经济利益的直接追求。马克思对此描述说："利益被提升为人的统治者。利益霸占了新创造出来的各种工业力量并利用它们来为自己服务，由于私有制作祟，这些本应属于全人类的力量便为少数富有的资本家所独占，成为他们奴役群众的工具。商业吞并了工业，因而变得无所不能，变成了人类的纽带。人与人之间的一切关系（个人的或国家的），都被归结为商业关系，或者换句话说，财产、物成了世界的统治者。"[2] "正如古代国家的自然基础是奴隶制一样，现代国家的自然基础是市民社会以及市民社会中的人，即仅仅通过私人意义和无意识的自然的必要性这一纽带同别人发生关系的独立的人，即自己营业的奴隶，自己以及别人的私欲的奴隶。"[3] "实际需要、利己主义就是市民社会的原则；只要政治国家从市民社会内部彻底产生出来，这个原则就赤裸裸地显现出来。实际

---

[1] 谭培文：《马克思主义的利益理论》，北京：人民出版社，2002年，第23页.
[2] 《马克思恩格斯全集》第1卷，北京：人民出版社，中文第1版，1960年，第674页.
[3] 《马克思恩格斯全集》第2卷，北京：人民出版社，中文第1版，1960年，第145页.

需要和自私自利的神就是钱。"①资本主义社会的宪法中清晰地写下了"私有财产神圣不可侵犯"。物与物的关系掩盖了人与人之间的关系，人们的一切行为都是在私欲和利益驱使下的活动，人们成了自己利益的奴隶。资本的饕餮本性，不断要求剩余价值的最大化。

马克思在《资本论》及其手稿中有很多关于资本逻辑的论述。他指出，资本利用所有手段的目的，也是唯一的目的，就是为了满足资本的本性，为了创造剩余价值。"如果说以资本为基础的生产，一方面创造出一个普通的劳动体系——即剩余劳动，创造价值的劳动——那么，另一方面又创造出一个普遍利用自然属性和人的属性的体系，创造出了一个普遍有用性的体系，甚至科学也同人的一切物质的和精神的属性一样，表现为这个普遍有用性体系的体现者，而且再也没有什么东西在这个社会生产和交换的范围之外表现为自在的更高的东西，表现为自为的合理的东西。"②也就是说，资本为了自身利益的需要利用一切东西，同样，在农业领域资本为了生产剩余价值的需要也利用科学，利用新知识、新技术和新制度。资本主义对于利益的直接追求和无限扩张的特点，客观上成为技术传播实践的直接动力。正是在资本主义制度下，科学从直接劳动中分离出来，成为独立的力量，并应用于物质生产过程，成为技术创新实践和生产发展的先导力量。也正是在资本主义制度下，分工不断精细化，新的组织、管理、规章制度不断涌现，市场和国家制度得到长足发展，变得更加合理有效。

但是资本主义的这种利益关系显然也是有局限性的。"一方面，资本对科学的应用使得工人的劳动单一化、简单化，从而压制了他们智力的发展，以致压制了创新能力的发展。""另一方面，科学在资本主义生产中的应用日益具有对抗性。"③这里第一方面是指，由于资本主义分工的发展，工人的劳动被局限在有限的范围内，他们从事着单一化、简单化的劳动，发展具有片面性，因此这必然影响到他们的创新实践能力；另一方面是指，科学是资本的工具，机

---

① 《马克思恩格斯全集》第1卷，北京：人民出版社，中文第1版，1960年，第448页.
② 《马克思恩格斯全集》第46卷上，北京：人民出版社，中文第1版，第392~393页.
③ 丰子义：《发展的反思与探索》，北京：中国人民大学出版社，2006年，第318页.

器是资本获得剩余价值的手段,它们作为资本成为与工人对立的力量。

现代生产是社会化的大生产,"现代社会的一个基本特征,就是创新成为社会行为,即创新社会化。在远古社会,虽然也有创新,但那是偶然发生的;在农业社会,创新基本上是少数人的个人兴趣和爱好;在现代工业社会特别是知识经济社会,创新不仅是科学家和企业家等的职业工作,而且逐渐成为国家重视和社会参与的事业。"[1]不同的人所处的视角不同,提出的实践目标也不同,在当代中国农村扶贫工作主要还要由国家主导,在这工作中,需要有创新,更要把低收入农民的利益放到第一位。

不仅各种利益本身,而且利益矛盾和利益冲突也是推动人类实践的直接原因。利益分为个人利益和共同利益。个人利益是每个主体特殊的利益,它在人类历史上不断丰富和发展;共同利益是个体利益重合的部分,它大致可以分为两个层次:一是整个社会的共同利益,二是社会中某一团体的共同利益。另外在全球化的今天,还存在人类的共同利益,这就是习近平总书记提出"人类命运共同体"理念的原因。共同利益在历史上由于其实质内容的不同,还可以分为真实的共同利益和虚假的共同利益。个人利益在生产力的一定发展阶段,由于自然需要和个人在社会经济、政治关系中的地位、分工的不同,而存在差异。存在差异的个人利益之间,在生产力不够发达和资源短缺的情况下,必然存在矛盾,甚至冲突,这一点在阶级社会表现得尤为明显。不同团体、不同国家的利益也是独立的,它们之间也存在利益矛盾和冲突。利益的矛盾和冲突必然表现为人与人之间关系的对立、恶化和危机,在阶级社会甚至会出现阶级斗争和战争;在人类历史上以争夺土地、粮食等农业生产资料和产品为目的的战争不胜枚举。在解决农产品生产领域的利益矛盾和冲突,利用农业精准扶贫扩大新技术使用范围,提高农业生产水平从根本上实现低收入农民脱贫的目标是强有力的杠杆。

在原始社会,人和人的共同利益处于主导地位,人们为了生存必须同心同德,

---

[1] 丰子义.《发展的反思与探索》,北京:中国人民大学出版社,2006年,第302页.

虽然也存在基于自然特点的利益差异和低级阶段迫于特殊情形下的生存而出现的食人现象，但是总体来说，利益基本上还没有分化，不存在利益矛盾和利益冲突。到了原始社会末期，由于农业技术水平提高，出现了剩余产品，私有制应运而生。人们的生存问题暂时告一段落，占有私有财产的利益登上了历史舞台。一些人由于在部落中的特殊地位，比较便利地占有了这些私有财产。这必然引起个人之间、团体和团体之间的利益冲突。为此，刚刚形成的统治阶级采取国家的形式解决和掩盖了这个矛盾。但是在奴隶社会和之后的封建社会，战争从来也没有停息过。这说明这种虚假的共同体，虽然在表面上采取了共同利益的形式，但是在其下面掩盖的是家天下的事实。当有些人清楚地看到这一点的时候，就会起来争取自己的利益。古代的战争、王朝的更迭，都是在重新组合这种利益关系，这种利益关系的外化表现形式就是作为农业领域重要生产资料——土地的再分配。英明的统治者为了巩固自己的统治，必然发展生产，福泽一方。天文、地理、医药、种植等和人民生产生活密切相关的经验科学发展起来，农业技术和手工业技术有所创新，人们告别了石器时代，使用铜器，并代之以铁器，水车、犁锄、纺车等劳动工具也应运而生。

资本主义社会也并没有实现它所宣扬的人人平等、自由博爱的理想，人们的利益矛盾和冲突仍然严重，真正的共同利益也仅仅局限在国家利益等有限的层面上，所谓的共和国也不过是个虚假的共同体，共同利益实际上是特殊的阶级利益。正如马克思所说："表现为全部行为的动因的共同利益，虽然被双方承认为事实，但是这种共同利益本身不是动因，它可以说只是在自身反映的特殊利益背后，在同另一个人的个别利益相对立的个别利益背后得到实现的。"[①] "个人利益总是违反个人的意志而发展为阶级利益，发展为共同利益，后者脱离单独的个人而获得独立性，并在独立性过程中取得普遍利益的形式，作为普遍利益又与真正的个人发生矛盾。" "个人的行为不可避免地受到物化、异化，同时又表现为不依赖于个人的、通过交往而形成的力量，从而个人的行

---

① 《马克思恩格斯全集》第46卷上，北京：人民出版社，中文第1版，第196页．

为转化为社会关系,转化为某些力量,决定着和管制着个人"。[①]这说明资本主义国家代表的不是整个社会的共同利益,它实质上代表的是阶级利益,即资产阶级的利益。

当代社会,非农产业发展迅速,然而农业安全尤其是粮食安全却是国家不可忽视的问题。虽然,资产阶级的利益以国家这种共同利益的方式和无产阶级的利益冲突,也同资产阶级的个人和无产阶级的个人发生冲突。但是,食品问题却是资产阶级和无产阶级都无法回避的,资本主义国家统治者也需要关心国家的农业安全问题,进而保证社会稳定。农业一旦不稳,就会影响社会稳定,历史上东欧一些国家出现内部巨变的导火索就有食品涨价说明农业稳定的重要性。由于意识形态的原因,社会主义更应重视粮食安全问题。虽然,社会主义制度在所有制方面与资本主义不同。但是,运用最新技术推动农业生产发展的主题并没有变化。在这种情况下,利益甚至已经上升到国家安全的程度,甚至我们可以说国家安全利益的要求是农业精准扶贫的终极动力。同样,在农业领域,坐视低收入农民在全国经济迅速发展的背景下,生活水平原地踏步是中国社会主义制度所不允许的,不忘初心,给低收入农民以可持续发展的技能比单纯的送钱送物的资金扶贫更有意义,这是维护低收入农民利益的重要手段。

综上所述,利益建立在一定的生产力和物质生活条件、一定的交往和社会关系、一定的精神生产和精神产品之上,利益是农业精准扶贫工作的直接动力。利益在不同的历史阶段具有不同特点,利益的这些特点决定了新时期农业扶贫领域选择精准扶贫模式。利益的分化、丰富和发展必然推动农业精准扶贫工作的全面发展。同时,人们的利益不是铁板一块,存在利益矛盾和冲突。在解决农业领域矛盾和冲突、维护和促进社会稳定和发展的过程中,农业精准扶贫工作者也将扮演重要的角色。

[①]《马克思恩格斯全集》第3卷,北京:人民出版社,中文第1版,第273页.

第六章　农业精准扶贫的主体与客体

农业精准扶贫工作是农业精准扶贫工作主体能动作用于农业精准扶贫工作客体的对象性活动，是农业精准扶贫工作者按照自己选择的目标和行动方案通过向农民传播农业技术去付诸实施帮助其脱贫致富的过程。因此，分析农业精准扶贫的主体与客体可以更好地把握农业精准扶贫的性质。

一、农业精准扶贫工作主体因素分析

在农业精准扶贫工作中，无论是农业精准扶贫工作目标的确定，还是行动方案的选择，农业精准扶贫工作主体始终是起主导作用的决定性因素。在一定意义上，可以将农业精准扶贫工作看成农业精准扶贫工作主体的一系列复杂的活动，看成由农业精准扶贫工作者的理性思维、情感意志、实践行为组成的主体性活动。只要对农业精准扶贫工作主体的规定、结构、要求、特点和功能分别加以研究，才可能把握农业精准扶贫工作的实质，找到农业精准扶贫工作成败的关键所在。

（一）主体和农业精准扶贫工作主体

主体和客体是哲学中两个极其重要的范畴。所谓主体，是指按照能够相应目的去解读和改造客观对象的人。所谓客体，是指被主体认识和被改造的客观对象。主体和客体不同于主观和客观。主观是指人的精神世界，客观是指个体意识之外的客观世界或客观存在。主体无疑是人，但又不能认为凡人皆为主体。缺少自我意识、居于被动地位的人不是主体。只要具有明确自我意识、居于主动支配地位的人才是主体。农业精准扶贫工作系统是由人和物组成的，其中物的因素不可能成为主体，只有处于支配地位的人才是主体。因此，现代农业精准扶贫工作主体就是农业精准扶贫工作中从事扶贫工作的决策者和工作者。

农业精准扶贫工作主体作为主体的一种。有其不同于其他主体的特殊规定和特定要求。

首先，农业精准扶贫工作主体必须具有进行农业精准扶贫工作的专门知识。知识是人们对客观对象的浅层感知和深层认识的总称，按照其所反映的客观对象，知识可以分为自然知识、社会知识、人的知识等各种类型。知识作为人类认识世界的成果和改造世界的武器，是一种无形的财富和巨大的力量。不过，因为知识是一个令人眼花缭乱、无比丰富的宝库，人的一生不可能也不必要掌握其全部，而只能学习掌握尽可能多的有关知识。对于农民来说，主要应掌握的是关于种植和养殖的自然知识。农业精准扶贫工作人员无疑也要有知识，而且似乎要掌握更多的知识。这主要包括：第一方面，要传播给低收入农民的农业生产技术领域的科学知识和专门技术。比如一个园艺专业背景的农业精准扶贫人员应掌握现代园地作物栽培的一般理论和基本程序。第二方面，尽可能通晓有关的社会科学知识。农业精准扶贫工作作为一种社会实践活动，自始至终是在社会大系统中进行的。农业精准扶贫工作主体要实现自己的意图，有效进行农业精准扶贫工作，除了掌握有关专业技术知识之外，免不了还要同涉农领域部门打交道，因而还必须掌握尽可能多的社会科学知识。第三方面，要特别熟悉关于人的知识。农业精准扶贫工作的对象虽然包括物，但主要则是人，农业精准扶贫工作就是要先做好人的工作，才能更好地开展扶贫工作。因此，作为一个农业精准扶贫工作主体，应当熟悉自己在精准扶贫工作中需要面对的对象，懂得农民的心理、需要、追求、信仰、期待和他们的行为规律，掌握有关的心理学知识、社会学知识、行为科学知识等人学知识。如果不懂得人，将活人看作死物，或者对人知道得很少，片面地将人看作是"经济人"、"工具人"，就无法搞好农业精准扶贫工作。相反，只有掌握有关的人学知识，了解人的心理活动和思想变化，才可能沟通主客体的关系，将农业精准扶贫工作做好。第四方面，作为农业精准扶贫工作主体，特别是农业精准扶贫工作主体中的决策人物，还必须学习运用科学技术哲学。不懂科学技术哲学的人是不宜充当农业精准扶贫工作者的，现代农业精准扶贫工作者必须学好科学技术哲学。

其次，农业精准扶贫工作主体还应具备丰富的农业精准扶贫工作经验和实践能力。知识作为农业精准扶贫工作主体的一种潜能，还只是农业精准扶贫工作活动的一个前提条件，它只意味着搞好农业精准扶贫工作的可能。要使可能变为现实，农业精准扶贫工作者还应将各种知识转化为相应的农业精准扶贫工作能力，不断在农业精准扶贫工作实践中学会如何具体应用这些知识。农业精准扶贫工作的知识固然很重要，没有足够的相关知识根本谈不上能力的培养，因为能力不是凭空产生而是由知识转化而来的，那种将知识同能力、理论同实践对立起来片面强调实际农业精准扶贫工作能力的观点是不正确的。但同时应该看到，知识并不等于能力，有知识而无能力只能是空谈家而不可能成为农业精准扶贫工作者，在此意义上，能力比知识更为重要。当年恩格斯对少数年轻干部奢望党的领导地位曾经这样说过："他们那种本来还需要加以深刻的批判性自我检查的'学院式教育'，并没有给予他们一种军官官衔和在党内取得相应地位的权利；在我们党内，每个人都应该从当兵做起；要在党内担任负责的职务，仅仅有写作才能或者理论才能，甚至二者全都具备，都是不够的；要担任领导职务，还需要熟悉党的斗争条件，掌握这种斗争方式，具备久经考验的耿耿忠心和坚强性格，最后还必须自愿地把自己列入战士的行列中。"[①]我国古代法家在选拔高级官员时也提出："宰相必起于州郡，将帅必起于卒伍。"这都说明知识不等于能力，能力是在农业精准扶贫工作实践中从知识逐步转化而来的。

---

① 《马克思恩格斯全集》第22卷，北京：人民出版社，中文第1版，第85页.

最后，农业精准扶贫工作主体还是同威信联系在一起的，农业精准扶贫工作者的威望和信誉是农业精准扶贫工作主体的又一质的规定性。所谓威望，是指农业精准扶贫工作者良好的品德和较高的业务能力在农民当中造成的特殊影响力。所谓信用，则是农业精准扶贫工作者和农民通过交往、相互沟通所形成的后者对前者的尊重的信任。威信不像权力那样由习惯和法律自外赋予农业精准扶贫工作主体的，而是农民对农业精准扶贫工作主体的一种认同，是农业精准扶贫工作者自身造就并通过农民所赋予的。在一部分人影响另一部分人的心理行为的意义上，农业精准扶贫工作主体的威信也是一种权力，因为凭借威信同样可以达到支配别人的目的。所不同的是，权力是一种强制影响力，威信是一种自然影响力，前者是由地位决定的，后者是自发产生的。虽然，农业精准扶贫工作主体没有更多的权力，却可以通过努力开展农业精准扶贫工作树立威信。因为，农业精准扶贫工作的驻村干部如果认为自己是"第一书记"就采用简单的行政命令手段去进行农村扶贫工作，必然引起农民的反感和抵制，农业精准扶贫工作主体也会因失去农民的信任而成为虚设的主体。可见，要搞好农业精准扶贫工作，农业精准扶贫工作者树立威信十分重要。

（二）农业精准扶贫工作主体的系统结构

农业精准扶贫工作是一种复杂特殊的社会实践活动，不可能一个人去单独完成，而必须协同一部分人来共同完成。而随着社会分工、科学技术的发展和社会生活的日趋复杂，人类社会实践系统结构越来越复杂化，现代社会的农业精准扶贫工作主体系统也日趋复杂，结构的变动性日益明显，结构的优劣对农业精准扶贫工作的效率起着十分巨大的作用。

居于农业精准扶贫工作主体系统高层的是决策部门，他们是具有决策权和对整个农业精准扶贫工作系统负有最终责任的领导者，其任务是确定农业精准扶贫工作目标，选择决定实现目标的某种方案，习近平总书记提出"精准扶贫"思想做出的就是最顶层设计。

由于中国幅员辽阔，有了顶层设计还要根据不同地区的特点开展扶贫工作，这项工作就是决策。在现代社会，农业精准扶贫工作是在国家方针政策指导下根据本地区实际情况由集体民主决策产生工作方案，这就要求我们的农业精准扶贫工作领导机关和领导者破除专制思想树立民主作风，并注意邀请不同专长的人参与决策工作，努力造成一个人员结构最佳的决策班子，形成一套科学民主的决策体制和决策程序。

为使农业精准扶贫工作决策科学化而避免主观武断，在开展农业精准扶贫工作决策时，尤其是针对辖区较大地区开展农业精准扶贫工作决策时，还要向智囊团或思想库进行咨询。现代社会，上至国家政府，下到具体的项目，凡进行计划、统计、预测、咨询、研究的专家或团体，均需要一定决策层次的不同类型的智囊团体。智囊团是决策层的"思想库"，是专门为决策进行调查研究的智囊。它的职责不在"断"而在"谋"，专为决策提供最优化的理论、策略和方法。

农业精准扶贫工作主体系统的下一个层次是执行人员。执行人员是农业精准扶贫工作主体系统中的骨干部分，其任务是根据决策者的决策方案，从事制定具体农业精准扶贫工作计划、并组织和帮助农民学习、掌握农业新技术，实现脱贫致富的目标。

农业精准扶贫工作者在贯彻执行上级决策开展扶贫工作时，首先应当不违背决策的基本要求，不得随意更改上级决策，更不允许借口情况特殊另搞一套。不过执行精准扶贫任务又并非机械照搬，简单执行，各地区有不同情况，上级决策不可能详尽规定各个方面的内容——这就要求农业精准扶贫工作者必须根据实际将上级决策具体化，对上级决策包括不到的部分再决策。所以农业精准扶贫工作执行过程同时也是决策过程，农业精准扶贫工作者不仅仅需要执行也有进行中观决策的任务。

这就是说，在理论上，可以而且必须将决策层和执行层相对分开来加以研究。但在事实上，尤其在体系庞大的农业精准扶贫工作人员系统内，最高层的决策人员和智囊人员是确定的，而农业精准扶贫工作执行人员（如驻村的第一书记）同时也负有不同程度的决策任务，农业精准扶贫工作执行人员同中层决策人员常常是混而为一、不能截然分开的。因此，农业精准扶贫工作决策和执行的关系非常复杂，需要专门加以研究。

为保证决策的贯穿实施，随时了解决策是否符合实际和农业精准扶贫工作执行者是否按照决策执行，农业精准扶贫工作主体系统还应设置监督和检查人员，其任务是跟踪捕捉农业精准扶贫工作执行过程中的偏差信息，并将它及时反馈到决策层。如果属于决策同实际的偏差，便由决策层修改原有决策；如果属执行中的偏差，则由上级指导部门建议一线精准扶贫工作者纠正偏差。在决策的执行过程中，认为初始决策绝对完美绝对理想和设想执行中绝对准确绝对一致是不现实的。由于多种原因，农业精准扶贫工作决策的执行必然是一个矛盾的过往，监督和检查人员就在于及时发现执行过程中的矛盾。只有借助于监督控制，才能保证农业精准扶贫工作步步逼近决策目标。一般来说，农业精准扶贫工作主体所涉及的工作对象越复杂，监督和检查人员越多越职能化，其作用地位越突出，农业精准扶贫工作主体的发展也越完善。而当农业精准扶贫工作主体系统相对较小时，监督和检查人员常常是由决策人员兼任的。但是不管在哪种情况下，监督和检查人员都不得缺少，更不应由农业精准扶贫工作执行人员兼任。如果这样就等于取消了监督，"监"、"守"合一，从而使农业精准扶贫工作失控而流于混乱。另外，监督和检查工作是一项十分复杂极为严肃的工作，它需要监督和检查人员不仅要有相关的专业知识以便能敏锐及时发现问题，更要求有对事业的忠诚和对事不对人的高度责任心，敢于向上反映问题并督促纠正偏差。在农业扶贫工作产生之初是不重视这层人员的地位和作用的，这是导致历史上一些农业扶贫工作低效的重要原因。在未来的农业扶贫工作中要加强监管逐步改变这种状态，促进精准扶贫工作全面进步。

总之，农业精准扶贫工作主体系统是由上述五个子系统有机组合而成的，顶层设计者、高层决策人员、智囊人员、执行人员和监督人员共同构成了统一的农业精准扶贫工作主体。其中，顶层设计者和高层决策人员是整个系统的"大脑"和"灵魂"，决策是否恰当和及时，直接关系着农业精准扶贫工作的成败。智囊人员作为决策人员的助手，是整个系统的"外脑"或"思想库"，帮助少数决策者"运筹帷幄、决胜千里"。执行人员则是农业精准扶贫工作的"躯干"或"主体",决策只有通过他们的工作农业精准扶贫目标才会变成现实。而监督人员相当于农业精准扶贫工作系统的"眼睛"和指示仪,对农业精准扶贫工作活动起着监控、调整、跟踪和定向等多重作用。在农业精准扶贫工作中,农业精准扶贫工作主体系统要发挥正常的作用,必须要求在深入领会顶层设计基础上实现四类子系统各司其职协同配合,其中任何一类人员不谋其职、不尽其能,农业精准扶贫工作主体的工作职能就得不到正常发挥。如果互相掣肘,扯皮内讧,农业精准扶贫工作主体系统便会因内耗而效率低下。

(三)健全农业精准扶贫工作主体系统的基本原则

农业精准扶贫工作主体是由顶层设计、决策、智囊、执行、监督四大子系统有机组成的共同体,如何建立健全最优化的农业精准扶贫工作主体系统是搞好农业精准扶贫工作的关键所在。

要建立一个理想的农业精准扶贫工作主体系统,首先要坚持目标择优原则,即根据农业精准扶贫工作目标的要求来选择确定农业精准扶贫工作人员。具体说来:第一,要因事设人而反对因人设事,农业精准扶贫工作涉及的技术和事务的繁简是确定人员的关键因素。第二,在确定农业精准扶贫工作主体的总人数之后,还要根据工作的需要对不同类型的扶贫工作人员的进行再整合。在农业精准扶贫领域决策人员只能是少数,大量的是一线扶贫人员(即执行者),智囊人员和监督检查人员的人数无一定之规,要视农业精准扶贫工作的具体情况而定。农业精准扶贫工作对象越是复杂多变,智囊人员和监督检查人员的人员配备应越多。而农业精准扶贫工作对象相对简单比较稳定,其智囊人员和监督人员的人数相对减少。现代社会,大量传播媒介义务担负着对农业精准扶贫工作等活动的监督职能,但这些不能算作农业精准扶贫工作主体系统的正式成员。

其次,一个理想的农业精准扶贫工作系统,还必须根据系统要素特性互补的原则来挑选人员。系统论认为,系统是由若干功能相异而又彼此补充的要素按一定结构有机组成的统一体。如果要素属于同一性质,这种系统就会因为功能单一、缺乏互补性而成为一种机械系统。具体说来,应坚持以下几种互补原则。其一是知识互补和能力互补。即将不同知识型和能力型的成员组成一个扶贫工作团队,避免"清一色"的"学院型"或"实干型"的"近亲繁殖"。其二是气质互补和性格互补,即将不同性格不同气质的人相搭配,使之相互补充对方气质性格缺陷可能造成的错误,如将果敢型的人与沉稳型的人搭配起来,思索型的人和实干型的人结合起来。其三是年龄互补。年龄在现代农业精准扶贫工作中具有越来越明显的独特功能,年龄与经验、作风、对事物的敏感程度相联系。理想的扶贫工作团队不应由同一年龄段的人组成,如果条件允许还可以争取男女适度配搭,由老中青三个年龄段的人组成。老年人阅历深、经验多,青年人对新事物敏感、富有锐气;男人一般胆大而心粗,女人一般胆小而心细。只有将不同性别年龄的人组合在一起才能形成功能互补。反之,则收不到系统的整体优化效应。

最后,要努力提升农业精准扶贫工作主体的认识高度。农业精准扶贫工作的目的不仅仅是经济发展,而且是三农事业的全面发展,农村、农民、农业的发展,可以说人的自由全面的发展才是农业精准扶贫工作实践的最终目的。但是如果我们简单地按照农业精准扶贫工作实践主体和农业精准扶贫工作实践价值主体是一一对应的关系,即谁开展农业精准扶贫工作实践,谁会获得相应回报,那就会有失偏颇。这是不考虑社会现实的简单抽象。马克思在《哥达纲领批判》中说:"劳动不是一切财富的源泉。自然界同劳动一样也是使用价值……的源泉,劳动本身不过是一种自然力即人的劳动力的表现。"[1] 劳动力具有创造力,是劳动只有在具备自然界提供的对象和资料的前提下,才能够创造财富。关于社会财富源泉问题的澄清是很有意义的。正如马克思所说:"只有一个人一开始就以所有者的身份来对待自然界这个一切劳动资料和劳动对象的第一源泉,把自然界当作属于他的东西来处置,他的劳动才成为使用价值的源泉,因而也成为

---

[1] 《马克思恩格斯选集》第3卷,北京:人民出版社,1995年版,第298页.

财富的源泉。"①

二、农业精准扶贫客体分析

客体是相对于主体而言的对象,农业精准扶贫客体是农业精准扶贫主体所作用的对象。农业精准扶贫既然是农业精准扶贫主体作用于农业精准扶贫客体的特殊实践活动,因而在研究农业精准扶贫主体之后,还必须考察农业精准扶贫对象的特点。

(一)农业精准扶贫客体及其构成要素

客体在一般意义上,是主体有目的有计划相作用的对象。其中,凡被人们有目的有计划地认识和考察的对象,就可以被称作认识客体;凡被人们有目的有计划地加以控制和改造的对象,就是实践客体。因此,客体范畴是一个包容甚广的哲学范畴,凡人类思想所及和活动相加的一切对象,都可以被称为客体。

什么是农业精准扶贫客体呢?笔者认为,就是人们常说的农业精准扶贫的对象。为了使客体有其具体规定,以明确精准扶贫工作者应当面对什么,一般认为,农业精准扶贫的对象是人、财、物三种基本要素。农业精准扶贫作为一种特殊的社会实践活动,是农业精准扶贫主体为了实现某个预定的精准扶贫目标而展开的实践活动。因此,从事农业精准扶贫计划设计、组织协调、控制管理的人以及具体执行农业精准扶贫计划人都是农业精准扶贫主体,而接受农业扶贫资源的人和这一实践活动涉及的财、物资源则是农业精准扶贫的客体。这种客体不仅包括通常意义上消极被动的静态客体,而且也包括特殊意义上积极能动的动态客体;这里的客体既包括实体性因素人、财、物,也包括非实体性的功能因素和结构因素如人的思想状态、人的活动方式、人员组织结构、人与

---

① 《马克思恩格斯选集》第3卷,北京:人民出版社,1995年版,第298页。

人的信息沟通以及被人控制的时空等等。农业精准扶贫客体之所以成其为农业精准扶贫主体有效作用的对象性客体，正由于上述诸要素进入了农业精准扶贫的实践活动领域。如果农业精准扶贫客体不是某一正在进行的实践活动，诸要素没有进入现实的实践活动领域，无论是人还是物，也无论是时间和信息，都不可能成为农业精准扶贫的对象。

从哲学的角度来看，无论何种农业精准扶贫客体，都是由参与农业精准扶贫实践活动的人和实践赖以进行的物两类要素所构成。其中，人的要素又包括人的思想（价值观念、意志情绪、认识能力）、人的行为（行为方式、行为趋向、行为方法）、人员结构（组织结构）和人际关系；物的要素则包括农资、资金、环境、时间、空间和信息等。

（1）人的思想。说人是农业精准扶贫客体要素，自然应包括人的思想，因为人是有思想理性动物，而不是无思想的机器或动物。但是思想作为一种无形的精神现象，能成为人们所管的客观对象吗？如果可以的话，又该如何理解客体的客观性？这是因为：人的思想虽然无形但并非不可捉摸。人的思想对于个人来说诚然是一种反映客观的主观，而当它作为被他人认识和影响的对象，又是一种被反映被掌握的不以农业精准扶贫主导者意识而改变的事实因素。农民的思想虽然是一种无形的精神，但对于精准扶贫工作者同样具有可知性和客观对象性。农业精准扶贫既然是一部分人通过向另一部人传授生产知识去进行的农业实践活动实现脱贫致富的实践活动，农业精准扶贫主体就应当自始至终了解农民的意愿、影响他们的观念，从而使被农民的思想成为可预测、可感知、可跟踪控制的对象。

（2）人的行为。人的行为即人的现实活动。同人的思想比较，它具有明显的客观物质性和目的方向性。当农民未进入农业精准扶贫工作系统的时候，其开展的农业生产实践活动大都是由自己支配的自主活动。而一旦进入农业精准扶贫领域，同精准扶贫工作者发生关系，其活动就不再是完全自主的，成为受农业精准扶贫主体影响的对象性客体。农业精准扶贫之所以可能，正在于一部分人的行为方式、行为趋向以至活动方法不能任由自己支配而需接受别人的引导和影响。农民干什么、怎样干、为什么而干，都可能要受到精准扶贫工作者影响。

（3）人际关系。人际关系是指组织内人与人之间发生的关系，它既包括农业精准扶贫主体之间的关系，也包括农业精准扶贫主体同农业精准扶贫客体以及农业精准扶贫客体（农民）之间的关系。农业精准扶贫最容易被忽视的就是精准扶贫工作者与农民的关系。如果不能够以农民朋友身份开始农业精准扶贫工作，精准扶贫效果就可能大打折扣。

（4）物资。在哲学中，物质是相对于精神而言的客观实在，它包括很广，不仅财是物，人也是物。而物资则不是一个哲学概念而是一个经济学概念，它是指人类物质生产和生活不可缺少的自然资源、生产资料和生活资料。在农业精准扶贫领域里，物资是人们进行生产实践的对象，但成为农业精准扶贫的要素则需要加以说明。当自然物资未进入农业生产领域的时候，是以资源形式存在的。资源的种类主要有土地、森林和水域。自然资源进入生产领域之后，便被生产实践改造成为材料、能源、工具、设备等生产资料。农业精准扶贫工作中，主体和客体都会直接同生产资料打交道。农业物资是人类农业生产活动的对象，正是以各种不同形式的物资为客体，才会形成农业精准扶贫所需的原材料。

（5）资财。资财是资金和物资的价值表现。所谓资金，即用于某种活动的实有货币；所谓物资的价值表现，是以货币为价值尺度对物质财产数额（金额）所做的计算。人类自进入文明社会以来，无论从事哪类实践活动（特别是经济活动），都离不开对物质资料价值的正确认识和合理使用。而要正确认识和合理使用物质资料的价值，又必须合理地寻财（在农业精准扶贫领域一般表现为申请科研项目）、用财。在农业精准扶贫领域中的财务管理工作是涉及农业精准扶贫的组织对扶贫资财的计划和对资金开支的控制，其任务是搞好收支平衡、有效控制财流。在商品生产高度发展的现代社会，要使农业精准扶贫工作更加科学更加有效，资财管理的作用越来越重要，形式和内容越来越丰富。

（6）环境。也称组织环境，是存在于农业精准扶贫系统之外又影响农业精准扶贫系统的一系列因素的总和，包括生态自然环境、社会经济环境（如投资环境、市场环境）、政治法律环境（主要指国家政策）、科技文化环境等等。环境对于农业精准扶贫工作有两重性。第一，环境作为农业精准扶贫系统的存在条件，是既定的、外在的"编外因素"。一般来说，是环境选择决定农业精准扶贫系统，凡是适应特定环境的组织才能存在，与环境不适应者便会灭亡。在这个意义上，环境不是农业精准扶贫主体可以驾驭改变的客体。其二，农业精准扶贫主体既然是人，而人又有主观能动性，所以农业精准扶贫系统又不可能完全被环境左右，在一定范围内和一定条件下，它又可以并且应当按自身的需要去选择环境、改造环境、与环境建立起互通物质、能量和信息的和谐平衡关系。在这个意义上，环境就成为农业精准扶贫主体的客体要素。环境决定农业精准扶贫所选择的及时，农业精准扶贫又改造环境，这合乎马克思主义理论中环境创造人，人又创造环境的辩证思想。如果看不到前者，会犯唯心主义错误；而忽视后者，就是机械唯物主义。

（7）时间。在哲学上，时间被看成物质存在的基本方式之一。物质处在绝对的运动中，运动着的物质所固有的过程性、延续性和先后承续性，即是时间。农业精准扶贫客体诸要素，无论是人的要素还是物的要素，无一不同时间有关，或者说都在时间中运动、转换、匹配。因此，农业精准扶贫的客体要素不仅包括上述的人、财、物、环境，同时也包括对时间的使用。不过，这并不是说时间可以随人的意志而改变其固有的不可逆性，因为时间本身是不会被人所改变的；而是指充分认识时间的价值和提高时间的使用效率，要求精准扶贫工作者在农业精准扶贫工作中进行时限控制，关注时机和时效。农民是在一定的时间中活动的，因而农业精准扶贫劳动者时不仅要影响其思想和行为，还必须在其活动的时间期限开展工作，否则农业精准扶贫工作就可能打折扣。时机选择是引导或指示农民恰当选择和准确把握某种机遇，充分发挥时间的效率价值，达到利用精准扶贫所依靠的新技术提高农业生产水平的目的。时效是指相同时限内的不同工作效率。时效教育就是向农民讲述灌输时间就是金钱、时间就是生命、时间就是效率的观念，引导农民抓紧时间工作，让精准扶贫工作中涉及的新技术在短时间内发挥出最大的效益。总之，虽然时间对每个人是无私公正的，时间本身具有不以人的意志为转移的客观性，但是人对时间价值的认识和利用时间的方式又大有差别，在此意义上它又是可以控制的对象性客体。现代社会，随着生活节奏的加快，时间作为农业精准扶贫客体系统的标量因素已受到广大精准扶贫工作者的普遍重视，"不费农时"也成为精准扶贫者的共识。

（8）信息。在自然界中虽然客观存在着多种多样相互关系的信息，而且这些信息客观地经历着传递、接收、处理和反馈的过程，但这一切只是"自然"地进行着的。根据申农提出的信息论理论，信息是消除随机不定性的东西。其通信功能就是消除不定性，信息就是用被消除的不确定性之大小来衡量。按照控制论的创始人维纳观点，信息和熵刚好是两个相反性质的概念，前者标志系统的组织程度，后者表示组织解体的量度，信息可以提高系统的组织性。可见，信息普遍存在于或附着于物质和活动之中，并对任何一种系统的组织和运行状态发生自觉或不自觉的影响。因此，人类在农业精准扶贫工作中，如果要防止内部混乱而加强其组织性，就必须收集大量信息、分析整理有关信息，利用信息来进行科学的预测和决策，帮助精准扶贫对象开展生产活动，从而使组织系统内部保持和谐，建立与环境的稳态平衡。相反，如果以为信息看不见摸不着，不对信息加以重视，这样的农业精准扶贫就很可能是"盲人骑瞎马，夜半临渊时"，变成主观蛮干，毫无科学性可言。有人认为：在信息时代，农业精准扶贫工作必须以信息为基础，有针对性地开展工作，这也从一个侧面说明信息在农业精准扶贫工作中的重要性。

综上所述，农业精准扶贫客体，包含着诸如人、财、物、时间、信息、环境等多种要素，是一个结构复杂的多元动态系统。离开系统论和实践理论孤立地分析农业精准扶贫客体要素显然是不可取的。

（二）农业精准扶贫客体的基本特点

农业精准扶贫客体是作为农业精准扶贫主体所作用的对象性客体而存在，同时又具有可影响性等具体特征。

农业精准扶贫客体系统中的物、财、信息、环境、时间等因素，它们的存在都是客观的。作为农业精准扶贫客体的人（农民）虽然是有目的、有意识的，但人的存在及其活动同样是客观的，同样服从于一定的客观规律，精准扶贫工作者不能随心所欲地对他们施加影响。农业精准扶贫客体的客观性说明并要求，农业精准扶贫主体的一切活动，首先必须从客体的现实情况出发，遵循唯物主义的客观规律。如果不从扶贫客体的现实存在而仅仅从扶贫主体的愿望出发，就会影响农业精准扶贫的效果。

农业精准扶贫客体的主观能动性，所指的就是农业精准扶贫客体系统中农民的主观能动性或自觉的主动性。这就是说，农民既是农业精准扶贫活动中受动的对象性客体，又是实践活动中能动的创造性主体。没有人的这种主动创造性，就不可能有真正意义的农业精准扶贫活动。另外，即使在农业精准扶贫活动中，作为农业精准扶贫客体的人也并非只具有客体的性质，很多场合他们也同时参与部分农业精准扶贫工作，这种参与也体现着他们的主动创造性。如果作为农业精准扶贫客体的人不主动发挥作为人的主动创造性，或者精准扶贫工作者不去发动农民参与进来，农业精准扶贫客体就先去了它的活力因素，也谈不上真正高效的农业精准扶贫。

农业精准扶贫客体的社会历史性包括两层含义：一方面，农业精准扶贫客体系统及诸要素是在社会大环境中形成的，不可能脱离一定的社会环境孤立存在。或者说，农业精准扶贫客体不是绝对封闭的系统，而是作为社会大系统的一个子系统与其环境进行物质、能量、信息的交换。如果脱离人类社会，人既不能作为客体身份进入农业精准扶贫系统，物也不能成为被人改造和农业精准扶贫的对象或客体要素，二者更不能耦合为完整有序的农业精准扶贫客体系统。另一方面，农业精准扶贫客体及要素既然存在于社会大系统之中，那它将随社会历史的变化而不断变化，以保持它与社会环境的动态平衡。

农业精准扶贫客体不仅具有一般生产实践活动的客观性、能动性和社会历史性，同时还具有可影响性。这里的可影响性不同于管理学中的可控性（可管性），而是作为农业精准扶贫客体的农民容易被精准扶贫者影响。如果对象尽管是客观的、能动的而对于农业精准扶贫主体来说是不合作，那么这至多只是潜在的或可能的农业精准扶贫客体。只有当主体真正认识了客体的特点、性质、活动规律并有能力有条件农业精准扶贫控影响其活动，扶贫对象和相关的因素才成为现实的农业精准扶贫客体，才从主客体的关系中获得客体的属性。透彻理解农业精准扶贫客体的可影响性对我们提升农业精准扶贫效果非常重要。

一方面，看一个对象是不是农业精准扶贫客体，首先应对其活动的常规性进行分析。任何事物的活动既有其合规律的方面，又有其随机偶然的方面。一般说来，合规律的活动和过程是可影响的，不合规律的随机偶然现象是不可影响的。当然，任何事物的活动都有其活动规律，不可能是纯粹偶然的，但这只是从一般意义上来说的。如果具体分析，即将事物放置在特定的时空领域之中，比如置放于农业精准扶贫环境中，有的事物的活动就不一定有规律而是完全任意随机的，就不能对这些人进行扶贫，人和物就不能成为农业精准扶贫的对象。因此，只有认识了事物的常规，并将其纳入农业精准扶贫的范围，事物才成其为农业精准扶贫对象。反之，认识不到规律，事物就不能作为我们农业精准扶贫的对象。从抽象的意义上说，人作为社会的一员，总要受到社会或社会某一组织的约束，任何人的活动都具有规律性。但具体分析每一个个体，农民在有的时期或场合，不一定成为某组织（农业精准扶贫活动大都依托紧密型和松散型组织）的成员而是自由的个体，不具有活动的规律性而具有个体随意性。这时就不能将其看成农业精准扶贫的对象性客体。认识对象在组织中的活动有无常规性，是判断对象究竟可管不可管的先决条件。如果不做这种区分，仅从抽象的意义上来考虑对象，就会将不适宜参与农业生产对象当作农业精准扶贫对象而耗费不必要的精力。

另一方面，要区分抽象的可影响性和现实的可影响性。抽象的可影响性是指对象活动虽有规律可以认识，但或因条件不具备，或虽有条件但主体能力不足而在现实中还无法施以影响的潜在可影响性。与此对应的是现实可影响性，现实的可影响性是指已被纳入农业精准扶贫客体系统的因素的可影响性。区分抽象的可影响性和现实的可影响性很重要，这项工作不仅有利于精准扶贫工作者正确判断哪些事物是现在可以并应当加以影响的对象、哪些是精准扶贫工作者当下还不能影响的对象,以便分清先后、有计划地安排农业精准扶贫工作程序;而且还可以帮助我们正确认识现有的农业精准扶贫条件和农业精准扶贫能力,避免办力所不及的事,通过不懈努力逐步积累扶贫所需要的条件,一步一步实现精准扶贫目标。另外,同一农业精准扶贫客体对于不同农业精准扶贫主体,也有抽象和现实之分。农业精准扶贫客体的可影响性,不仅取决于客体本身的性质,还取决于农业精准扶贫主体的能力。这如马克思所说的那样:"对象如何对他说来成为他的对象,这取决于对象的性质以及与之相适应的本质力量的性质"。[1]

(三)农业精准扶贫客体系统的优化

农业精准扶贫客体作为由人和物多种因素构成的复杂人工开放系统,不仅具有上述的可影响性,还具有系统的若干特性。

首先,农业精准扶贫客体的各要素不可能孤立存在,它们之间彼此作用,相互关联,具有相关性。这就要求精准扶贫工作者具备系统整体观念,注意各要素之间或显或隐、或直接或间接的联系,防止就事论事和"单打一"的工作方法。特别是在对待人的问题上,更要注意其系统组织效应。客体中的人绝不是孤立的个体,而是彼此利益相关、声息相通的群体。因此,当我们在扶贫中使用一项新技术、新方法时,不能着眼于一人一事,而应着眼于这一人一事对他人的影响、考虑到它的组织效应。相反,扶贫工作者以为一人一事无关大局,就很可能就事论事,采用不适当的扶贫工作方式,影响工作效果。

其次,农业精准扶贫客体是一个全方位开放的开放系统,系统各要素与外部环境进行着多通道多形式的物质、能量、信息、人员的交流。客体系统的这种开放性又要求扶贫者改变传统的封闭意识,树立开放意识。在农业精准扶贫工作模式提出之前,很多人将农民看成完全封闭的群体。现代社会是一个全方位开放的社会,再没有任何事物、组织只受内部控制而不受环境干扰,可以不

---

[1] 《马克思恩格斯选集》第 42 卷,北京:人民出版社,1995 年版,第 125 页.

通过内外交流求得平衡发展。事实也说明只有敢于直面开放社会环境的精准扶贫工作者，才有可能在不断的开放中拓宽有利于系统生存和发展的环境，从外界积极汲取负熵抵消系统内部必然出现的熵增，从而在动态中维持平衡有序。相反，一味把自己封闭起来，不敢或不希望农民与外界环境接触往来，可能在一个时期这个系统是稳定和谐的，但时间一长，内部的熵增大而又不能从外界获取负熵，其结果必然导致组织的离散解体。

最后，系统总体效用不等于各元素的累加和，而是大于或小于各元素的累加和。是大于还是小于又取决于系统要素组合结构的优劣。自然系统的结构组合是自然形成的，本无所谓优劣之分。农业精准扶贫客体系统的组织结构则有优劣之分，如何判断组织结构的优劣和如何追求实现最优化的客体组织结构，是精准扶贫工作者经常面临的重大课题。

要做到农业精准扶贫客体组织的最优化，必须遵守以下三点。

首先，农业精准扶贫客体要素之间必须具有质的适应性。所谓质的适应性，是指客体诸要素的质应当互适互补，在素质上要能互相匹配和耦合。如果有的要素在质上不能与别的要素匹配，或者对别的要素起着"瓦解"变质的作用，这就叫缺少质的适应性，就不利于客体要素的优化组合。

第二，农业精准扶贫客体要素之间必须具有量的适度性。所谓量的适度性，包括诸要素数量的最佳比例、各要素在空间的最佳位置和整个客体系统最合适的规模。比如提高劳动生产率，就应探寻人力和生产资料的最佳数量比例。同时，农业精准扶贫客体规模也影响到组合的优劣，规模过大或过小都不利于形成最优的组织结构。客体规模过大，扶贫主体难于精准支持，容易失控；过小，主体人浮于事，也破坏上述的数量比例，同样不可能形成最优结构。量的适度性，恰恰是"精准"两字的内涵。

第三，要使农业精准扶贫客体要素做到优化组合，还必须合理配置时间，形成最佳的时间结构。时间是农业精准扶贫客体存在和运动的方式，系统各要素总是在时间中结合并相互作用的。时间又是各要素组合效应的标量，因此，要素组合的时间结构对系统能力和系统效应有直接影响。时间结构大致又包括客体要素的劳动时间（活动时间）、要素流通时间（进入劳动领域或系统活动领域的时间）、劳动者的自由时间和人、财、物、信息的闲散时间。在时间既定的条件下，合理配置时间结构应尽量扩大劳动时间、适当增加劳动者的"自由时间"，尽量缩短流通时间和闲散时间。

总之，为使农业精准扶贫客体系统最优化，不仅要按照系统目标使各个要素在质上相互适应、量上合理匹配，还必须科学分割时间配置时间和控制时间。如果其中任何一个环节出了问题，系统要素便无法耦合为一个运动系统，自然也就无"优化"可言了。

三、农业精准扶贫主客体的辩证关系

农业精准扶贫主体和农业精准扶贫客体作为农业精准扶贫大系统的两极，其性质、结构和功能是完全不同。无论何种农业精准扶贫，总是由相应的农业精准扶贫主体和与之对立的农业精准扶贫客体构成的。如果混淆二者界限，我们就无法懂得究竟"精准扶贫做什么"和"谁在扶贫"，自然也谈不上"怎样扶贫"和"为什么而扶贫"之类的问题。同时，研究农业精准扶贫主体和农业精准扶贫客体二者之间的辩证关系，可以从动态上把握农业精准扶贫的实质。

首先，农业精准扶贫主体和农业精准扶贫客体作为农业精准扶贫实体系统的两极，是以对方为其自身存在的条件，一方离开另一方，二者将不复存在。农业精准扶贫主体所以居于主体地位，是因为存在着可供其影响的客体；农业精准扶贫客体所以成为被影响的客体，是因为必须接受农业精准扶贫主体传播的知识、方法、技术，农民才能获得脱贫所需新技术和方法。如果没有农业精准扶贫主体，就无所谓农业精准扶贫客体。没有农业精准扶贫客体，也无从形成农业精准扶贫主体。可见，农业精准扶贫主体和农业精准扶贫客体之间是一种相互依赖的关系，二者的性质和地位是相互规定的。在农业扶贫工作中，人不是处在农业精准扶贫主体的地位，就是处在农业精准扶贫客体的地位，绝没有介于二者之间或超越二者之外的人。精准扶贫工作者和农民的关系是一种普遍的扶贫工作社会关系,看不到这种关系的普遍性,显然是不现实的,也是有害的。

其次,农业精准扶贫客体受农业精准扶贫主体的制约,这是很显然的现象,人们常常就将农业精准扶贫活动单方面理解为精准扶贫工作者对农民主动施加的种种影响。其实,农业精准扶贫活动绝非农业精准扶贫主体作用于农业精准扶贫客体的单向活动,而是二者相互作用相互制约的双向活动,在农业精准扶贫过程中,农业精准扶贫主体也受到农业精准扶贫客体的作用和制约,这表现为:第一,农业精准扶贫计划必须根据农业精准扶贫客体的现状做出,农业精准扶贫主体不能离开工作对象来做计划;第二,计划的实施有赖于农业精准扶贫客体与农业精准扶贫主体之间的协调,特别有赖于作为客体的人与精准扶贫工作者的合作,如果不予合作,农业精准扶贫便无法开展;第三,精准扶贫工作者的扶贫行为不能是任意的,他们也必须接受法律的约束和社会的监督。可见,农业精准扶贫绝不是农业精准扶贫主体单方面作用于农业精准扶贫客体的单向活动,而是农业精准扶贫主体和农业精准扶贫客体相互制约相互作用的双向活动。农业精准扶贫不应仅仅理解为精准扶贫工作者的能动活动,而应理解为精准扶贫工作者和农民的互助合作活动。

最后,农业精准扶贫主客体的统一是具体的历史的统一。农业精准扶贫作为一种特殊的社会实践活动,是与人类历史发展中一个阶段的产物。人被划分为农业精准扶贫主体和农业精准扶贫客体,也是绝对的不可能改变的,一个扶贫对象,在扶贫工作者帮助下致富之后,可以向正在努力脱贫的农民介绍自己脱贫的经验,提供脱贫过程中验证行之有效的技术,这个时候他就从精准扶贫工作对象转变成为精准扶贫工作参与者,就可以成长成为农业精准扶贫人员;从客体转变为主体。

世界是充满矛盾的,矛盾存在于一切领域。农业精准扶贫领域也是一个矛盾世界,农业精准扶贫过程即是解决各种矛盾的过程。如在决策过程,存在着主观目的和实现可能的矛盾,精准扶贫目标和社会利益的矛盾,智囊人员同决策人员的"谋""断"矛盾；在具体精准扶贫过程，存在计划与执行的矛盾，环境和组织的矛盾，离散和协调的矛盾，等等。显然，这些矛盾的产生有其极为复杂的根源。

在各种各样的矛盾中，究竟有无一种贯穿农业精准扶贫过程始终、决定农业精准扶贫基本性质的矛盾呢？笔者认为：这就是农业精准扶贫主体和农业精准扶贫客体之间的矛盾。由于这对矛盾决定着农业精准扶贫的基本形式和基本性质、引发了其他矛盾的产生并制约着其他矛盾的解决。

在一般意义上，农业精准扶贫主客体的矛盾是指充当主体的人同作为客体的人和物之间的对立统一关系。但是，在农业精准扶贫工作中，物的作用是通过作为主客体的人来体现。这样，二者的矛盾又可归结为农业精准扶贫过程中人与人的对立统一关系，在农业精准扶贫工作中，最典型的矛盾表现为：利益和责任的矛盾、价值观念上的矛盾。

利益是满足人们物质需要和精神文化需要的范畴，人们有多少种需要，就有多少种利益；不同时代和不同环境下的人有不同的需要，判断利益也就有不同的社会历史标准。责任与利益是一组相对的概念，是指人们在社会中所承担的义务和应负的职责。人们要从社会或组织那里获得利益的满足，就必须担负相应的社会义务和尽到一定的责任。如果不负责任就无权得到相应的利益；反之，不满足一定的利益，人们也就无责任可言。

农业精准扶贫工作的发生和开展，首先依赖于作为主客体的人合理分担一定的责任和获得相应的利益。这是因为，农业精准扶贫组织系统的形成，是组织成员为了各自的需求走到一起来的。同样的道理，既然人们为了自身的需求结合起来协同活动，就会有组织分工和必须承担不同的任务。不承担一定责任就不可能进行有效农业精准扶贫，自然也无法满足自身的利益。因此，农业精准扶贫要得以正常开展，必须明确每一组织成员的责任和满足其应得到的权力和利益。其中，精准扶贫工作者有其农业精准扶贫的责任和与之相应的权力，农民也有其责任和与之相应的利益，只有当二者各尽其责、各得其利的时候，主客双方才能耦合为一个动态组织系统，农业精准扶贫才得以持续有效地进行下去。

但是在农业精准扶贫工作中，权力和责任常常又是不统一的。这是因为，利益作为满足人们需要的表现形式，它具有一种由外到内、由他人到自己的收敛性和排他性。如果缺乏有效的组织约束机制，无论是个人还是组织都会本能地追求利益最大化，责任意味着向他人和社会做贡献，具有由内到外、推己及人的社会发散性和自觉性，只有通过有效的组织约束和道德教化，才能使组织成员树立责任感，对自己的行为负起社会责任。处理好责任和利益的关系，就可以扭转资金扶助型扶贫过程中那种扶贫对象等、靠、要，把接受扶贫变成定期领取救济，只要利益不想承担责任的局面。

农业精准扶贫主体和客体价值观念上的矛盾，主要源于精准扶贫工作者和农民缺乏一致的价值观念。农业精准扶贫不仅是少数精准扶贫工作者的事，也是组织所有成员共同的事业，它需要大家对组织目标取得共识，上下要有共同的价值观念。但是在实际生活中，人和人的社会地位、主观需要是不完全相同的，基于不同的社会地位和主观需要，各人的价值观念也不可能自然地取得一致。尤其是精准扶贫工作者和农民，由于他们处在不同的地位，价值观念存在着明显的区别，二者经常发生观念冲突，这就使精准扶贫工作者一些做法受到农民的抵制或曲解。例如精准扶贫工作者希望农业生产标准化，农民长期生产实践形成的随意性习惯；精准扶贫工作者的现代思维和农民的传统观念等矛盾都是农业精准扶贫主体和客体价值观念上差异的外化表现形式。因此，精准扶贫工作者要更多了解农民实际情况，积极换位思路，有针对性的开展工作，帮助扶贫对象解决实际问题，这样才能逐步解决主客体之间的矛盾，推动精准扶贫工作不断深入开展，实现扶贫目标。

第七章 农业精准扶贫的工作方法

方法是主体实现目的的手段，或是主体能动作用于对象性客体的各种工具的总称。无论是认识世界或是改造世界，人们都必须借助一定的物质手段或精神工具，离不开相应的方法。没有方法或方法不当，人们就寸步难行、一事无成。

时代的进步和科学技术日新月异的发展，一些前人没有采用或无法采用的方法，逐步被人认识，并运用于精准扶贫实践。正是这些伴随新兴科学技术产生的方法逐步被人类认识和运用，扶贫活动才进一步提升到一个新的水平，并日臻完善和富有时代特征。农业精准扶贫作为人类特有的一种对象性活动，自然也依赖一定的方法，这即是农业精准扶贫方法。不过，究竟什么是农业精准扶贫方法，不同方法之间有何联系与区别，以及如何正确选择和恰当运用众多的农业精准扶贫方法，是一个十分复杂的方法论问题，需要首先从哲学角度分析与说明。

一、农业精准扶贫工作方法分析

（一）农业精准扶贫工作方法及其系统结构

农业精准扶贫作为一种特殊的实践活动，显然有其赖以进行的方法。但是在如何认识和界定农业精准扶贫方法的问题上，人们的看法并不十分清楚，需要进行认真的讨论。

首先必须指出,农业精准扶贫方法不是扶贫活动中人们所采用的一切方法。而只是精准扶贫工作者进行扶贫工作时使用的方法。我们知道农业精准扶贫作为一种社会组织活动,是农业精准扶贫主体和农业精准扶贫客体的互动过程。在农业精准扶贫过程中,精准扶贫工作者和农民都在活动,二者都有自己作用的对象,同时也都借助于一定的方法。既是如此,可否认为农业精准扶贫活动过程中人们所采用的方法即是农业精准扶贫方法呢?事实并非如此。因为农民在农业精准扶贫过程中虽然也在活动,但他们从事的是直接改造客观世界的一般实践活动。比如农民的田间农业生产,如果没有精准扶贫工作者指导,就是一般农业劳动,即便在精准扶贫工作者指导下进行,通常意义上也被看成农业精准扶贫活动组成部分,但因为他们所采用的方法不具有农业精准扶贫方法的性质,其工作方法也不能算作农业精准扶贫方法。这时,只能说这是一件实践方法而不宜称作农业精准扶贫方法。与此相反的是精准扶贫工作者,他们的活动才是农业精准扶贫活动。因此,只有他们的行为方式才具有农业精准扶贫的属性,其方法才是严格意义的农业精准扶贫方法。如果将农业精准扶贫过程中所有成员所使用的方法都看成农业精准扶贫方法,就会混淆农业精准扶贫实践同一般实践的界限,模糊精准扶贫工作者同农民的关系。

分析农业精准扶贫方法时,还需要澄清一种认识。有人承认农业精准扶贫方法是精准扶贫工作者的方法,但又认为只有精准扶贫工作者在从事具体扶贫活动中的实践方法才属农业精准扶贫方法,而将精准扶贫工作者进行预测、决策等思维活动所采用的认识方法排除在农业精准扶贫方法之外。其实,农业精准扶贫方法不仅包括精准扶贫工作者的实践方法,也包括他们的认识方法,这是因为完整的农业精准扶贫活动,不仅包括农业精准扶贫主体扶助农业精准扶贫客体脱贫的一系列活动,还包括农业精准扶贫主体对工作目标的预测、论证、择优和计划的制定,这两类活动都需要借助一定的方法,而这两类活动也都具有农业精准扶贫的性质。如果将精准扶贫工作者的认识方法排除在农业精准扶贫方法之外,这不仅是农业精准扶贫的片面理解,也与现、当代农业精准扶贫丰富的内涵明显不合。在现代农业精准扶贫中，精准扶贫工作者常常既是计划的制定者，同时又是计划的执行者，他们所采用的方法既是具有农业精准扶贫实践的属性，又具有农业精准扶贫的认识属性。所以，将农业精准扶贫方法仅仅看成农业精准扶贫的实践方法是不正确的，农业精准扶贫方法是指精准扶贫工作者为达到农业精准扶贫目标、实现各种农业精准扶贫职能、确保农业精准扶贫活动顺利进行的各种手段、工具、措施和方式的总称。

农业精准扶贫方法既然是精准扶贫工作者进行农业精准扶贫所采用的各种工具和手段，这就意味着农业精准扶贫方法绝非一种而是多种。因此，农业精准扶贫方法究竟包括哪些种类？这些不同的方法彼此之间又有何关系？这就涉及方法的系统问题。各门科学毫无疑问都向精准扶贫工作者讲述某种或某类研究方法，但受学科的限制，它们又不可能涉及农业精准扶贫方法的系统问题。要寻找共性规律，就应当从哲学角度研究农业精准扶贫的方法系统。

农业精准扶贫方法作为一个系统，是由多层次多侧面的不同方法按照一定结构有机组成的。从方法的总体特征来分类，农业精准扶贫方法可以划分为精准扶贫工作者的认识方法和实践方法；按农业精准扶贫方法的普遍性程度，又可划分为哲学方法、一般方法和专业科学技术方法（也可以被称为技术方法）；按农业精准扶贫方法系统的历史形态划分，还可划分为传统的农业精准扶贫方法和现代农业精准扶贫方法。下面着重介绍农业精准扶贫的哲学方法、一般方法和技术方法及其关系，并据此探讨农业精准扶贫方法系统的一般特征。

所谓哲学方法，是指精准扶贫工作者运用某种哲学来观察农业生产实践和指导农业精准扶贫活动的方法，它包括精准扶贫工作者如何理解农业精准扶贫的社会本质和一般规律，如何确立农业精准扶贫的最终目标和进行价值判断，怎样估价自身和农民的能力以及二者的基本关系等等。总之，凡是涉及农业精准扶贫的根本路线、战略决策、基本原则和用人宗旨等重大问题，大都需借助哲学方法。这种方法具有最大的普遍性也最抽象，初看起来它似乎不能直接解决农业精准扶贫中任何具体问题，因而常常被人们所忽视，似乎哲学与农业精准扶贫无关。实际上，精准扶贫工作者是摆脱不了哲学的，哲学规定着精准扶贫工作者的思维方式和行动路线，自觉或不自觉地影响着各种农业精准扶贫活动，并在一定条件可能决定农业精准扶贫工作的成败，为精准扶贫工作者提供了必不可少的方法论原则。

与哲学方法相关但又不同的另一类农业精准扶贫方法是一般方法。同哲学方法相比，这类方法没有哲学方法那么广的普遍性和形式上的抽象性，显得比较具体，容易操作、但与更具体的各门技术方法相比，它又具有相当大的普遍性，可以为不同的农业精准扶贫所共用，我们称之为一般农业精准扶贫法。比如行政补贴法、物质刺激法、行为影响法等方法即属一般农业精准扶贫法。再如进行决策的常规原则。用计划控制监督农业精准扶贫全过程的目标管理方法，以及用效益作为衡量农业精准扶贫成果的标准等，也因其在一定范围具有通用性而成为一般方法。

精准扶贫工作者特别是基层精准扶贫工作者常用的农业精准扶贫方法是具体的技术性农业精准扶贫法。这里的"技术"不是指专业技术，也不是人们常说的各种技术工具（如计算机、现代通信设备和各类电子监测仪），而是指各部门、各阶层以及各个农业精准扶贫人员进行农业精准扶贫的具体方法和技巧。技术性农业精准扶贫法是最具体最易操作的方法，同时也是最直观最丰富的农业精准扶贫手段。各门农业精准扶贫科学研究的主要是这类方法，它为精准扶贫工作者提供了明确的农业精准扶贫工具和具体的农业精准扶贫手段。

农业精准扶贫方法能够成为一个系统，是由于精准扶贫工作者所采用的不是一种方法或一类方法，而是以上三类方法。一方面，这三类方法分属于农业精准扶贫的不同层次，各有自己的特点和功能，彼此不能取代。另一方面，这三类方法又相互制约、相互影响、互为补充，综合运用于农业精准扶贫。一般来说，属于最高层次的哲学方法，因为它侧重于宏观决策和总体控制，多为高层精准扶贫工作者所采用；属于中间层的一般方法，因其通用性和一定范围的规范性，多属某一具体专业的农业精准扶贫决策者所采用。至于技术方法，因为它具体而实用性强，主要是基层精准扶贫工作者采用的农业精准扶贫手段。但是，并不是说高层农业精准扶贫人员只使用哲学方法就够了，可以对一般农业精准扶贫方法和必要的技术方法一无所知；也不是说具体专业的农业精准扶贫决策者可以撇开哲学方法或基层农业精准扶贫人员无须掌握必要的一般方法和学会哲学方法；而是说不同层次的农业精准扶贫人员首先应当学会与己关系最切近的主要方法之后才应兼及其他方法，不能主次不分或平均使用力量，否则一样方法都掌握不了也使用不好。从整个农业精准扶贫主体群体来看，因为农业精准扶贫方法是一个系统，各类方法单独使用都不能发挥最佳的组织农业精准扶贫效用，只有三者兼用、互相配合才能共同作用于农业精准扶贫工作。这就要求各级精准扶贫工作者树立系统的农业精准扶贫观念，即通晓某类农业精准扶贫方法，又做到互通信息，上下配合；既注意克服方法上的单一化倾向，又杜绝不同方法的混淆和错位。

（二）农业精准扶贫工作艺术

艺术的本义是指运用形象思维把握外部世界的一种社会意识形态，它具有一系列不同于科学思维的特点。当我们面临常规方法不能解决的问题而需采用机动、灵活的方式和求助于创造性思维时，人们常常借用"艺术"一词来指称呼这类行为方式。在农业精准扶贫方法系统当中，上述各类方法因各有其特点、功能和运用的常规程序（事实上，上述各类方法只是对农业精准扶贫方法一种大致的分类和定型的描述，没有也不可能穷尽农业精准扶贫方法的一切方面），而在具体运用这些方法时，精准扶贫工作者还需掌握一种方法，这就是农业精准扶贫工作艺术。

所谓农业精准扶贫工作艺术，既可以说是如何选择运用农业精准扶贫方法的方法，也可以说是创造性进行农业精准扶贫的一种应变能力和技巧。对同一类型的精准扶贫对象，不同的精准扶贫工作者可能选择不同的农业精准扶贫方法，这种选择就包含着农业精准扶贫工作艺术；不同精准扶贫工作者选择同一农业精准扶贫方法运用于同一类型精准扶贫对象，但结果大不一样，这说明运用方法也有艺术；在同一环境中，不同的决策者在确立目标、优选方案时可能大相径庭，这也体现了农业精准扶贫工作艺术即决策艺术。总之，在农业精准扶贫的整个过程中和诸多环节上，精准扶贫工作者既要遵循一般规律来进行农业精准扶贫，这说明农业精准扶贫是科学性的工作，农业精准扶贫的上述方法都有其科学性。但因农业精准扶贫过程变幻万端，农业精准扶贫对象复杂多样，农业精准扶贫工作又不可能死守某一程式规范或是机械照搬某一方法，因而精准扶贫工作者又应当机动灵活地进行农业精准扶贫，"艺术"地使用各类农业精准扶贫方法，学会有关的农业精准扶贫工作艺术。

（三）技术性农业精准扶贫方法的特征

技术性农业精准扶贫方法，是对在现代农业精准扶贫工作中应用的各种现代数学方法、定量化农业精准扶贫方法和先进农业精准扶贫技术手段的统称。广泛应用技术性农业精准扶贫方法，是社会发展的客观要求，也是农业精准扶贫现代化科学化的必然趋势。

随着社会发展和科学技术的进步，社会生产规模不断扩大，社会分工日趋精细，各部门之间的联系日益密切，影响经济发展的因素更加复杂多变、因而农业精准扶贫工作涉及的信息量和工作量激增，对农业精准扶贫的要求也就越来越高。在这样的新情况下，除认真总结各种行之有效的传统农业扶贫方法外，还必须广泛应用适合于现代社会的技术方法，以便能更准确地描述和分析社会经济发展的过程，深入研究各种因素多方面的数量关系，及时处理大量的精准扶贫信息，并对拟订的计划方案和政策规定进行科学论证。同时，由于现代数学、信息科学、系统科学等学科的产生，以及电子计算机的广泛运用，也为技术性方法的广泛运用提供了必要的条件。

技术性农业精准扶贫方法，正是按照现代社会发展规律和适应现代农业精准扶贫的客观要求，运用现代自然科学和社会科学的最新成果，对各种农业精准扶贫对象进行有效扶助的一系列新技术和新方法。它是在继承和发展一般农业扶贫方法的基础上运用现代科学技术成果，经过不断探索、科学试验、精心优选逐渐形成的。同传统农业扶贫方法相比，技术性农业精准扶贫方法具有三个明显的特征：

首先是系统性和择优性。一般说来，每一种技术性方法都有内在的系统性，它包括明确的目标，一定的约束条件，达到目标的程序和方法以及信息反馈等，从而为科学地解决现代农业精准扶贫问题提供了一定的模式或模型，使复杂的现代农业扶贫工作达到科学化和计算机化。同时，在农业精准扶贫实践中，建立数学模型进行求解的过程，也是优化的过程。如在一定的约束条件下，对多元精准扶贫目标选择最佳的组合方案，或在一定的目标要求下，对各种约束条件进行选择和组合，都存在择优的过程。

其次，技术性方法使精准扶贫数据化，并能把精准扶贫的定性分析与定量分析密切结合起来。技术性扶贫法区别于传统农业扶贫方法的一个重要标志，就是使现代农业扶贫活动从定性分析发展为定量分析，从依靠经验判断转变为数理决策。因为建立数学模型，进行定量分析，可使现代农业精准扶贫工作进一步科学化，这就大大提高了农业精准扶贫系统的运转速度和工作效率。

再次，技术性方法具有较大的通用性和关联性。技术性方法应用的范围较广，同一种技术性方法往往可应用于不同的类型精准扶贫。有些属于综合性的技术方法，其原理和原则还可以应用到整个现代农业扶贫领域。另外，各种技术性方法之间还存在着很多的联系，在解决复杂农业精准扶贫系统的实际问题时，它们可以相互补充，发挥多种技术性方法配套使用的整体功能。

在传统的农业教学，更多关注学生所学专业的知识，即便关注方法也是本专业的方法为中心，而对于具有普遍意义的方法则很少介绍。下面我们将逐个介绍农业精准扶贫工作中典型的现代技术方法。

二、系统方法

所谓系统方法，就是按照事物本身系统性把对象放在系统的形式中加以考察和处理的一种方法。这种方法要求从系统的观点出发，始终从整体与部分、系统与环境的相互联系、相互作用、相互制约的关系中综合地、精确地考察对象，以达到最佳地处理问题，其显著特点是整体性、综合性和最优化。

整体性反对传统工作事先把对象分成单一的个体。从系统管理目标上分析，任何系统都体现系统管理目标的整体性。从系统管理功能上分析，系统大于个体之和。

综合性就是指在进行系统管理时，要把系统的所有要素联系起来。综合考察其中的共同性和规律性，它从两个方面对精准扶贫工作者提出要求：一是农业精准扶贫目标综合，即要求组织系统各个部分必须围绕系统总目标开工作，或者说要求一个子系统的最高决策者必须用组织总目标去统摄各部分的分目标；二是农业精准扶贫过程各个部分功能的综合，即保证农业精准扶贫工作按组织总目标运行。

所谓动态性主要体现在系统管理要素的动态性和系统管理功能的动态性两种形态。农业精准扶贫工作系统要素的动态性表现在两个方面。一方面，农业精准扶贫工作系统要素之间存在着纷繁复杂的联系，这种联系就是一种运动。系统要完成功能输出，需要内部要素相互作用、相互影响，形成一定的输出模式，这个过程本身是动态的。另一方面农业精准扶贫工作系统要素与环境的相互作用是一种运动。由于现实生活中封闭系统是相对的，开放系统则是多数，因此，系统与环境之间会存在信息、能量或者物质的交换活动，这个相互作用过程也是动态的。农业精准扶贫工作系统功能的动态性主要表现为：农业精准扶贫工作系统的功能是时间的函数，是随系统要素状态的变化、环境状态的变化、各要素之间联系以及要素与环境间联系的变化而变化。

所谓系统开放性是指在非理想状态下，不存在一个与外部环境完全没有物质、能量、信息交换的系统。即所有的系统都是开放性的。

在系统的环境适应性理念的指导下，农业精准扶贫工作者进行精准扶贫工作决策时既要清醒地认识系统本身的局限性，设计出有利于农民脱贫致富的工作方案。

在农业精准扶贫过程中，运用系统方法应遵循地下几个基本步骤。

第一步，确立目标，搜集信息。目标是运用系统方法所要达到的目的，根据具体情况，目标可以是明确的、定量的，也可以是粗略的、定性的。确定目标既要从单项目标入手，注重单项目标的可行性和最优化，又要将各单项目标放在总目标的现象中进行考察，把落脚点立在整体系缓的目标上。为了达到系统方法追求的目标，还要按确定的目标搜集信息。收集信息主要包括三项内容：一是进行实地调查，直接掌握情况。二是广泛收集材料，并按目标要求对有关情况进行筛选。三是对筛选过的情况作单项分析，包括定性和定量分析，得出一些性能指标和参数。这些指标和参数，或称信息数据，是系统分析的基本根据。

第二步，建立模型，拟制方案。这是系统方法的主要部分。建立模型，就是将搜集得来的有关信息因素按一定关系结构组合成一定的模型，用以反映系统活动所要耗费的人力、物力、时间和系统诸因素在系统活中的作用方式。模型建立后，再以系统活动的各种效益为指标进行综合性比较、评价，然后选择拟定最佳方案。系统模型可能是定性的，也可能是定量的，也可能是定性与定量结合的。

第三步，对方案进行评估检验。建立模型拟制方案之后，还要对方案进行检验评估，分析方案的可靠程度或风险程度。这是因为任何事物都受到随机传干扰，随机干扰是人们在现有知识水平上尚无法认识的或无法确定的事件。例如自由垂直下落的物体在千秒之内所经过的距离 $S=1/2pt^2$（P 为重力加速度），本来是确定性模型。但下落物体要受到空气阻力，而且还有随机性的气候（风）干扰，由运动方程计算的下落距离，只能有百分之几十的可靠程度。这就是要求对方案必须进行评估检验，以确定方案的把握度和风险度（二者之和为100%）。如果超过了风险标准，就修改目标，重订方案，直到做出最优方案。现代社会活动规模大、因素多、关系复杂，如果照抄过去那种条块分割、分兵进击的传统方法进行农业精准扶贫，势必造成人力、物力、财力和时间上的巨大浪费。特别是那些规模宏大、牵涉面广的工程，如果运用传统的方法进行农业精准扶贫，很可能得不偿失，适得其反。这就导引着人们去探索运用系统方法来解决问题。

系统方法还改变了农业精准扶贫主体的思想方法，给整个农业扶贫方法论工作带来深刻的革命性变化。它使人们对农业扶贫的研究方式从以个体为中心过渡到以系统为中心，从单值的过渡到多值，从线性的过渡到非线性，从单一测度的过渡到多测度，从主要研究横面关系过渡到综合研究纵横面关系。这些变化，不仅改变了农业扶贫工作的知识体系和社会生产结构，同时也引起了农业精准扶贫主体世界观和方法论的深刻质变。

三、数学方法

数学本身不是目的，而是一种工具和手段，这在应用数学表现得特别具体而清楚。因为应用数学就是为设计解决各种具体科学课题而产生的数学工具，是给某一具体科学提供适当而有效的数学方法。

数学方法有以下几个主要特点：

第一，抽象性。现实对象是复杂具体的，每一事物无一不是质和量的有机体。只有经过抽象加工，才能便于人类进一步把握。

第二，精确性。数学具有逻辑的严密性和结论的确定性。数学推导是严格按照一定的规则进行的，只要前提正确，那么，由数学的内在逻辑所推出的结果本身具有毋庸置疑的确定性。爱因斯坦说："还有另一个理由，那就是数学给予精密自然科学以某些程度的可靠性，没有数学，这些科学就达不到这种可靠性。"[1] 运用数学方法，对客观事物中各种质的量以及量的关系、量的变化进行推导和演算，使现象及其过程能够得到精确的定量描述。所以，数学方法也是决策最优化的可靠工具，利用数学模型对几种可能的方案进行推导和演算，就能从数量上进行精确地比较，帮助人们选择最优的方案。

第三，普遍性。数学对象的普遍性决定了数学方法的普遍性。数量及其关系是各种事物所具有的共同特征。任何事物既存在质的方面，又存在量的方面，

---

[1] 爱因斯坦：《爱因斯坦文集》，北京：商务印书馆，2010年，第1卷第136页．

没有质的事物固然不存在，没有量的事物也不存在。既然任何事物都是质和量的统一，那么，从可能性来说，任何领域都可以应用数学和数学分析，农业精准扶贫自然也不例外。

数学作为数量结构科学，数学方法的普遍性还反映了异质同构现象的存在。就是说，不同质的事物和系统可以存在着同样的数量关系，而同样的数量关系，又可以反映不同的物质存在形态和不同的物质运动过程。

数学方法可以应用于各门科学，这是就原则和理论来说的，要把这种原则和理论上的可能性变为现实，需要人类不断的探索。科学和社会发展的历史表明，进行质的定性分析，相对来说比较容易，而进行定量分析就比较困难。近代科学产生以后数学方法首先在力学和物理学中得到了广泛的应用，尔后是化学。目前，数学方法在社会科学某些领域中也开始得到了应用，比如运筹学（优选法、统筹学、规划论、对策论等），在一些社会科学（特别是经济学）中正在显示出它的作用。

随着农业精准扶贫工作的不断进步，数学方法也开始应用于农业扶贫领域。当今社会，在研究农业扶贫规律时，已经开始应用数学方法。现代化农业精准扶贫的发展，一方面向数学提出了解决实际问题的要求，影响着数学及其方法的发展方向和速度，另一个方面又为其提供了研究了资料和物质条件，促进了数学及其方法的进步和发展。

数学方法的应用给农业扶贫工作也注入了新的活力。计算机技术还为数学方法应用于农业精准扶贫开辟了新天地。它不仅可以协助精准扶贫工作者对农业精准扶贫活动的全过程进行宏观的调控，提高农业扶贫工作水平，而且适应高速发展的现代社会的需要而使农业扶贫工作高速化、精确化。当然，随着现代农业精准扶贫工作的发展，人们对农业扶贫工作各个层次的认识越来越深入，农业扶贫的研究对象也越来越复杂。反映到农业扶贫的认识手段和方法上，就比以往任何时候更加需要多种方法协同发展。所以，数学方法虽然适用于农业扶贫的众多领域，但它又不是万能的，还需要同其他方法配合使用。

四、预测方法

决策作为农业精准扶贫工作的首要职能和农业精准扶贫工作过程的起点，是由一系列复杂的超前思维活动构成的。它首先又表现为农业精准扶贫工作预测。只有在预测未来的基础上，农业精准扶贫工作者才可能确定工作的目的，制定、选择和计划实现某一目的的行动方案，从而使农业精准扶贫工作成为可能。研究预测是考察决策思维的起点。

所谓预测，是人们运用在以往实践基础上形成的经验、理论、方法对事物发展未来趋势的分析、论证、推测和预料。农业精准扶贫工作预测则是农业精准扶贫工作者运用自己过去的工作经验和理论，通过搜集有关信息，推测预料农业精准扶贫工作系统在未来将面临哪些问题，其发展前景如何，有哪些可能发生的情况，以及其中哪一种可能最大，从而为决策提供依据。

预测作为人类的一种超前思维，是随同认识活动一起产生的。正如古语所述"凡事预则立，不预则废"。随着人类实践能力和认识水平的提高，预测在近代有了质的飞跃。近代科学所以有高速的发展，是同科学幻想和科学预测直接有关。门捷列夫利用元素周期表规律预测新元素，马克思、恩格斯对未来社会主义社会必然出现的理论，列宁关于社会主义可以首先在一国胜利的论断，毛泽东关于抗日战争是持久战的论述……都是科学的预测。

预测作为人类认识世界的一种特殊形式，不仅与其他认识活动一起产生和发展，而且还具有与其他认识活动不同的特点。

首先，预测具有可靠性。预测同一般的认识活动不同之点在于，其他大量认识是人脑对客观事物的现场反映；而预测不是对现存事物的反映，而是对事物未来的种种发展趋势做出推断和猜测，是由已知到未知。任何事物的发展都要经历可能到现实的过程，现存的事物中都蕴含着未来事物的根据或胚芽。

如果人们不是从主观愿望或可能出发是从现实根据出发,同时又不违背人们在千百万次实践中所形成的逻辑规则而按严格逻辑程序对潜在的根据进行科学推导,那么人们就一定可以从已知推导出未知、从今天预知明天。可见,科学的预测则是合乎辨证物主义认识上的,具有科学上的可靠性。农业精准扶贫工作预测是以现实为根据、数据可靠、方法正确的科学预测,其推断的结果大致是可靠的。

其次,预测具有超前性。预测不同于别的认识活动,还表现为它不是事后思维和当下思维,而是超前思维。所谓当下思维,是指人脑对当时刺激自己感官的客观对象的直接反映。所谓事后思维,是对已发生的感觉知觉进行回忆、联想和事后理性加工,包括表象、理性认识以及反思等间接反映。这两类思维都是从客观到主观,都以客观事物作为思维的基础。而预测在形式上刚好相反,它既不是对现存事物的现场直观,也不是对过去事物的回忆、整理和反思,而是根据已有的认识去分析现实中客观存在的"根据",推断事物将来发展的各种可能,以建构现实中尚未出现的未来事物的轮廓,这种意识的能动性,使人类认识与动物的心理严格区别开来。预见的准确度和预见期的长短,又将人类不同时期的认识能力区别开来。预见的超前性并不违背唯物主义的反映论原则,也不意味着预见者可以脱离实践仅由主观去预言未来。在农业精准扶贫工作中,预见必须以现实为出发点,预见者用以预见的理论、逻辑,预见时所必须搜集的信息,都是实践的产物或是对现实的反映。

再次,预测具有试探性。预测既然是对本来多种可能性的分析推测,就不可能做到准确无误、十分具体、而只能是大致的估计,并带有试探性质。因为在农业精准扶贫工作中,预测主体不可能对未来的发展做出确凿无疑的认识,只能预测到总的趋向。同时预测的客体处在经常的变化之中,尤其是人参与的社会,其变化的随机性更大,不可能使预测准确无误。为了在农业精准扶贫工作中居于主动,一方面不能不对未来进行预测,另一方面又受主客观的双重限制,不可能对未来预料得完全准确,只能"摸着石头过河",依靠预测对未来作试探性的认识。因为预测带有试探性就断言预测完全不可靠的观点,固然不可取。

同理，要求预测百分之百的可靠，也是不符合科学的。

最后，预测还具有概率性和不精确性。所谓概率性，是指正确的预测与预测方案总数的比率。所谓不精确性，是指预测正确的程度不可能是百分之百，或者说只能预测事物发展的总趋势或大致的轮廓，而不能正确估计到它发生的准确时间、发生的每一步骤和每一细节。预测的概率和精确度是随着人类认识能力的提高而增大的，但无论如何，既然是预测，必然具有不精确性，其概率不可能是1。预测这一特点决定它永远不可能像人类其他认识那样，最终可以用自然科学的精确眼光对之进行定量描述。

预测作为人类认识的一种特殊方式，不仅具有上述各类特点，而且在人们的认识特别是农业精准扶贫工作活动中发挥着独特的功能。在农业精准扶贫工作决策过程中，农业精准扶贫工作预测的作用主要表现为以下几点：

第一，分析农业精准扶贫工作环境的变化趋势，为决策者确定下一步的工作目标提供背景。农业精准扶贫活动是存在于一定的社会环境之中的，社会环境虽有相对稳定的一面，同时又处在经常的变化当中，这种变化在农业扶贫工作领域更为明显。农业精准扶贫工作者在制定新的决策以确立下一步工作目标时，不能从自身的主观需要出发，而应考虑外部环境提供了多大可能。这样，决策的第一步就要了解环境、预测环境变化的各类趋势，使决策能适应变化了的环境条件，以便提出可行的精准扶贫工作目标。每一个扶贫工作者所处的环境都有所不同，如果不调研分析自身环境的变化，决策所需信息的客观性就很难保证。

第二，分析组织系统的结构功能变化趋势，为农业精准扶贫工作决策者制定和选择行动方案提供组织依据。农业精准扶贫工作系统既有稳定的一面，同样也处在经常的变动之中。为了确定工作的目标，决策者既要了解预测外部环境，还要了解预测内部动向。例如，在即将开展的活动中，扶贫对象怎样想，有多大的积极性？需要多少资源？人力和资金，组织有无能力达到新的目的？等等。因此，预测外部环境是不够的，同时还应预测组织系统的未来状况。如果只有对外部环境的了解而无对系统内部的了解，这种预测是片面的。只有充分了解内外因素，才能进行参照比较，从而进入决策。

第三，无论是对外部环境还是对农业精准扶贫工作系统内部未来发展趋势的预测，都需要全面占有材料、广泛搜集信息，对事物发展的多种可能性做出详尽的分析。首先根据取得的信息，分析有无实现目标的可能性，如无可能，坚决放弃；其次分析可能实现的目标有几个，并比较其利弊之大小和实现这些目标所需哪些条件，为决策者择优提供资料；再次，对有利的、成功把握大的可能性，还应进一步区分实现目标所需的时间，为决策者制定精准扶贫工作计划提供依据。

农业精准扶贫工作预测是一项十分艰巨的认识活动，它常常不是通过少数决策者，而是通过人数众多、专业背景不同的人来实现。农业精准扶贫工作预测的方法也很多，有凭经验的预测和凭理论的预测，有定性的预测和定量的预测。如内外环境变动不大、预测的目标时间又很短，那么可以凭扶贫工作者的经验就可以进行预测。而如果内外环境变化明显，预测目标时间过程较长，就不能仅仅凭个人经验而应集中各方面力量的智慧，严格按科学方法进行。

五、决策与问题简化方法

预测作为农业精准扶贫工作决策过程的起点，其功能在为农业精准扶贫工作者提供一幅农业精准扶贫工作系统未来发展的模糊前景，指出种种可以估计到的可能性。在此基础上农业精准扶贫工作者根据可能和需要制定和选择对策的活动过程，即工作决策。农业精准扶贫工作预测要解决的是农业精准扶贫工作的前景，向农业精准扶贫工作者展现工作系统将面临的种种问题。而农业精准扶贫工作决策则是针对某一与农业精准扶贫工作有关的问题制定和选择对策方案，并以此制定以后农业精准扶贫工作活动的方向和行动原则。

决策也是一种超前思维，同预测相比较，它有着如下几个鲜明的符点：

首先，决策具有鲜明的目的性。人的认识活动都有目的性，但不同的认识其目的性的明晰程度又有区别。预测的目的是猜想未来工作中的可能性，为决策服务。由于未来充满种种可能性，因而预测只能是模糊的不具体的，决策则不可能是模糊的。农业精准扶贫工作决策是针对与工作组织系统未来发展关系最紧密、意义最重大的某种可能的对策性思维活动。因此，决策的目的不是模糊的而是具体的，不是多元的而是单一的。所以，农业精准扶贫工作决策具有鲜明的目的性。如果进入决策阶段农业精准扶贫工作者还未确定具体的组织目的，或者说作为决策的目的还不清楚而处在模棱两可的思维状态，决策将是无法正常有效地进行的。

其次，决策具有选择性。预测要可靠，一条重要的原则是必须广泛收集信息、全面占有材料，而不允许按扶贫工作者的个人好恶选取材料。决策必须进行选择。其一，为了将来开展有成效的活动，决策者首先必须在预测提供的种种可能性中进行目的选择，即选择某一种与组织系统未来发展关系最大的可能性进行深入考察。没有这次选择就提不出问题，也无法确定组织目的；其二，为解决某个问题，实现某一目的，精准扶贫工作者还必须通过深入研究，制定各种对策方案，并在此基础上进行择优。没有择优也等于取消了决策，抹杀了农业精准扶贫工作决策存在的意义。

再次，决策具有思维的明晰性和行动的可行性。决策思维不同于预测思维之处，在于前者是一种模糊性的思维状态，不可能是很明晰的。决策与计划相比，它只是为达到某一目的行动方案，没有计划具体详细；决策与预测比，它又显得具体明确。预测是对组织环境和系统组织发展未来多种趋势的总体推测和预估，因此只能是大致的，没有必要对每种可能的细节做出十分具体明确的说明。决策是选取某一种可能性并设计如何解决某一问题、实现某一目标，停留在预测的模糊思维水平上就不行，必须进一步使之具体化，尽可能考虑到活动的每一步骤和基本方法。决策思维是较预测思维具体的思维，不仅要选择确立某一目标，还要设想研究如何实现这一目标的多种办法或方案。这样决策用于制定计划、指导农业精准扶贫工作。

决策是一个发现问题、分析问题、确立目标、研究对策的复杂思维过程。

所谓发现问题,是在预测的基础上,找出哪类或哪个问题与系统组织的未来发展关系密切;所谓分析问题,是对某问题产生的原因和导致的后果进行分析和研究;所谓确定目标,是通过解释问题找到"实然"和"应然"之间的差距,确定今后组织向什么方向努力;所谓研究对策,是根据今后的工作目的研制多种实施方案,并在比较论证的基础上进行最佳选择。在发现问题时,需要决策者需要不被表面现象所迷惑,能准确敏锐地找出与农业精准扶贫工作目标关系最密切、实现的可能性最大的信息。分析问题则要求追本溯源,预想后果,切忌就事论事。确立目标必须比较利弊得失、分析有无可能和可能的大小。至于制定各种对策和最后选择最佳方案,则需要以仔细的调查研究为基础。

决策可分为个人决策和集体决策、经验决策和科学决策、常规决策和随机决策、确定性决策和不确定决策以及风险决策等不同类型。

所谓个人决策,并不是只有一个人参加决策活动,而是指决策方案的选择权控制在一人的手中,由一个人做出最后决定。集体决策是由两人以上的集体共同讨论、协商各类备选方案,最后以多数人的一致意见决定某一方案。集体决策是一种民主决策,而个人决策可能不是民主决策。如果决策者个人不广泛吸取专家们的意见、决策方案由个人制定,这就是个人专断,当然谈不上民主决策;而如果是在智囊团独立研究基础上再由一人做出最后决断,也是一种民主决策。个人决策和集体决策各有优劣。个人决策的优点是决策程序简短快速、机动灵活,适用于环境变化太快或环境相当稳定的两种情况,缺点是受个人的主观局限,稳妥性不够。集体决策的优点刚好是对个人决策短缺的补充,因为人员较多考虑问题自然就会更全面。在对农业精准扶贫工作中重大问题的决策一般应当采用集体决策而不应该是个人决策。集体决策的缺陷是决策周期长、环节多、个人责任不明确,容易导致议而不决、互相推诿延误时机的不良后果。无论个人决策还是集体决策,就选择决定某一工作方案而言,都只由少数人来承担,决策者只能是少数而不可能是多数,否则便无法决策。因此,认为专家们参与决策方案的研制或邀请扶贫对象为决策者提供意见,就认为只有多数人参加最后的决策才是民主决策的说法,其实是对决策的一种误解。

经验决策和科学决策，是两种比较典型的决策思维模式。经验决策是决策者主要依赖于经验对多种方案进行比较判断和选择，具有直观性和非定量性等特点。科学决策则以科学理论为基础，运用逻辑的思维方法，对各种方案进行系统全面的科学论证，严格按科学的程序办事。随着时代的发展，经验决策的主导地位正在逐步下降，科学决策越来越广泛地被采用。科学决策必须以掌握事物发展的客观规律为前提，以严格的思维逻辑为基础，并借助于数学模型进行定量判断。但是，无论科学如何进步，人类总有未知的领域、未发现的规律，即使掌握规律有时也不能达到定量把握的高度。因此，在农业精准扶贫工作中不能全凭科学决策而仍须借助经验决策。特别是对于情况多变的精准扶贫工作，科学决策是难以解决全部问题的。这时，充分发挥扶贫工作者的经验、直觉、灵感、知识和胆略的作用，对于做好决策意义重大。

常规决策和随机决策是两种不同的决策技术。所谓常规决策，是根据精准扶贫工作中经常出现的问题制定出一套例行程序，对类似的新问题采用常规来决策，常规决策方法是依据惯例或照章行事，也可以借助计算机来解决大量数据处理问题。随机决策则是对偶发性的、无常规可循的新问题所做出的创造性决策，这种决策不可能借助于既定程序来进行，而只能依赖决策者的经验、直觉、灵感、洞察力做出大胆判断和随机处理。现实中既没有绝对不变的事物，也没有瞬息万变、完全无规律可循的工作。因此，精准扶贫工作者在决策时既不能死守常规，一丝不差地按过去的决策程序进行决策；又不能以随机为任意，不考虑新问题与旧问题有无相似之处，随意创造、凭空想象。

根据农业精准扶贫工作主体掌握决策信息的多少和实现精准扶贫工作目标的难易程度，决策还可划分为确定性决策、不确定决策和风险决策。所谓确定性决策是指信息占有充分、因果关系明朗、对工作目标有十足把握的决策，这种决策很稳妥、无风险。如果信息占有极不充分，因果关系不明朗，对工作目标结果把握不大但又不得不进行决策，就是不确定性决策。这种决策所冒风险极大，在农业精准扶贫工作中很少使用。介于上述两种决策之间的决策模式就是风险决策。这里的风险，即指决策主体不可能准确预测到未来各种可能发生的情况。所谓风险决策就是分析各种可能性，拟出各关键变量的概率曲线，了解在选择多类行动方案所冒风险的性质和大小，然后根据风险的大小和所冒风险的价值做出最后决策。风险作为一种客观存在，决策者是无法完全回避的。对待风险可以采取以下四种对策：一是风险太大，加以回避，转而选择风险较小的方案；二是风险太大，收益也很大，值得一试，不惜铤而走险，这种情况在一些扶贫过程中虽然可能采用，但也最好慎用的；三是转移风险，比如在扶贫工作中使用一些先进技术或设备，采用邀请专家提供服务方式比带领农民摸索更好；四是尽量减少风险，当风险既无法避免又无法转移时，决策者应尽量设法寻找减少风险的措施，在选择方案时应考虑某方案有无减少风险的可能。选择何种对策，不仅取决于决策者对风险的概率测算，还取决于决策者的胆略、魄力和权限。比如，如果某个决策方案成功的可能占60%，有的人敢于冒40%失败的风险选择它，而有的人则不愿冒此风险。这往往与不同扶贫工作者的性格有关。在这里，笔者认为由于精准扶贫工作事关农民切身利益，决策时应当坚持稳健原则，宁可慢一点，也不要为了出成绩给农民带来风险。

通过对各种决策属性的分析不难看出：决策过程不仅是决策者认识客观可能性的认知过程，同时也是根据效益原则优选最佳决策方案的价值判断过程。决策思维既要尽量做到主观符合客观，要对各种可能做出准确的事实判断，又要使客观可能符合主观需要，选择投入少、效益大、风险小的行动方案。为此，决策者在农业精准扶贫工作决策时必须遵守以下两大原则：

第一，科学性原则。农业精准扶贫工作决策是一种典型的创造性解决问题的工作，是人类创造力的集中体现。在人类解决问题的过程中，科学是任何环节都不可缺少的。科学性原则也是包括农业精准扶贫工作在内的创造性解决问题活动的第一原则。在农业精准扶贫决策工作中，科学性原则主要体现在以下几面：

首先，决策活动中所涉及的原理必须是科学的。不论何种形式的决策都必须符合事物发展的客观规律。农业精准扶贫工作决策的主体活动是精准扶贫工作，要保证扶贫工作的"科学性"，就要严格按照党和国家的路线方针办事。其次，决策活动的决策过程是科学的。在决策过程中，要对目前掌握的信息进行分析判断。现代社会中的人类活动趋向于复杂化，精准扶贫工作中涉及的信息越来越庞杂，仅仅靠经验进行判断显然是不行的。要更好地对信息进行处理，就要熟练地运用统计学的知识。完成了对信息的处理、分析，决策工作才会顺利进行，而要实施决策就需要提出一系列备选方案进行权衡、比较，而没有现代科学知识，备选方案的设计、权衡、比较也将无法进行。因此，方案决策必须以科学为基础。再次，决策活动的计划安排应当是科学的。一个好的方案，如果没有具体的规划，将不可能得到实施。任何方案确定之后，都需要订立计划，制定周密的实施计划，就要分析清楚计划的关键环节在哪里？哪些工作是后续工作不可或缺的基础？哪些工作可以平行进行？哪些工作必须按先后顺序执行？在保证完成工作计划、达到工作目标的基础上，订立最好的可供执行的计划是计划安排的目的。要达到这一目的，活动的计划安排也应当是科学的。最后，决策活动的实施过程是科学的。有了计划就需要具体的实施，而实施过程中，保证计划在实施中的执行效果和面对计划以外问题的及时处理是实施工作过程中的两个关键环节。要保证计划地执行效果，首先要由科学的工作态度，实施工作的负责人分清楚哪些工作是必须执行、不能变通的，哪些工作是自己有权决定的。面对问题，实施工作的负责人要首先判断当前所面临问题的性质。分清问题是自己可以做决定的，还是需要向上级或决策者反馈。做出这些判断的基础归根到底还是科学原理。

第二，有限理性支配下的简单性原则。农业精准扶贫工作决策活动是一项不可完全模仿和复制的工作，需要决策者进行理性的思考与判断，而人类所能够思考的范围是有限的。这时候，人类就要进行有限理性的思考，而在有限理性支配下的决策就会选择简单性原则。

假设一个数学家开车到闹市附近去办事，就会涉及寻找停车场的问题。他可能希望停车场离办事地点近些，但又不要太拥挤，另外，收费标准越低越好。从绝对的理性出发，就是要找出一个停车场的地点与收费价格之间的最佳关系。西方经济学理论用边际效用理论予以解释，即假定决策者愿意按一定比例，交换不同方面的增量。例如，停车场与办事地点之间的距离每变化一百米，相当于拥挤程度减少若干，或等价于停车费减少若干。实际上，无论多么精明的数学家，都不会进行上述计算和比较的，因为在大多数情况下，人是喜欢简单化的。

有限理性说为决策者制定有效的决策、设计和规划，提供了规定性的原则。因此，"寻求满意"的原则（简称满意原则），已经成为决策领域中最重要的原则之一。而要寻求满意的结果就需要对问题进行简化。因此，努力使问题简单化和寻求满意解是有限理性支配下的人类活动的必然选择。这一点，对于决策活动表现得更加突出。在决策活动中应用简单性原则的主要原因有以下几种：

首先，决策目标能否实现的重要条件是决策方案是否可行。决策方案的可行性是在设计决策实施方案过程中实现简单性原则的前提和基础。决策中的优化工作按任务目标分类一般可分为单目标设计和多目标设计。所谓单目标优化是指需要解决问题的中心目标是单一的优化设计问题。所谓多目标优化是指需要解决问题的目标是多个或多个目标重要程度基本相当，必须全面考虑。决策活动中是以实现目的为表现形式的工作，一般是多目标优化问题，优化是贯穿在决策者决策活动始终的一个过程。"最优化"是典型数学的概念，在决策活动中实现"最优化"就是实现理论上的最佳，决策活动中绝对最优化是不存在的。为了分析这一问题，笔者将以一个单目标优化问题为例分析理论最佳的不可获得性。

要设计一条十分路线让推销员沿此路线走过数目及地理位置均已给定的几个城市，且所经过的路程最短。这就是有名的推销员问题。假设几个城市的相对距离如表7-1所示，推销员从甲城出发。对于这个问题，有一个直截了当的优化方法，即试算所有可能路线，取其路线最短者。由于现在有5个城市，我们就必须计算5！＝120条路线的长度。比如，我们先算出"甲—戊—丁—乙—丙—甲"路线长度为8850公里，但这不一定是最优解；再算"甲—乙—丙—丁—戊—甲"路线长度为7750公里，显然优于前者，但也不一定是最短路线。要想用这种方法找到最优解，非把所有120条可能路线全计算、比较一番不可。这个问题的特点是，当城市数目相当多时，可能路线的数目将迅速增长。例如，当城市数目增加到 10 个时,其组合路线为 3,628,800 条;当城市数目增至 50 个时,其组合路线为 50！= 3.04×1064 条。这种现象称为"组合爆炸"。假定我们算出每条路线长度并同前次计算结果相比较、删去其中较大者,仅需用万分之一秒,那也要用 9.64×1052 年才能算完！这等于说是根本没法算完。对于这类组合爆炸的问题,巧妙的优化法也无能为力了。

表 7-1　各城市之间的距离

	甲	乙	丙	丁	戊
甲	—	250	1450	1700	3000
乙	250	—	1200	1500	2900
丙	1450	1200	—	1600	3300
丁	1700	1500	1600	—	1700
戊	3000	2900	3300	1700	—

其次,思维习惯性是决策活动中应用简单性原则的认知原因。环境心理学在研究行为性时发现,人有"走捷径"的行为习惯;同样,在思维中也存在着"走捷径"的习惯,通过简洁的思维过程一下子得到思维结果,就是以长期经验积累为基础形成的经验直觉。这种经验直觉在大多数情况下是能够保证思维结果的正确性的。正是这种过程既简单又省力,结果基本正确的价值判断成为决策活动中应用简单性原则的认知原因。确定何者第一、何者第二的过程,实际上是对一个复杂问题进行简单性判断的过程。因此,简单性原则成为优化的外在表现形式。

在理想条件下,人类的整个思维过程完全是具有理性的。在具体的决策实践活动中,涉及的与决策相关的主、客观因素很多。在参与判断的主、客观因素中,有可量化但难以计算的、也有不可量化的,对于这类情况的处理,就只能借助决策者的经验使用简单性原则进行判断。因此,在诸多因素的影响下,决策者很难完全按理性思维解决问题。在此情况下,决策者由习惯性思维所引起的简单性判断作用更大。所谓习惯性思维就是由于外界环境的影响，决策者根据个人的知识积累和经验，对具体问题做出判断的思维方式。由于这种思维是受决策者固有的思维习惯影响的，因此，被称为习惯性思维。习惯性思维所反映出的思维特点可以被称为"思维的习惯性"。"思维的习惯性"创造了简单性原则在决策活动中的实现条件。

由于思维习惯性的存在，决策者受到其注意力的影响，这就决定了决策者考虑范围的简单化。当决策者对决策中的问题进行分析时，他的价值考虑将集中在当前所面临基本问题上，决策者的思维空间就被限制在待解问题系统这一有限范围内，不可能把待解问题系统之外的其他相关需求都同时加以考虑，即使同时存在多种需要，也要首先顾及其中最迫切的问题。有时由于条件过于复杂，甚至只重点考虑核心的需求目标，这时他将遵循一个简单性原则的部分的效用函数。

由于思维习惯性的存在，决策者大多会重点考虑与做抉择最有关系的少数方案，这便形成了方案选择上的简单性。同某一事物有关的其他事物，尽管从原理上讲是极其大量的，但由于使用了简单性原则，人们只考虑其中的少数几件，而把其中大部分忽略掉了。比如，一个人在决定花钱买车时，考虑到的备选方案可能只限于购买本地区某几家商场里的某几种车，尽管他做抉择的客观环境还包括其他地区的另外一些车，甚至包括把这笔买车钱花到其他用场上去。

由于思维习惯性的存在，决策者决不去思考其余的无数可能后果，也可以说决策者不可能对诸多复杂因素一一考虑。这便形成了决策方案制定上的简单性。

由于思维习惯性的存在，决策者会主动寻求简单。因为决策者尽可能不同复杂性情况（通过优化方法实现简化）打交道，由于没有一致的效用函数，不考虑一切备选策略，也不考虑每个策略所可能导致的一切或然事件，所以，他在不同时期所做的决策，很可能是不一致的。从连续推移的时间上看，即使侥幸获得"此时"之"最优"，等到"彼时"来看，很难仍是"最优"的了。所以，"最优"概念本身，对于受"思维习惯性"影响的决策者来说，是很成问题的。

放弃"最优",选择"次优",决策者实现了优化与简单性在决策活动中的统一。思维习惯性影响下的决策者思维活动体现出的正是典型的简单性原则。

最后,寻求满意解是决策活动中应用简单性原则的技术原因。对于一个具体的问题而言,整个问题中的评价、选择工作,不可能完全用优化方法来完成,其中大部分工作都要用次优化方法来完成(即寻求满意解),以寻求满意解作为完成任务、实现目标的技术手段正是简单性原则的体现。

决策者在确定方案时,就会在"可行解"中寻找"满意解"。现实世界中各种条件相互制约,不可能使全部条件均达到"最佳"。因此,寻找"满意解"只能实现目标条件大体上的"满意"。下文提出的满意原则是指在工作中实现其总体目标,"满意"的概念不同于日常习惯上的满意,它是一个数学意义上的"满意"。

决策者的功利性思想决定了决策活动中过程就是通常经过逐步搜索而构造出来的。寻求满意解的决策者实际上就是放弃了复杂性原则选择了简单性原则。显然,寻求满意解的过程是一个考察方案的过程,寻求满意的决策者的最后选择,往往取决于他构造的方案的顺序。比如,假设甲方案比乙方案更好,但两者皆达到了满意解标准(欲望),这时,先构造了哪个方案(如乙),那个方案就被接受了,决策者不再继续构造其他方案(如甲)。

又因为备选方案不是只有一、两个或有限多个(从本质上说有无穷多个)。因此,根据满意原则,决策者通过选择简单性及满意原则提供了现实的终止判据,使得简单性原则在决策活动中得以实现的载体。

决策活动具有复杂性和非线性的特征。但是由于理论上的最佳结果难以实现的客观原因以及思维习惯性、功利性思维和满意原则的存在,决策者总试图在一定范围内将复杂变成简单,将非线性转化为线性。在这个以简单性为原则的转变中,理论上的最佳结果难以实现的事实是基础,功利性思维是动机,思维习惯性是转换的辅助力量,寻求满意解是外化表现形式。

第八章 农业精准扶贫的社会作用

农业精准扶贫是整个农业生产实践大系统中的组成部分,与经济、政治、文化和社会生活紧密相关。本章将重点分析农业精准扶贫与经济、国家政策、文化和社会生活的关系。

一、农业精准扶贫与经济

农业精准扶贫在农业领域中的核心价值,是农业精准扶贫可以通过农业生产能给扶贫对象带来经济上的效益,经济价值是农业精准扶贫众多价值的基础。在农业生产实践过程中,农业精准扶贫对农业经济的意义重大,具体表现为如下几方面:

第一,农业精准扶贫通过帮扶贫困农民促进生产力发展。农业新技术是现代农业最直接的生产力,农业技术进步直接地、根本性地推动农业经济发展。农业精准扶贫虽然不能等同于农业生产,但却可以促进农业生产水平提高。马克思和恩格斯在《资本论》中说:"劳动生产力是由多种情况决定的,其中包括:工人的平均熟练程度、科学的发展水平和它在工艺上应用的程度,生产过程的社会结合,生产资料的规模和效能,以及自然条件。"[①] 马克思和恩格斯这段话强调科学是生产力,同时论述了科学在工艺上的应用程度,说明技术对劳动生

---

① 马克思,恩格斯. 马克思恩格斯全集: 第 23 卷 [M]. 北京: 人民出版社, 1972:204.

产力的意义，而且推广普及新技术也会对生产力起到促进作用。因此，农业精准扶贫可以推动生产，农业精准扶贫是现代农业经济水平全领域提高的基石。

第二，在农业经济增长中农业精准扶贫作用巨大。在现代社会里，科学技术是第一生产力。农业精准扶贫所推广的内容是作为农业领域第一生产力的农业科学技术。小平同志1988年在同捷克斯洛伐克总统胡萨克谈话时指出："马克思说过，科学技术是生产力，事实证明这话讲得很对。依我看，科学技术是第一生产力。"[1]在小平同志提出这一新的理论观点前，马克思主义文献中是没有科学技术是第一生产力的提法，只有科学技术是生产力。20世纪80年代的社会主义中国的中心任务是发展经济，更必须充分重视科学技术的第一生产力作用和地位。21世纪的社会主义中国农业领域的中心任务是解决三农问题、发展农村经济，发展农村经济就要提高农业生产技术水平，提高农业生产技术水平必须大力开展农业精准扶贫。影响农业经济增长的因素甚多，自然资源的条件、气候和土壤状况、国际政治关系、国内农业政策乃至意料不到的"偶然机遇"，都会影响农业经济发展，但普遍的、经常起作用的则可归之于劳动投入、固定资金投入和农业科学技术的大规模使用这三个方面。农业精准扶贫工作中的新技术使用虽然只是一种手段，却起到把新技术向最不容易推广区域进行传播、普及的作用。

第三，农业精准扶贫的内容是促进落后地区农业生产水平提高的重要手段。马克思说过，"各种经济时代的区别，不在于生产什么，而在于怎样生产，用什么劳动资料生产。劳动资料不仅是人类劳动力发展的测量器，而且是劳动借以进行的社会关系的指示器。"[2]我们要发展社会主义农业，并且是在工业化时代、信息时代发展社会主义农业。我国正处于社会主义的初级阶段，社会主义农业又应是向工业社会、信息社会发展的农业形式。大多数农民的贫困并不是自己不勤劳，而是农业生产水平不高，精准扶贫工作通过新技术提高农业生产水平、改变落后地区面貌，促进农村全面发展。

---

[1] 邓小平. 邓小平文选：第3卷[M]. 北京：人民出版社，1993:274.
[2] 马克思，恩格斯. 马克思恩格斯全集：第23卷[M]. 北京：人民出版社，1972:204.

在分析农业精准扶贫对农业经济作用的同时，还有必要探讨农业经济对农业精准扶贫和农业生产技术活动的一些作用。

第一，农业精准扶贫工作和农业生产技术的发展需要生产力。科学技术是生产力，科学技术是第一生产力，然而，在农业精准扶贫工作中，不论是农业生产技术的发展还是农业精准扶贫工作的全面展开都不可避免地需要依靠生产力，这两项工作只有在得到生产支持的前提下，才能够发展。农业精准扶贫工作和农业生产技术对农业经济的贡献和农业经济对农业精准扶贫工作和农业生产技术的支持是相辅相成的，农业经济和农业生产决策者需要投资于农业技术研发和推广，给农业技术研究和推广以资金支持，农业技术普及和农业精准扶贫工作才能回报于农业经济和农业生产。

第二，市场决定农业技术和农业精准扶贫工作的命运。一种技术特别是新技术，是可能激发或创造社会需求和新的使用者的，并因为能满足用户的需求即市场需求而使该技术被普遍采用推广。然而，并不是所有的新技术或先进技术都会自然而然地、自主地进入市场，那些被市场接纳、认同或赏识的技术就难以得到支持，事倍功半乃至劳而无功。技术研究成果不同于科学研究成果，主要表现是它不以观念或知识形态存在，而是表现和凝结于实物或生产方法之中。而且在通常条件下是存在于商品中，消费者在市场上购买某种产品的同时就认可该项产品相关的技术；同理，某种商品在市场滞销，也可以说与之相关的技术并没有被消费者充分接纳。农业精准扶贫工作涉及的技术一般是需要通过在技术市场上花钱购买获得的，或者技术拥有者要在农业生产体系中占据应有的收益份额的。因此，需要强调农业技术和农业精准扶贫工作者要适应或顺应市场需求，要具备经济意识和市场观念，而不能只关注于技术的自主性和先进性。因此，需要强调技术创新要以企业为主体，以市场为导向，以经济效益为目标。同时，农业又是关乎国家命运的大事，一些适度超前的技术也需要进入农业领域，这就需要国家补贴农业生产者（农民）资金购买农业新技术和新产品。这里涉及农业精准扶贫工作中的政府导向（或计划调控）与市场导向的关系问题。以政府为主导进行的科学技术活动也是其不足，比较典型的表现就是在相当程度上影响科技与经济、科技与产业的密切结合。美国《科学》杂志主编布尔逊说过一段有争议、又引人思索的话："一旦在大学开展研究的人能任意地从政府手中获得资金,当然就会产生一种完全没有必要与产业界打交道的心情,所以政府提供大量资金,会使大学脱离产业界甚至会把两者的接触减少到最小限度"。[①] 从这个意义上说,农业精准扶贫工作就更需要与农业生产实际相结合。因此,许多农林高校都提出一些与地区农业生产相结合的理念,比如北京农学院就根据该校的实际提出"把毕业论文和课程设计写在京郊大地上"的宣传口号就是值得精准扶贫者借鉴的。

第三,经济的竞争与协同都能促进农业精准扶贫工作发展。农业经济领域的竞争是通过多种方式进行的,率先使用先进农业技术是竞争的最有力武器,自由竞争有利于农业新技术的产生和应用,而垄断和垄断性的部门则会对技术和服务的改善持消极态度,乃至把新技术搁置不用。列宁曾经指出:"我们已经看到,帝国主义最深厚的经济基础就是垄断。这是资本主义的垄断,也就是说,这种垄断是从资本主义生长起来并且处在资本主义、商品生产和竞争的一般环境里,同这种一般环境始终有无法解决的矛盾。尽管如此,这种垄断还是同任何垄断一样,必然产生停滞和腐朽的趋向。在规定了(即使是暂时地)垄断价格的范围内,技术进步因而也是其他一切进步的动因,前进的动因,就在一定程度上消失了;其次在经济上也就有可能人为地阻碍技术进步。例如,美国有个姓欧文斯的发明了一种能引起制瓶业革命的制瓶机。德国制瓶工厂主的卡特尔收买了欧文斯的发明专利权,可是却把这个发明束之高阁,阻碍它的应用。当然,在资本主义制度下,垄断决不能完全地、长久地排除世界市场上的竞争(这也是超帝国主义论荒谬的原因之一)。用改良技术的办法可能降低生产费用和提高利润,这种可能性当然是促进着各种变化的。"[②] 同时,在农业经济领域的协同、协作和联合也是农业技术发展的动力。农业精准扶贫工作就是充分发挥

---

① 【日】森谷正规著,吴水顺等译.日美欧技术开发之战[M].北京:科学技术文献出版社,1984:63.
② 列宁.列宁选集:第2卷[M].北京:人民出版社,1995:575.

农业生产实践领域的协同、协作和联合的作用,产、学、研联合是研发和推广使用农业新技术的关键,也是农业发展和促进精准扶贫工作的基础。

二、农业精准扶贫与社会生活

农业技术的科学价值、经济价值、政治价值、军事价值、文化价值、生态价值,都属于农业技术社会价值的范畴,农业精准扶贫是实现农业技术社会价值的有效手段之一。下面重点分析农业精准扶贫在改变人们的社会关系、提高社会生活质量和丰富人们的日常生活等方面所起的作用。农业精准扶贫工作对社会发展的主要贡献是在经济方面,通过农业技术创新实现农业技术的提升,依托农业精准扶贫工作扩大农业技术的应用范畴,提高农业的生产水平,实现贫困农民脱贫致富,为全社会的经济振兴和繁荣奠定坚实的物质基础。

经济的发展还会为他各项社会事业(例如文化教育、生态环境)提供可靠的基础和充分的条件。但是,就像一个人有许多钱未必就幸福,一个社会有较高的经济发展速度和经济水平,其居民未必就有较高的生活质量。在现实中,全社会总产值或国民总收入与多数居民群众实际受益之间,可能有相当大的差距。20 世纪六七十年代以来,国外的一些学者开展了有关"社会生活质量指标体系"的研究,提出了不少有启发性的见解,国内一些学者从 20 世纪 80 年代以来也开展了这方面的研究,给出了一个综合评价社会生活质量的指标,认为社会生活质量的优劣取决于:

a——人均国民收入;

b——就业率;

c——义务教育普及率;

d——平均寿命;

e——人均住房;

f——劳动休息时间比;

g——环境绿化率；

h——人口增长率；

i——犯罪率；

j——物价增长率。

基于此，认为社会生活质量的综合评价指数 P 可按下面公式评价：

$$P = a \cdot b \cdot c \cdot d \cdot e \cdot f \cdot g / h \cdot i \cdot j$$

根据上述公式，社会生活质量的水平与作为分子的诸因素成正比，与作为分母的诸因素成反比。尽管公式的提出者认为它未必能充分反映问题的本质，尽管这个公式中诸因素的权重还有待细化，但却为我们研究农业精准扶贫与社会生活提供质的参考。

在"三农"领域中，有关社会生活质量的指标并不都与农业技术发展、农业技术应用紧密相关，并不都可以靠农业技术来解决，例如，降低犯罪率和保障社会秩序就基本上不是农业技术能解决的问题。解决上述问题的主要手段强化社会精神文明特别是思想道德建设与农业技术基本无关，但却可以归入农村区域发展问题。"三农"领域工作有其特殊性，在精准扶贫工作领域，更要分析农村的实际特点，结合农村区域发展的现状与目标提出解决对策，而不能完全简单照搬其他领域的经验。

非农领域的技术的发明和应用也对"三农"领域社会关系变化起到作用。例如内燃机技术对消除工农、城乡的对立有头等重要的意义。内燃机由于其更为灵活、机动、自成体系并有较高效率，最适用于武装耕作、播种和收获的农业机械，拖拉机是实现农业生产机械化和现代化的头号功臣，也是消除农业与工业对立的最强有力的手段。不仅如此，内燃机技术极大地推动了交通运输的发展。内燃机以及由它武装的汽车、飞机，对交通运输现代化和整个社会现代化所起的作用十分巨大。汽车对消除城乡差别意义，尤其是在今天已有不少城市居民迁住郊外或"乡下"居住，开车到城里上班，而很多愿意参与精准扶贫的有识之士，也可以开车去农村扶贫。现代农业新技术的推广应用减轻农业领域劳动强度，解放大量的劳动力，这些劳动力进入城市，充实了第二产业和"第三产业",促进工业和服务业的发展,提高农民收入的同时也拓宽了精准扶贫工作的思路。农业领域劳动强度降低也使得一些由男性承担的工作可以由女性承担。人们曾经自觉或不自觉地认为,工农、城乡、体脑之间的差别和对立是从属于阶级划分的,并只有随着阶级的消灭而消除。虽然上述差别与阶级矛盾相关,但其形成和消除还是与生产力和技术发展关系更大,农业精准扶贫工作也可以通过技术推广解决"三农"领域的一些问题,减少工农、城乡、体脑之间的差别就是一个明证。

社会借助于规划、政策(决策)和管理等手段对包括农业精准扶贫工作在内的技术活动实施干预和控制。有些学者认为:"社会技术是形成、调整或重组社会(或社会中某个组织)的社会关系,以合理地达到某个社会目的的方法或手段。这里'合理地'包括'有效地'和'公正地'。"[1]是否存在社会技术在学术界尚存争议,但是,没有争议的是在社会领域的各种方法可以影响技术活动,农业精准扶贫工作也不例外。

三、国家干预与农业精准扶贫

农业技术本身是非阶级性、非政治性的,但包括农业技术在内的所有技术都会受到阶级、国家的关注,政府对各种技术的干预、控制和投入已远超出了它给艺术和文化教育的待遇。农业精准扶贫作为农业技术的传播形式,也同样会受到国家干预。为什么国家要干预农业精准扶贫工作和怎样干预农业精准扶贫工作?农业精准扶贫工作为什么需要国家的干预?农业精准扶贫工作作为国家的事业有什么社会历史意义?以及国家干预农业精准扶贫工作过程的限度和条件。这些问题都是值得反思的话题。

首先,包括农业精准扶贫在内的农业工作都需要国家的介入。前文分析过

---

[1] 潘天群.存在社会技术吗?自然辩证法研究[J] 1996.12(10):16~29.

农业精准扶贫工作需要市场经济。市场导向是需要计算成本、利润等因素，在工业领域以企业为主体的，市场导向的研究开发的重要标志是由企业部门提供技术开发经费，在许多国家的R&D总经费中企业提供的比例甚大乃至是主要来源。20世纪80年代，在日本、德国和"亚洲四强"等国家和地区，源于企业部门的经费占其研究开发总经费的60%以上，只有不足40%源于政府部门的投入。但是，并非所有的工程、产品和服务及其相关技术都需要计算成本和利润，也并非所有的社会经济活动及其相关技术都需要并可能以企业为主体。在公共设施建设、军事领域、巨型项目（航天领域等）是应当和只能由政府主导来承担、来组织实施的。世界上有不少国家，出于不同原因（或经济不发达，或军事任务重，或计划调控比例大等），政府部门投入乃是其国家的研究开发总经费的主要来源。在美国、苏联、法国、意大利、印度、巴西和中国，在20世纪80年代的R&D总经费中，来自政府部门的均占第一位，超过了企业部门。

农业生产与工业生产及服务业有很多不同。例如三者在产业发展历程中所需的生产资料——土地。工业生产的生产资料虽然也包括土地，但这个时候土地主要是用于建设厂房一次性建成，而不需要考虑重复使用的可持续问题；服务业可以依托互联网、电子商务等手段，甚至在家办公，土地资源的作用进一步降低；而农业生产则无法绕开土地问题。如何使用土地，包括处理好土地和环境的关系都不仅仅是农业从业者个人的事情。近年来，哈尔滨冬季的雾霾天气的主要原因竟然农民焚烧秸秆，国家虽然明令禁止还依旧我行我素，市场经济更是无能为力。要解决农业领域类似的棘手问题，都需要国家干预。其实，以市场为主导进行的农业精准扶贫工作也有比较明显的缺陷和弱点，农业精准扶贫工作的发展需要有政府干预。农业精准扶贫工作所涉及的农业技术的发展和应用，非常需要国家、政府的干预和控制，至少要有国家在政策上的给予支持。

市场导向的农业科学技术必须受到国家法律的制约，还要受到政府政策的宏观调控。包括中国在内一些国家的农业科学技术发展不可能仅仅依靠自己的力量，还需要实行技术引进，技术引进的范围和措施就不能都由生产者自主，而要受到政府控制，否则"基因污染"、"外来物种侵略"都会接踵而至。农业科学技术研究和农业精准扶贫工作所需的人才尤其是高级人才,是不可能只靠农业生产企业部门自身来培养训练的,也很能依靠私立学校造就。近期关于"蓝翔技校"的一系列故事正说明即便是技能型人才的培养,国家也应当适当管控,农业高级人才培养需要有政府行为和国家教育。在世界各国都有国立的理工科大学,美国国会通过的"土地赠予法"(规定各州把出卖土地得到的钱用于建立农业专业学院),对技术教育有深远的影响。在社会主义市场经济条件下,国家对农业科学技术领域的介入更有其特点。不仅有政府主持的发明奖、科技进步奖,农业的技术创新和农业精准扶贫工作也是政府倡导、扶植下进行的。

其次,国家干预和介入农业事业有重要的社会意义。国家的干预和介入,对农业科学技术研究和农业精准扶贫工作本身的发展和进步有重大的作用。一项新的、特别是开创性强的农业科学技术项目在起步时,这个阶段既需要相当的资金投入又无效益产出并难以预计产出的,除了偶尔会有某位聪明、高明、开明的企业家愿承担风险资助,争得政府支持常是必选途径,而政府投入是更多考虑长远价值的。

正确评价国家干预对农业精准扶贫工作所需技术进步的作用,有助于全面理解农业精准扶贫工作的政府导向与市场导向的关系。产业技术的发展和应用一般是以市场为导向的,尤其是在工业领域,主要由政府指令来进行的企业技术创新和技术改造,脱离市场的指挥棒,往往陷入技术虽新,但产品无销路、经济少效益和技术再萎缩的困境。然而,如果仅仅只强调科技与市场的结合,忽视了政府的介入和调控,农业生产领域基础研究就发育不起来,农业产业技术的发展也会处于无序状态。国家干预和介入农业科学技术领域,是农业科技活动社会化的标志,而且,这种社会化正在随着农业精准扶贫工作的发展扩大和强化。

最后,政治、国家对农业精准扶贫工作的干预和介入是有限度和有条件的。农业精准扶贫工作需要政府支持同时也就是国家干预的某种界限。农业生产看起来不会涉及国家生死存亡的大事,但却是国家稳定的关键。虽然农业工作十分重要,但是,对农业精准扶贫工作国家也不能完全包办到底,这样就会进一步强化农民"等、靠、要"的思想和习惯。在农业精准扶贫工作领域，把握农业扶贫工作发展规律十分重要，必须加强前述的方法论的指导。农业扶贫工作预测常常会不准确，扶贫工作评估常常会不全面，需要从理论观点上总结经验，这样才能保证农业精准扶贫工作可持续发展。

四、农业精准扶贫与文化

农业精准扶贫工作与文化密切相关。从农业精准扶贫工作的社会作用讨论文化，可以从三个角度分析：一是研究"农业精准扶贫工作是文化"；二是研究"农业精准扶贫工作的文化"；三是研究"农业精准扶贫工作与文化"。

一方面，农业精准扶贫工作作为文化手段的研究有很重要的意义，尤其应当充分评价农业精准扶贫工作在农业领域的文化功能。观念形态、知识形态的文化离不开信息，可以说信息传播是名副其实的文化技术传播，农业精准扶贫工作就是通过传播农业科学技术来实现农民脱贫致富丰富农业文化。文化从来是与文字相关的，文化成果和文化传播必须要有书刊、阅读，文盲几乎可以认作是没有文化的同义词，阅读能力低也就是文化程度低，在当今阅读能力仍是文化的基础。然而，广播、电视却为人们打开了图像文化和语言文化的新天地，广播使得目不识丁者也可利用的文化手段，电视更是专家和文盲共赏的声像技术，广播电视是平民文化的新阵地，也是农业精准扶贫工作中传播知识和技术的舞台。

另一方面，人们长期在某种产业部门，从事某种产业技术的活动，会自觉不自觉地形成和积淀相关的职业习惯、思维方式和心理观念。这些观念会逐步形成某种意识，这种意识作为心理习惯潜存着，缺乏理论化、系统化。长期在传统农业部门中、长期以手工工具进行劳作形成的观念、习俗和行为规范，有别于长期在近代大工业中用机器劳作形成的理解、感受和心理。农业精准扶贫工作不能也无法回避农业生产领域长期形成的意识，不仅如此，还有认真加以

研究。农业生产意识大致有以下几个特点:

第一,由于传统农业带有明显的个体性,一家一户成为农业生产最基本的经济单位和技术活动单位,相应的有小而全和"万事不求人"的习惯,协作意识不强烈;第二,传统农业注重经验技能,多数农民认同熟能生巧和"一回生二回熟"的观念,科学素养不高,科技意识不强烈;第三,传统农业在很大程度上靠瑞雪、喜雨、风调雨顺,讲"天时地利"乃主要听天由命,创造意识不强烈;第四,传统农业的手工劳动要求心灵手巧,独具匠心,推崇才艺出众,"一招鲜走遍天",容许各有所好,各显其能,标准化、通用化、系列化意识不强烈;第五,传统农业主要关心丰产丰收、丰衣足食,最怕歉收,多有丰足意识,乃至以量胜质,"有胜于无",质量意识不强烈;第六,传统农业在使用工具时除某些刀具需先磨几下再用,锄、锹、钳、锤等手工工具,乃至牛马畜力,都可以拿过来就用,直至损坏或实在无法役使再换,相应的有"小车不倒只管推"、"新三年旧三年缝缝补补又三年"等观念,经常的保养维护意识、适时更新意识不强烈;第七,传统的农业是自然经济,自给自足,崇尚与人无争,"酒香不怕巷子深",竞争意识不强烈。开展农业精准扶贫工作必须关注上述文化现象,从改变农民习惯入手,才能做到事半功倍。

农业精准扶贫工作推动着相关领域的文化变革,文化也会反作用或者说制约农业精准扶贫工作的开展。文化对农业精准扶贫工作发展的制约表现于诸多的方面,制度文化、物质文化、观念文化对农业精准扶贫工作都有重要影响,在观念文化中,科学文化、意识形态文化(如艺术、伦理)与社会心理习惯对农业精准扶贫工作的作用也各有不同。在具体分析文化对农业精准扶贫工作发展的制约时需要关注如下问题。

首先,需要界定文化对农业精准扶贫工作影响的尺度。传统农业、农村文化对农业精准扶贫工作影响是客观存在的,但是绝不能所有的问题都推到这个问题上,更不能农业精准扶贫工作开展得不顺利就认为农民素质低、小农意识作怪,这样是做不好农业精准扶贫工作的。

其次,从观念文化角度看,对农业精准扶贫工作领域影响最大的是相关人员对于农业技术、农业生产活动、农业职业的认同程度，关于农业技术价值的社会心理和习俗观念，或简称为农业技术价值意识、价值观。在中国的历史文化传统中，有对一技之长的师傅的尊重，也有"家财万贯不如薄技在身"的警言，但长期占支配地位的则是做秀才读书为官，只动口（读书）而不动手（实践）。《天工开物》的作者宋应星在书的序言中声称："丐大业文人，弃掷案头！此书于功名进取毫不相关也"。虽然，目前市场上出售的《天工开物》都删掉了这篇带着当时特征序言；但是，必须提醒高校派出的扶贫工作者防止述而不作、不重视调研的倾向导致精准扶贫工作脱离实际。

再次，对农业精准扶贫工作的影响较直接和密切的观念文化，是前文提到的固有观念。它产生于长期在某种产业从事其特定的生产实践活动，反映和适应这种产业特点。农业精准扶贫工作用新的农业技术取代已有农业技术时，原来的观念就会对新农业技术的发展起阻碍作用，对农业新技术的应用有消极影响。传统农业关的心理习惯，就难以符合农业精准扶贫工作的要求。中国是一个长期处于农业社会的国家必须同时有一个逐步克服"小农意识"逐步扭转只重丰歉、只重经验技艺的观念，树立起质量意识、标准化意识、科技意识。从重丰足到重质量、从重技艺到重标准、从重经验到重科技、从重天命到重创新，是一项艰巨的任务，也是农业精准扶贫工作无法回避的命题。

最后，伦理观念对农业精准扶贫工作也存在重要影响。社会意识形态观念、政治思想、哲学思想、宗教信仰、伦理规范、审美情趣等，都可能影响农业精准扶贫工作。这里只重点探讨农业精准扶贫工作者的伦理观念对其工作的影响。农业精准扶贫工作的开展需要有人的知识、人的才能，以及人的热情、动力、积极性。社会对农业精准扶贫工作主体要有激励、支持，农业精准扶贫工作人员要有恰当的自我定位，都离不开伦理观念。农业精准扶贫活动中，也是大力提倡奉献精神的，农业精准扶贫工作者的爱国主义精神、社会责任感和为大众服务的意识，是他们从事农业精准扶贫工作的动力。

第九章　农业精准扶贫的时代特征

农业精准扶贫是习近平总书记结合新时期农村扶贫工作实际提出的战略思想，也是实现十九大报告中首次提出的"乡村振兴战略"的有力保障。因此，在时代背景下理解农业精准扶贫理念对做好精准扶贫工作意义重大。

一、农业精准扶贫与马克思主义哲学时代化

中国的现代化建设和中国的改革开放是同步的，正是改革开放促使中国科学地走上了现代化的轨道。中国的现代化建设最初提出了"三步走"的目标：第一步从1981年到1990年国民生产总值翻一番，解决人民的温饱问题；第二步从1991年到20世纪末，国民生产总值再翻一番，人民生活达到小康水平；第三步到21世纪中叶，人均国民生产总值达到中等发达国家水平，人民生活比较富裕，基本实现现代化。

十九大报告指出："改革开放之后，我们党对我国社会主义现代化建设做出战略安排，提出"三步走"战略目标。解决人民温饱问题、人民生活总体上达到小康水平这两个目标已提前实现。在这个基础上，我们党提出，到建党一百年时建成经济更加发展、民主更加健全、科教更加进步、文化更加繁荣、社会更加和谐、人民生活更加殷实的小康社会，然后再奋斗三十年，到新中国

成立一百年时，基本实现现代化，把我国建成社会主义现代化国家。"①

要实现十九大报告提出的从 2020 年到 21 世纪中叶的两个阶段的目标，就要理解十九大报告指出的"从现在到 2020 年，是全面建成小康社会决胜期。"②的观点，而解决贫困人口问题是全面建成小康社会的基础和关键。

实践是现实的人的生存方式。人所处的历史时代不同，实践的水平和具体方式也不一样。在一定意义上，我们可以从实践的不同水平、不同方式和不同特点来区分不同时代的人。我们研究当代人类的现实生活，应该突出研究当代人的实践方式。按照马克思的观点，实践可以分为三个领域：物质生产实践、交往实践和精神生产实践。物质生产实践的当代形态是知识经济，交往实践的当代形态是全球化，精神生产实践在当代已经成为先导性的实践方式，它是当代物质生产实践和交往实践的灵魂，不仅为它们提供源源不断的精神资源，而且引领着整个社会的发展方向。

中国作为一个有着悠久文化历史实事求是的大国，应该选择主动、积极而又独立的态度来直面当代人类的现实，成功地进行经济和社会转型，迎接知识经济和全球化的到来。同时为了实现中国的现代化，中国也应该充分地了解自己的现实。农业精准扶贫工作也必须依托这一现实展开。

一方面，我国属于明显的后发型社会，国内经济发展不平衡，是典型的三元经济。中国在 1840 年前是一个封建的农业国家，近代以来的民族危机促使其迅速成为一个社会主义国家。但是很多的经济事实是客观存在的，因此我们只能承认社会主义初级阶段的经济现实。在建国初期，我国就试图赶上世界的先进脚步，开始建立自己独立的工业体系。尽管政治上的错误给我们在经济建设带来了一些损失，但是这一时期的实践基本上改变了以往单一的农业经济格局，

---

① 决胜全面建成小康社会夺取新时代中国特色社会主义伟大胜利——在中国共产党第十九次全国代表大会上的报告，中国共产党第十九次全国代表大会文件汇编，[M].北京：人民出版社，2017，第 22 页．

② 决胜全面建成小康社会夺取新时代中国特色社会主义伟大胜利——在中国共产党第十九次全国代表大会上的报告，中国共产党第十九次全国代表大会文件汇编，[M].北京：人民出版社，2017，第 22 页．

形成了农业经济和工业经济并存的二元经济。随着世界范围内工业化和现代化的深化,知识经济以批判的姿态出现在人们的视野中,并日益显示了优越性。中国在改革开放后也逐渐地接受了知识经济的理念,并积极地予以实践。于是在中国的经济结构中,农业经济、工业经济和知识经济并存的三元经济格局形成。在三元经济格局中,农业是基础,只有农村全面发展,才会有全社会的全面发展,这也是近年来中央一号文件都是关于农村、农业发展问题的原因之一。农业精准扶贫就是要解决农村最贫困人口的生存和发展问题,也是在三元经济格局下,建设和谐社会的关键。

另一方面,中国的思想文化土壤也需要改造。社会思想文化土壤是一个民族的精神特质和文化氛围,对于一个民族的发展具有关键性的作用。中国传统文化以儒学为核心。易杰雄指出:以儒学为核心的中国传统文化有很多积极的因素,但是也包含着严重影响社会发展的消极因素。[①]孟子说:"尽其心者,知其性也,知其性,则知天矣。"[②]意思是人的身心是顺应自然的,认识了心,也就知道了天,知道了自然,从而达到"天人合一"。这种直指人心的认识论,窒息了中国科学思想,也导致了中国重"善"不重"真"的价值取向,使中华民族难以创新和发展。近代以来,中国的先进分子引进了西方的各种先进思想,中国人民最终在五四运动后选择了马克思主义,并通过实事求是的灵活运用挽救了民族的危机,并给中国的建设带来了一片生机。但是中国的思想文化土壤的改造工作不可能因此而一劳永逸。我们不能复古,但是也不能做历史虚无主义者,如何处理马克思主义、西方其他先进文化与中国传统文化的关系,如何避免马克思主义的僵化和政治化,都是我们必须解决的问题。农业精准扶贫的关键是精准,精准扶贫理念的提出正是坚持马克思主义的指导地位,同时注重马克思主义的中国化,吸收中国的传统文化的产物。

马克思主义哲学兼具科学性和人文性,它所实现的哲学革命得到世界的广泛认同。在中国,马克思主义哲学成为国家哲学,对中国革命和建设具有重要

---

① 参见易杰雄:《创新论》,合肥:安徽文艺出版社,2000年,第56~68页.
② 转引自许登孝:《孟子导读》,成都:四川辞书出版社,2003年,第312页.

的指导意义。由于中国文化的特殊性和时代的变化，马克思主义哲学需要因地制宜和与时俱进。以往中国理论界和政治界对于马克思主义中国化和大众化探讨很多，取得了一系列的理论成果。

随着中国社会的发展，时代化也成为重要的前沿问题，并和中国化、大众化结合为一个整体。如何实现马克思主义哲学的时代化？我们认为马克思主义哲学是一个整体，马克思主义哲学的时代化是整体的时代化。在马克思主义哲学的历史上，实践范畴的科学解释是马克思实现哲学革命的基石。因此，在这个整体中，我们必须以实践理论的时代化作为突破口，才能找到马克思主义哲学指导当代农业精准扶贫工作的正确方向和路径。

马克思主义哲学的时代化和马克思主义哲学的现代性是相关问题，两者的共同根基都是马克思主义哲学的实践理论，马克思主义哲学必须立足于当代人类生活世界和实践方式。根据全面生产实践的视角，按照人的生存领域和活动层次的不同，实践分为物质生产实践、社会关系生产实践（交往实践）和精神生产实践。

全面生产实践的视角历史悠久，主要分为三个时期：西方哲学史初期道德实践的统治，西方哲学史中期认识论中的实践，马克思哲学中实践意义的科学显现。早在古希腊时期，亚里士多德就确立了这个视角，他在《尼各马可伦理学》中，把人类活动区分为三类：第一类是指生产活动，它的目的在自身之外，在于行为的结果，即得到产品，而不在于行为本身；第二类是指人类的道德伦理活动，它以追求自身的完美为目的，包含目的于自身；第三类是指理论思辨活动，它也以自身的活动为目的，但是它所要把握的是永恒的原理，而不是生产活动和道德伦理活动所面对的变动不安的事物。亚氏还对此做出评价：实践活动是以自身为目的的活动，生产活动不是人的真正活动，而是一种奴性的生活，只有完全合乎德行的道德伦理生活才是真正属于人的生活，理论思辨活动以把握永恒普遍的真理为目的，因此是最高的实践活动。[①]

[①] 参见亚里士多德：《尼各马可伦理学》，廖申白译，北京：商务印书馆，2003年，第11~13页.

亚里士多德对于人类实践活动的分析和评价对后世影响是深远的,甚至到了近代认识论哲学阶段的集大成者康德那里,基本情况也是类似的。在康德看来,人类从事着两类完全不同的活动:一类按照自然的规律,是认识和改造自然的活动,包括生产活动;另一类按照自由的规律,是人们之间的道德伦理活动。① 而这两个领域都接受理论活动的关照。康德的实践理论具有近代认识论哲学注重分析的特点,表达了理论成果与生产和交往的密切关系,具有丰碑性的意义。但是他的理论也表现出明显的缺陷:第一,他割裂了人类实践活动的统一性;第二,与亚氏的判断标准类似,他认为只有道德伦理活动才是实践活动,生产活动不是实践活动,它附属于理论活动,只是理论认识在实际中的应用;第三,即使对于人的道德伦理活动也是从"纯粹实践理性"出发,而不关心这种实践的具体行为及其客观条件,因而具有思辨的特点。

马克思在经历了早期探索的艰辛之后,终于在《关于费尔巴哈的提纲》中提出了新哲学的宣言:"全部社会生活在本质上是实践的。"② 这是对于实践一般的总体阐述,确立了现代哲学主客统一的视角。接着在《德意志意识形态》中,实践一般转化为实践特殊,产生了全面生产理论,生产、再生产、人类自身生产、交往和意识活动五个层次的分析,基本上沿袭的还是亚里士多德的视角,但是在评价上产生了革命,确立了物质生产的基础和主导地位。最后在《资本论》中,马克思展开了关于当时资本主义社会实践个别的研究,各种实践活动在资本的逻辑中得到现实的显现。

从这三段历史中我们可以看到无论是亚里士多德和康德所代表的传统哲学,还是马克思所代表的现代哲学,他们以显性方式所体现出来的实践视角是相同的,主要依托生产、交往和精神三个领域探讨问题,哲学的发展和革命源于哲学家捕捉时代发展对于不同领域实践的判断。

农业精准扶贫视角带有强烈的时代性,通过农业精准扶贫理念的学习和理解,以及当代社会农业精准扶贫实践中成功案例的分析,就可以发现农业精准

---

① 参见康德.《道德形而上学基础》,孙少伟译,北京:九州出版社,2007年,前言第2~5页.
② 《马克思恩格斯选集》第1卷,北京:人民出版社,1995年,第56页.

扶贫理念是马克思主义理论与当代中国农村实际相结合的新成果。

农业精准扶贫理念提出是对传统扶贫理念的创新,是基于传统的常规扶贫实践的新进展。因此,在农业扶贫领域的物质生产实践、交往实践和精神生产实践中,都存在农业精准扶贫实践和常规扶贫实践两种不同类型的工作模式。

在人类历史的不同阶段,它们的地位和相互关系存在变化,人类主导实践方式的演变勾勒了人类历史的基本图景。马克思在《1857~1858年经济学手稿》中说:"人的依赖性关系(起初完全是自然发生的),是最初的社会形态,在这种社会形态下,人的生产能力只是在狭窄的范围内和孤立的地点上发展着。以物的依赖性为基础的人的独立性,是第二大形态,在这种社会形态下,才形成普遍的社会物质交换,全面的关系,多方面的需要以及全面的能力的体系。建立在个人的全面发展和他们共同的社会生产能力成为他们的社会财富这一基础上的自由个性,是第三个阶段。第二个阶段为第三个阶段创造条件。"① 按照马克思的这个历史三形态说,在人对人依赖关系的社会,交往实践和常规实践占有优势;在人对物的依赖关系社会,物质生产实践地位突显,创新实践和常规实践分庭抗礼;在自由人联合体的社会,精神生产实践和创新实践占据主导地位。

人类社会发展的第一个阶段是人对人的依赖关系的社会。人和人处在血缘、政治、伦理等各种传统关系之中,对人和人的关系的约定和调节成为社会正常运行的重要手段。人的主体性还没有得以展开,缺乏独立性和自由意识,个人依附于他人和社会整体。这种普遍的人类社会特点决定了人们之间的以道德伦理生活为主要内容的交往实践处于主导地位。正如马克思在《德意志意识形态》中所说:"每日都在重新生产自己生命的人们开始生产另外一些人,即繁殖。这就是夫妻之间的关系,父母和子女之间的关系,也就是家庭。这种家庭起初是唯一的社会关系,后来,当需要的增长产生了新的社会关系而人口的增多又产生了新的需要的时候,这种家庭便成为从属的关系了……"② 人类社会第一阶

---

① 《马克思恩格斯全集》第46卷上,北京:人民出版社,中文第1版,第104页.
② 《马克思恩格斯选集》第1卷,北京:人民出版社,1995年,第80页.

段的生活方式的特点,在原始社会表现为以血缘关系为纽带的群居生活,在奴隶社会和封建社会表现为家天下的事实和等级社会。前面我们提到的亚里士多德对于全面生产实践三个领域的评价,就是这种生存方式的现实在哲学中的反映。中国传统哲学由于中国文化的早熟在关于人类实践的探讨上更为倾向政治、道德、伦理问题。《大学》中说:"大学之道,在明明德,在亲民,在止于至善。""古之欲明明德于天下者,先治其国。欲治其国者,先齐其家。欲齐其家者,先修其身。欲修其身者,先正其心。欲正其心者,先诚其意。欲诚其意者,先致其知。致知在格物。"① 这就是著名的"三纲领"和"八条目",也是古代中国人的基本生活原则。

人的依赖关系社会是交往实践的统治和常规实践优势的交集。从前面的历史回顾中我们可以看到,围绕着血缘、政治、道德、伦理的人类交往实践在古代具有优势地位的缘故,正是人类生产能力的低下。古代的革命和战争、王朝的更迭,在一定程度上推进了社会的进步,但实质不过是在重新组合既有的利益关系,没有彻底改变等级制度和人对人之间的依赖关系。

人对物的依赖关系的社会主要是指资本主义社会。资本主义社会以人对物的依赖关系为特征,资本的逻辑在于追求财富的最大化。谭培文说:"在古代,利益要服从政治原则,而现代却不同,政治原则要服从利益。"② "资产阶级在它的不到一百年的阶级统治中所创造的生产力,比过去一切世代创造的全部生产力还要多,还要大。"③

物质生产实践的突显在哲学上也表现出来。西方近代哲学是伴随着启蒙运动、科学独立和机器生产展开的,它们都以物质生产和物质利益为核心。但这只是物质生产实践的初步胜利,西方近代哲学的集大成者康德虽然看到理论活动与生产和交往的密切关系,但是仍然坚守道德实践的统治地位。直到作为现代哲学的马克思哲学那里,唯物史观和剩余价值理论才得以显现。

---

① 《四书五经》,北京:中华书局,2009年,第47页.
② 谭培文.《马克思主义的利益理论》,北京:人民出版社,2002年,第23页.
③ 《马克思恩格斯选集》第1卷,北京:人民出版社,1995年,第277页.

马克思说:"如果说以资本为基础的生产,一方面创造出一个普通的劳动体系——即剩余劳动,创造价值的劳动——那么,另一方面又创造出一个普遍利用自然属性和人的属性的体系,创造出了一个普遍有用性的体系,甚至科学也同人的一切物质的和精神的属性一样,表现为这个普遍有用性体系的体现者,而且再也没有什么东西在这个社会生产和交换的范围之外表现为自在的更高的东西,表现为自为的合理的东西。"[1]资本的逻辑是追求剩余价值,实现利益的最大化,为此它利用一切手段。

自由人的联合体基本上是指共产主义社会。马克思在《哥达纲领批判》中把共产主义社会划分为两个阶段:第一个阶段是一个过渡阶段,"我们这里所说的是这样的共产主义社会,它不是在它自身基础上已经发展了的,恰好相反,是刚刚从资本主义社会中产生出来的,因此它在各方面,在经济、道德和精神方面都还带着它脱胎出来的那个旧社会的痕迹。"[2]过渡阶段的分配方式是按劳分配。"在共产主义的高级阶段,在迫使个人奴隶般地服从分工的情形已经消失,从而脑力劳动和体力劳动的对立也随之消失以后;在劳动已经不仅仅是谋生的手段,而且本身成了生活的第一需要之后;在随着个人的全面发展,他们的生产力也增长起来,而集体财富的一切源泉都充分涌流之后,——只有在那个时候,才能完全超出资产阶级权利的狭隘眼界,社会才能在自己的旗帜上写上:各尽所能,按需分配!"[3]

共产主义社会是自由人联合体的社会,它以人的自由全面发展为鲜明特征。而人的自由全面发展不仅需要深厚的物质基础、完善的制度环境,更为重要的是他们精神世界的丰富和完善。丰子义教授说:"现代社会的一个基本特征,就是创新成为社会行为,即创新社会化。在远古社会,虽然也有创新,但那是偶然发生的;在农业社会,创新基本上是少数人的个人兴趣和爱好;在现代工业社会特别是知识经济社会,创新不仅是科学家和企业家等的职业工作,而且

---

[1] 《马克思恩格斯全集》第46卷上,北京:人民出版社,中文第1版,第392~393页.
[2] 《马克思恩格斯选集》第3卷,北京:人民出版社,1995年,第304页.
[3] 《马克思恩格斯选集》第3卷,北京:人民出版社,1995年,第305-306页.

逐渐成为国家重视和社会参与的事业。"[①] 随后资本主义社会晚期发展的深入，资本对物质利益最大化的追求越来越依赖于全社会所有社会成员的智慧，每个人都是可能的或现实的创新主体，并且出现了知识经济这种经济形态，这说明时代的发展开始把精神生产实践推向了领导地位。精神产品不是无源之水，但也不是死水一潭，它完全可以转化为现实的力量，并成为一个社会的核心因素。而人对物的依赖关系社会的一切都为自由人的联合体准备了条件。马克思说共产主义社会将逐渐地消除体力劳动和脑力劳动的对立，意思是说人的自由全面发展意味着每个人都是在一定体力基础上拥有丰富的精神世界的主体，他们有知识、有文化，他们之间只是存在天赋的不同，从事活动领域的区别，但是他们都是具有同等社会地位，具有创造能力的人。因此我们说在共产主义社会精神生产实践是普照的光，创新将取代常规实践获得优势地位，而生活在当下的我们其实已经可以感觉到它们的温度和脚步。

从根源上来说，精神产品是人们在各种实践活动中从客观世界获得的，物质生产实践和交往实践的状况对它具有决定作用。但是正如马克思在《资本论》第一卷中所说："最蹩脚的建筑师从一开始就比最灵巧的蜜蜂高明的地方，是他在用蜂蜡建筑蜂房之前，已经在自己的头脑中把它建成了。"[②] 人对客观世界的超越是从观念开始的，观念性的超越先于现实性的超越。精神生产实践和创新存在特殊的关系。

在当代和未来社会，创造性的精神生产将成为普照的光。在普照的光里，物质生产是知识主导的物质生产，交往是彻底打破血缘和地域的全球交往。

马克思主义哲学实践理论双重视角的融合促进了实践理论的发展和时代化，实践理论的发展对马克思主义哲学时代化具有重要启示，指明了其发展的方向和路径。

马克思认为意识有两个发展阶段："意识起初只是对直接的可感知的环境的一种意识，是对处于开始意识到自身的个人以外的其他人和其他物的狭隘联

---

① 丰子义.《发展的反思与探索》，北京：中国人民大学出版社，2006年，第302页.
② 马克思.《资本论》第1卷，北京：人民出版社，1975年，第202页.

系的一种意识。"这时候人还不能脱离与客观世界的直接关系而相对独立地建构自己的精神世界，因此这时候的精神生产是非常原始的，力量也是微弱的。随着社会的发展，尤其是物质劳动和精神劳动的分离这种真正的分工的出现，真正的精神生产实践才逐渐展开。"从这时候起意识才能现实地想象：它是和现存实践的意识不同的某种东西；它不用想象某种现实的东西就能现实地想象某种东西。从这时候起，意识才能摆脱世界而去构造'纯粹的'理论、神学、哲学、道德等等。"①

精神生产实践在人类历史上的发展可以分为三个阶段：经验知识积累阶段，理论知识建构阶段，普照的光的阶段。

农业精准扶贫是异质性、创造性、进取性、风险性和突破性的实践，常规扶贫实践是同质性、重复性、保守性、稳定性和保存性的实践。它们都具有两面性，相反相成，形成扶贫工作的张力。但是单纯从人类超越性的生存方式和社会发展的角度来看，农业精准扶贫无疑是全面解决农村贫困工作的本质要求。只有在农业精准扶贫中，人才能切实地超越现存，使扶贫工作不断细化，使扶贫者与被扶持者的关系不断和谐，使扶贫工作的精神世界不断丰富。但是农业精准扶贫是如何实现的呢？前面我们已经提到，观念的超越先于现实的超越，农业精准扶贫理念和精神生产实践具有特殊关系，人类意识和精神生产实践的水平决定了人类创新的水平，农业精准扶贫理念是扶贫工作领域的理论创新，同时这种理论创新又迅速指导实践。

二、农业精准扶贫与生态文明

习近平总书记依据历史唯物主义原理，站在最广大人民群众的立场上，对生态文明建设的时代意义进行高度概括。他强调"生态环境保护是功在当代、

---

① 《马克思恩格斯选集》第1卷，北京：人民出版社，1995年，第81~82页.

利在千秋的事业。""建设生态文明,关系人民福祉,关乎民族未来"①。习近平总书记的这些表述揭示了生态文明建设与实现中国梦之间的目标与内容的关系。在此基础上,他2013年7月在给"生态文明贵阳国际论坛2013年年会致贺信"中更是明确指出了"走向生态文明新时代,建设美丽中国,是实现中华民族伟大复兴的中国梦的重要内容"②。习近平总书记同志的上述论断直接表明了生态文明建设与中国梦之间的内在关系,也提出了农业精准扶贫工作需要注意的关键问题。要做好农业精准扶贫工作,就需要更好地理解习近平总书记同志重要讲话的理念,响应国家建设生态文明的号召,依托扶贫地区资源禀赋,在农业精准扶贫工作中努力践行"立足实际情况、推进扶贫工作发展、提高生活水平、保护生态环境稳定"的建设理念。同时,扶贫工作者还应该在以下几方面加强学习提高认识:

第一,要认识到生态文明是人类文明的新阶段。

生态文明有广义和狭义之分。在广义上,生态文明是继原始渔猎文明、农业文明和工业文明之后的人类文明的第四个阶段;在狭义上,生态文明是当代人类文明发展的一个方面,与经济文明、政治文明、文化文明和社会文明并列。生态文明的产生根源总体来说就是现代性危机。技术理性在带给人类前所未有的巨大生产力和财富的同时,也给人类带来经济危机,进而是生态危机。如果说经济危机威胁的只是人类的生存状态的话,那么生态危机威胁的直接就是人类的生存。随着发达国家晚期资本主义的到来,人们的反思越来越深刻,生态文明理论应运而生。

生态文明直接涉及的是人与自然的关系。从本体论的角度来说,人产生于自然,依赖自然。正如马克思在《1844年经济学哲学手稿》中所说:"自然界,就它本身不是人的身体而言,是人的无机的身体,人靠自然界生活。这就是说,

---

① 习近平.坚持节约资源和保护环境基本国策努力走向社会主义生态文明新时代[N].人民日报,2013-5-25(1).
② 习近平.携手共建生态良好的地球美好家园[N].人民日报,2013-7-21(1).

自然界是人为了不致死亡而必须与之不断交往的、人的身体。"①无论人类今后变得如何强大，自然是人类的母亲都是无法改变的事实，而且人类永远离不开自然，因为我们的创造力仅限于改变物质的形态和营造美妙绝伦的精神世界，但是我们不能从无创造出有来。马克思在《哥达纲领批判》中指出："劳动不是一切财富的源泉。自然界同劳动一样也是使用价值（而物质财富就是由使用价值构成的！）的源泉，劳动本身不过是一种自然力即人的劳动力的表现。"②这是生态文明的根本依据。

理解生态文明的关键是实践。马克思在《1844年经济学哲学手稿》中说："整个所谓世界历史不外是人通人的劳动而诞生的过程，是自然界对人类说来的生成过程。"③又说："社会是人同自然界完成了的本质的统一，是自然界的真正复活，是人的实现了的自然主义和自然界的实现了的人道主义。"④这说明实践是人与自然统一的现实形式，在人与自然的关系中，我们既不能坚持主观视角，也不能坚持客观视角，而应该把握实践的视角，即主客观视角的统一，基本公式就是人——实践——自然。在现实生活中实践的内容非常丰富，概括起来主要包括三个领域：物质生产实践、交往实践和精神生产实践。这是从亚里士多德时代就呈现出的现实生活的基本格局和理论成果，也得到了现代思想家马克思的认可，不过马克思的唯物史观强调了物质生产实践的决定作用，以及它们之间的辩证关系。因此生态文明就不仅仅是人与自然的关系，而且包含人与人的关系；不仅包括人与自然和人与人的物质交换，而且包括他们之间的信息交换。

生态文明要求人与自然关系的和谐，而关键是人与人关系的和谐。恩格斯在《自然辩证法》中说："到目前为止的一切生产方式，都仅仅以取得劳动的最近的、最直接的效益为目的。那些只是在晚些时候才显现出来的、通过逐渐的重复和积累才产生效应的较远的结果，则完全被忽视了……在西欧现今占统

---

① 《马克思恩格斯全集》第42卷，北京：人民出版社，1979年，第95页．
② 《马克思恩格斯选集》第3卷，北京：人民出版社，1995年，第298页．
③ 《马克思恩格斯全集》第42卷，北京：人民出版社，1979年，第131页．
④ 《马克思恩格斯全集》第42卷，北京：人民出版社，1979年，第122页．

治地位的资本主义生产方式中,这一点表现得最为充分。支配着生产和交换的一个个资本家所能关心的,只是他们的行为的最直接的效益。"[1]如果说在人对人依赖关系的古代社会,由于生产力的低下,生态危机既没有呈现也没有被意识的话,那么到了人对物依赖关系的现代社会,生态危机已经切实地影响到人类的生存,而且在人们心目中逐渐形成共识。在直接处理人与自然关系的物质生产方面,生态文明建设的路径是改变生产方式,建立节约资源、保护环境的可持续发展的知识经济模式。但是生态文明建设不仅仅是技术问题,生态文明的建设的症结是人与人之间的利益关系问题。生态权利具有稀缺性和获益性,经济全球化的资本逻辑与生态文明理念之间存在根本性的矛盾。这个矛盾表现在两个方面:从共时态的角度,富人和穷人、先发国家与后发国家之间存在矛盾;从历时态的角度,当代人和后代人之间存在矛盾。在这些复杂关系中,人与人的关系被物与物的关系所遮蔽,经济危机和生态危机的出现就具有了深层次的必然性。因此人与自然关系的和谐最终取决于人与人关系的协调,人的本位取代物的本位。

生态危机的呈现形态是物质的,生态文明的构建路径是从精神开始的。生态危机无论直接表现在人与自然的关系上,还是深层次地表现为人与人的关系,都主要是以物质形态存在的,比如气候的改变、环境的污染、资源的匮乏、人与人关系的物化等。但是解决生态危机,建构生态文明需要意识支持和精神动力。生态文明建设需要全社会人们的意识觉醒和身体力行,生态文明建设需要精神生产的创新成果提供动力,在技术和制度上予以保证。

第二,学习并理解生态文明是马克思主义时代化的主题。

马克思主义时代化和马克思主义中国化、马克思主义大众化是一个整体。马克思主义中国化,就是马克思主义和中国的理论和实践相结合;马克思主义时代化,就是马克思主义和时代特征和时代任务相结合;马克思主义大众化就是马克思主义与广大人民群众的现实生活相结合。马克思主义时代化包含两个

---

[1]《马克思恩格斯选集》第4卷,北京:人民出版社,1995年,第385页.

层次的意蕴：其一，马克思主义时代化是一种中国理论，它必须以中国为本位，以马克思主义中国化为核心，以中国的广大人民群众的现实生活为根本依据；其二，马克思主义时代化是一种世界理论，它必须坚持世界视角，明确时代特征和时代任务，把中国的理论和实践同世界联系在一起。据此，我们认为，马克思主义时代化的主题在某种程度上就是生态文明。

从世界视角来看，如今的时代特征仍然是和平与发展，时代的任务就是提高全人类的发展水平，建立各国各地之间的和谐国际秩序。与此对应，当代世界正在面对现代性危机，反思技术理性的弊端成为时代的主题。在这个过程中，出现了相互对立的两大阵营：一派是以法国哲学家利奥塔为代表的后现代主义思潮，他们认为现代性已经走上了末路，我们必须全面解构现代性；另一派以德国哲学家哈贝马斯为代表，他们认为现代性仍然具有正当性，但是需要修复，他的药方是用交往理性弥补技术理性的不足，两者相得益彰。生态文明就是以这种争论为背景逐渐突破重围走入人们的视线的。

南京大学于文杰教授认为："西方生态思想的发展大致可分为三个历史阶段：生态文学、生态伦理学和生态政治学。"[①]18世纪中叶至19世纪70年代，人类经历了第一次技术革命，工业文明基本建立，它给生态带来的变化引发了一些敏感的文学家和艺术家的关注，从而引发生态文学的诞生，标志就是1789年吉尔伯特·怀特以书信体的文学样式写作的《塞耳彭自然史》的发表；19世纪的70年代至20世纪40年代，人类社会发生了第二次技术革命，资本主义也经历了自由资本主义向帝国主义的过渡，生态危机空前地暴露出来，文学反思走向了哲学反思，"环境伦理学之父"霍尔姆斯·罗尔斯顿的《哲学走向荒野》具有代表意义，西方现代哲学、马克思和恩格斯的哲学、马克思和恩格斯之后的马克思主义哲学也介入了这个论域，西方生态哲学和生态学马克思主义就此诞生；20世纪40年代之后，第三次技术革命又跟随而来，这股思潮也伴随着政治运动走向深入，蕾切尔·卡逊的《寂静的春天》和罗马俱乐部掀起了一场绵

---

① 于文杰、毛杰.《论西方生态思想演进的历史形态》，《史学月刊》，2010年，第11期.

延不断的绿色生态运动,生态文明的发展模式和方向逐渐成为人们的共识。

马克思主义时代化意味着马克思主义必须回应这个时代浪潮。自从20世纪60年代生态学马克思主义诞生以来,西方马克思主义在这个方面已经有了长足的发展,出现了生态马克思主义、生态社会主义和马克思的生态学三种主要形态。他们的主要观点就是用自然异化弥补劳动异化。"第一个方面是在政治经济学的层面上,批判传统马克思主义理论仅仅从交换价值、抽象劳动和资本利润的角度分析资本主义的生产及其危机,主张从资本主义生产条件的破坏方面,即从使用价值、具体劳动、需求和资本的生产条件的视角,研究资本主义的生产及其危机,说明社会主义与资本主义的本质区别,以及资本主义向社会主义转变的可能性和现实性。……第二个方面是批判传统马克思主义的历史唯物主义理论,重建马克思主义的生产力和生产关系理论。"[1]中国的马克思主义理论研究也必须在时代化的过程中,建构马克思主义的生态文明理论。中国和世界联系在一起,就意味着中国必须走生态文明的发展道路。因此马克思主义时代化的主题和生态文明是契合的。

从中国视角来看,中国的当代特征是稳定和发展,核心理论和实践是中国特色的社会主义,奋斗目标是实现现代化。由此看来,中国视角和世界视角具有相似性,稳定和发展其实就是和平与发展在中国的具体体现。中国的改革开放已经进行了三十多年,从初期发展逐渐走向深入发展。这个过程是中国现代化的过程,也是中国时代化的过程,随着我们现代性的加深,我们越来越深刻地体会到现代性问题,而现代性问题的出路就是生态文明。1989年,邓小平在发展才是硬道理的基础上,根据我国经济快速发展同资源、环境、人口等方面构成的矛盾,提出社会主义的发展必须"能够持续、有后劲",这是中国反思现代化、进行时代化的起程;1995年,江泽民在党的十四届五中全会上根据世界潮流和中国实践提出"可持续发展"的战略,这是对现代化和时代化与生态文明关系的自觉;2003年,胡锦涛在党的十六届三中全会上提出以人为本、全

---

[1] 何萍.《生态学马克思主义研究的多维视野》,《中国社会科学报》2010年,1月28日.

面协调可持续、统筹兼顾的"科学发展观",这是中国在现代化和时代化的过程中对生态文明的全面推进;2007年,胡锦涛在党的十七大报告中吸收世界文明成果,提出"生态文明"的发展模式,说明中国的社会主义现代化建设进入成熟发展的时期,中国文明和世界文明全面接轨。2013年,习近平总书记在海南考察时强调"保护生态环境就是保护生产力、改善生态环境就是发展生产力"①的重要论断。在2013年5月中央政治局集体学习时习近平总书记再次强调"要正确处理好经济发展同生态环境保护的关系,牢固树立保护生态环境就是保护生产力、改善生态环境就是发展生产力的理念"②。之后,习近平总书记在哈萨克斯坦纳扎尔巴耶夫大学回答学生问题时用"金山银山"与"绿水青山"的来比拟经济发展与环境保护的关系,他指出"我们既要绿水青山,也要金山银山。宁要绿水青山,不要金山银山,而且绿水青山就是金山银山。我们绝不能以牺牲生态环境为代价换取经济的一时发展"③。

从改革开放总设计师邓小平关注可持续性,到习近平总书记系统提出"金山银山"与"绿水青山"形象的比喻,一系列的事实证明中国特色的社会主义理论和实践已经走上了生态文明的道路。如果说以往中国的生态文明建设更多地体现在实践层次上,表现为政治决策,那么马克思主义中国化、时代化和大众化的整体提出,就要求我们在理论上进行反思和升华,建构中国的马克思主义的生态文明理论。马克思主义时代化和生态文明具有对应关系,马克思主义时代化必须把生态文明作为主题进行研究。从广义上理解,生态文明是马克思主义时代化的全部内容;从狭义上理解,生态文明是马克思主义时代化需要深刻思考的主题之一,生态文明是其他文明的基础。

第三,学习并理解生态文明是当代中国核心理论与实践的发展路径。

生态文明是反思工业文明的成果,马克思主义时代化的主题是生态文明。那么我们如何推进马克思主义的时代化,实现生态文明呢?这是一个重大问题,

---

① 习近平.加快国际旅游岛建设 谱写美丽中国海南篇[N].人民日报,2013-4-11(1).
② 习近平.绿水青山就是金山银山[N].人民日报,2014-7-12(12).
③ 习近平.共建丝绸之路经济带[N].人民日报(海外版),2013-9-9(1).

关涉当代中国核心理论和实践，即中国特色社会主义理论和实践的全局。

前面我们提到，生态文明直接关涉的是人与自然的关系，但是人与自然和谐关系的现实形式是实践。现实生活中人们的实践内容丰富多彩，因此生态文明就不仅仅是人与自然的关系，而且包含人与人的关系；不仅包括人与自然和人与人的物质交换，而且包括他们之间的信息交换。从广义上来说，生态文明是普照的光，它要求人类的全部生活都按照生态文明的模式进行建构。具体言之，在物质生产领域，生产方式要符合生态文明的模式，资源消耗少、利用率高，低排放、可循环、低污染、可降解等；在交往领域，社会制度要符合生态文明的模式，政党澄明、政府廉洁、社会公平正义、民主法治，解决贫富分化问题，建立和谐的国际秩序等；在精神生产领域，精神产品要符合生态文明的要求，不但百花齐放，百家争鸣，而且能够为经济、政治、文化、社会、生态建设提供精神动力和智力支持。实践按照性质不同，可以分为创新实践和常规实践，在农业精准扶贫工作中实现生态文明的基本路径是创新实践。

所谓创新实践，是指人们在现实生活中通过研究发现自然、社会和思维现象及其他们之间相互作用的新的本质和新的规律，以及运用这种新的认识成果发明新的技术、制定新的制度，创造新的事物和过程的实践活动。创新实践和发展理论息息相关，是社会发展和人的发展的精髓。它在原有的社会结构中注入新鲜元素，改造人类的生产力，革新人们之间的以生产关系为基础的各种社会关系，提高人们的文化水平，丰富人类的精神世界等。对应人类实践的三个领域，创新实践分为三个类型，包括知识创新实践、技术创新实践和制度创新实践。知识创新实践是创新实践的源泉，对应新的本质和新的规律，包括真理知识、善德知识和美感知识等；技术创新实践是创新实践的基础，对应新的技术，包括新的物质材料、物资设备、工艺流程和操作方法等；制度创新实践是创新实践的环境，对应新的制度，包括人们之间在经济交往、政治交往和精神交往各领域的新的组织方式、管理制度和社会制度等。它们彼此互为中介，构成一个整体，共同承载着社会和人的发展。

创新实践包括创新实践主体和创新实践客体二个基本要素，以及主体与客体之间的创新实践中介因素。创新实践主体和创新实践客体通过创新实践中介相互作用，构成创新实践的内部结构。创新实践是一个开放的系统，除了内部要素以外，还与周围的外部环境发生联系，外部因素主要是环境因素，包括文化环境、制度环境和物质基础等，它们共同构成创新实践的外部结构。内部因素和外部因素的划分是相对的，外部因素一旦纳入创新实践过程中，成为创新实践主体或主体的精神因素、创新实践的客体或者创新实践的中介，就成为创新实践的内部因素；内部因素一旦经过创新实践的过程，成为创新实践的成果，就成为下一个创新实践的内部要素或外部环境。创新实践就是在内部因素的矛盾运动与内部因素和外部因素的交互运动中展开的，它是人的本质力量的集中体现。

创新实践贯穿于人类社会的始终，人类社会和人的自由的每一次或大或小的发展都是创新实践推进的。但是在不同历史阶段，创新实践的地位和特点有所区别。在构建生态文明的背景下，创新实践呈现了后工业社会的特征，创新实践必须以生态文明的理念为指导才具有时代意义。

按照马克思在《1857~1858年经济学手稿》中提出的历史三形态说，在人对人依赖关系的社会，交往实践和常规实践占有优势；在人对物的依赖关系社会，物质生产实践地位突显，创新实践和常规实践分庭抗礼；在自由人联合体的社会，精神生产实践和创新实践占据主导地位。人类主导实践方式的演变勾勒了人类历史的基本图景，我们从中发现创新实践和精神生产实践的特殊关系。马克思在《资本论》第一卷中说："最蹩脚的建筑师从一开始就比最灵巧的蜜蜂高明的地方，是他在用蜂蜡建筑蜂房之前，已经在自己的头脑中把它建成了。"[1]创新实践是从观念开始的，观念性的超越先于现实性的超越。精神生产实践越发达，创新实践就越昌明。以生产力为例，古代生产力是手工生产力，创新实践依赖的是经验知识，带有体力劳动的特点，具体表现在生产工具的材料上，依次出现石器、铜器和铁器；近代生产力是机器生产力，精神生产正经历从经验科学

---

[1] 《马克思恩格斯全集》第23卷，北京：人民出版社，1972，第202页.

向理论科学的过渡,生产工具的结构发生了巨大变化,机器代替了一部分人的体力,具体表现在蒸汽、电力等新能源的出现;现代生产力是信息生产力,创新实践依赖理论科学知识,机器不仅是人类身体的延伸,而且是人类脑力的延伸,在生产力系统中起关键作用的是信息,机器实现自动化。由此可见,生态文明时代的创新实践必须依托精神生产的革新,开发具有生态文明特征的理念和成果,并应用于具体的物质生产、交往和精神生产。

总之,生态文明是继渔猎文明、农业文明和工业文明之后的第四种人类文明,马克思主义时代化的主题是生态文明,马克思主义时代化和生态文明实现的基本路径是创新实践。

在此基础上进一步学习习近平总书记同志讲话,理解生态文明与农业发展,尤其是精准扶贫的关系。

一直以来,人们认为经济发展与环境保护之间存在悖论,金山银山与绿水青山不能共存。对此,习近平总书记认为经济发展与环境保护能够实现双赢,其本质是相同的,因为"保护生态环境就是保护生产力,绿水青山和金山银山绝不是对立的,关键在人,关键在思路"。[1]通过学习,扶贫工作者应当帮助群众逐步形成共识,深刻认识到保护生态环境就是保护生产力,是与脱贫致富相辅相成的,有了良好的生态环境才能更好地发展民俗、民宿等休闲产业,这是实现脱贫致富的重要途径之一。

三、农业精准扶贫的典型案例

只有多方面共同才能农业精准扶贫工作目标,下面结合笔者的调研和实践,分析农业精准扶贫的典型成功案例。

---

[1] 习近平.心里更惦念贫困地区的人民群众.http://news.xinhuanet.com/politics/2014-03/07/c_119658991.htm

（一）驻村第一书记引领精准扶贫的典型案例分析

虽然，农业精准扶贫方式很多；但是，派驻村党支部第一书记进村扶贫是最重要的一种模式。下面结合北京农学院李志敏同志的扶贫工作进行典型分析。

北京市延庆区大庄科乡黄土梁村，距离延庆城区40公里，驾车行程约50分钟。该村环境优美，村可耕种土地仅有15亩，留村劳动力人均耕地不足2亩，加上位于路之顶端，与外界交通路径单一。黄土梁村，共有村民52户：农业户口44户、非农业户数8户；人口114人，其中：有低收入户36户（北京市农村低收入户认定：以家庭为单位，年人均可支配收入11160元）、低收入人口64人，低保户2户，军烈属户1户，有80岁以上老人6人，常年在村里居住的村民50多人，多数是老人和患病村民，长期居住村里45岁以下成年劳力只有3人；全村共有中共党员15名，党员年龄最大85岁，45岁以下党员5名，长期在外工作党员6名；全村中专以上村民12人，全部外出工作，外出求学学生9人。在村村民有高中文化1人、初中文化12人，其他人员小学以下文化程度。扶贫任务较重。

李志敏同志根据该村实际情况，发挥自己科学技术处工作熟悉北京农学院科技成果的优势，在派出单位北京农学院和大庄科乡政府的大力支持下，以高新技术与劳动密集产业有机结合为原则，以"创新农业技术精准落地，推进低收入户精准帮扶"为指导思想确立了"大庄科乡黄土梁村金盏菊香草产业化示范推广"项目为扶贫主体项目。

该项目以金盏菊为主，其他6种香草品种为辅试种植取得成功的前提下，引进北京农学院成熟的香草加工与开发技术，以金盏菊浸泡油和玫瑰天竺葵精油为主要成分，研制出"金·玫瑰"皮肤护理油，该产品适用于12-25岁之间人群青春痘的防治，同时，以金盏菊浸泡油残渣和玫瑰天竺葵花水为主要材料，研制出具有养肤功能的手工皂。

按照扶贫任务目标要求，以项目为中心，驻村第一书记和大庄科乡黄土梁村"两委"领导班子为纽带，一方面引进北京农学院成熟的技术成果，另一方面联合社会力量并组建合作社以完成产品的市场对接。

2017年2月到4月，组织论证，确定发展以金盏菊香草为主，套种葡萄的种植方案；2017年5月开始试种，引进北京市农委农业生产经营主体提升"菜篮子"工程项目，试种金盏菊、玫瑰天竺葵、薰衣草等7中芳香植物；与此同步，考察遴选出未来种植技术带头人进行系统培训；2017年8月份，香草试种结束，金盏菊成为主栽品种，帮助未来合作社领头人掌握香草的种植技术与采收加工技术；同时，开始完善相关的基础设施建设和执行组织机构的建设；产品的深加工将进入试用和推广阶段；目前金盏菊晾晒、精油提取、手工皂制作、香草加工及产品展示车间已进入安装阶段。预计2018年5月，实现全村人员参与金盏菊种植加工，参与种植劳动力50人，达到户均1人以上。

基于上述总体思路，李志敏同志在谷继成副教授的帮助下设计了逐步推进的种植方式。第一轮试种，以单一生产户为单位，实地进行了各种备选植物的试种植；第二轮种植，增补两户，分别主栽迷迭香和薰衣草两种香草，在2017年8月完成。第三轮种植，全村参与，村前和村后集中梯田地块种植金盏菊，道路两侧种植其他香草，种植面积达到15亩，完成时间2017年11月到2018年8月。这样，既有利于帮助村民逐步认可项目，又有利于积累经验，控制风险。

该项目产品定位准确。以金盏菊浸泡油和植物精油为原料，采用代加工的方式，生产皮肤护理化妆品为主，金盏菊手工皂为辅，兼营金盏菊香草花茶、香包等物件。上述措施保证了黄土梁村所生产的金盏菊浸泡油和金盏菊手工皂，采取订单的方式进行回收，通过与经销商签订合同，确保销售渠道稳定。

2017年12月，生产40公斤金盏菊浸泡料油（未过滤），1000块金盏菊手工皂；预计2018年12月，预期生产400公斤金盏菊浸泡料油，10000块金盏菊手工皂。

2018年，将实现全村种植计划，力争年底全村脱贫。共有18户村民拿出耕地参与种植金盏菊香草，计划种植面积16.9亩，有效种植面积约15亩，分布在45块土地上，参与种植劳动力29人，参与香草加工短期务工人员25人，带动全体低收入户26户村民从事香草种植加工产业，户均增收1.5万元。其中参与种植户人均增收1万元；未参与种植户，有劳力人员，通过参加金盏菊附属品的加工，人均增收5000元。其他人员，也将参与合作社利润分红，分红金额视经营状况而定。

该项目形成种植户与合作社形成契约关系，确保种植户种植无忧的基础上，壮大村集体经济。合作社参与市场运营。合作社为全村村民组成。合作社所得利润全村分配，用于村级公益建设，以实现共同富裕。

该项目能够迅速取得成果，帮助农民脱贫主要原因来自两方面。

一方面是项目选择准确，体现出因地制宜开展精准扶贫的思路。引领精准扶贫的驻村第一书记有两种类型，一种是某一领域的专家，一种是熟悉全面情况的专家。两者各有优势，具体技术专家在技术上研究方面造诣高，但是，可能出现自己擅长的技术不适合在扶贫村开展的情况，这个时候就可能出现最熟悉的技术"水土不服"的情况。李志敏同志显然属于后者，因为熟悉北京农学院科技成果总体情况，就可以根据扶贫村实际情况，确定项目，因此，在精准扶贫工作中，选择适合开展的项目这个原则就十分重要。

另一方面真诚待人，融入扶贫村，这样才能赢得全体村民的支持，让好项目发挥作用。李志敏同志日常工作的经历恰恰证明了这一点。

春节过后李志敏同志带领村"两委"主要干部到沙河与占地补偿未达成协议村民协商补偿事宜，当事村民一口提出补偿100万元并且不交一分钱索要分配给他2套楼房。通过项目支持免费提供种植技术、葡萄苗和搭架设施，头一天商量好的庭院葡萄种植户，种植指导专家施画葡萄种植走向及搭架图，村民第二天变卦不种了。村里要发展一名年轻党员，通过多方做工作得知，该村民是参与村里集体事务最多的年轻人，但是由于村里选举时立场"站队"时的影响，现实是村支部里大部分党员都不会投她的票！支部建设存在对人不对事的情况。为推动项目开展，动员培养村里比较年轻的干部将来为村级建设挑大梁，但是这位村委委员兼会计的年轻干部因对村集体建设没有信心，又不愿"惹麻烦"，压力之下选择了辞掉村委委员职务。上述问题是农村工作的实际情况，也是扶贫干部需要解决的实际问题。

面对现状，李志敏同志直面困难，采取不同的手段解决问题。

第九章 农业精准扶贫的时代特征

村集体以前通过置换来的土地上修筑新村通水缓冲池,村民反悔不让施工索要补偿,经村两委讨论改变修筑地后,村民还是不依不饶去乡里告状,李志敏同志坚持不卑不亢答复给该村民,村委会保留法院起诉要回置换给她集体用地的权利,震慑不正之风。

精准扶贫工作中的问题不是每一件事都是可以以法律为武器解决的,很多情况下需要以情感沟通作为主要手段。

在推动种植香草项目中,一块适合地块主人是村里拆迁移树"钉子户"并且是低收入户"大偏哥"。李志敏同志当即提出香草种植落地该农户,通过带领其种植香草致富,转化其思想和认识态度的设想。不久前,因为在协调村里建房占用他们家果树地时,还和李志敏同志"吵了一架"。

在李志敏同志想选择恰当机会沟通时,村民在他开车回家路上打来电话:"李书记今天您生气没?老哥今天说话有些急,李书记您别在意!"。

李志敏同志马上把车停在路边,与村民交流:"大偏哥我不生气,还是那句话我办事'一码是一码',占您的树地您维护自己的权利没有错,但是一口咬定'没商量,就是不让占',我劝您事情还是往长远想,别就顾忌当前的个人恩怨和既得利益,他与现任村主任老韩矛盾很大。""还有今天我说话也太急,您那么大年龄啦千万别生气"。

村民回答他:"我这么跟您说李书记只要您说句话我不要补偿,立马把树放倒,我支持您!"

李志敏同志讲:"老兄,咱俩这就是一辈子的交情啦,以后我离开黄土梁我也得常来看您,城里有什么事您也尽管找我。眼下您给我好好种好香草,明年争取在你家扩大到三亩,而且您还得帮我指导其他农户种植"。村民连连说"没问题,没问题"。

在各方面的帮助下,村民"大偏哥"通过认真学习和悉心照料,金盏菊、玫瑰天竺葵等6种香草试种成功;用第一批精油原料生产的护肤化妆品已经生产出来,第二轮香草种植育苗工作已经展开。足不出户,一年能收入一万五千元,加上零散用工,一亩地可以给农民带来2万元的收入。

除了香草种植的项目，在李志敏同志的积极努力下，已于2013年启动的新村搬迁工程，2017年取得突破性进展，首先是解决了村里人比作"定时炸弹"的新村占树、占地两大补偿纠纷难题。经过无数次的与当事人上门沟通、村两委会商以及施工方的积极配合，以8000元补偿款解决了开口就索要20万元的占树补偿问题，以10万元补偿款解决了年初开口就索要100万元外加两套楼房的1.9亩占地补偿问题。目前新村通水、通电、护村坝、河道治理工程已经完工并通过验收，4小排共15户新宅小二楼地基地梁已经完工，来年开春将全面推进新村建设工程，乐观估计到明年年底，44套村民的二层小洋楼将全部封顶，全村将实现迁入新居的目标。

（二）基于多种资源整合开展精准扶贫的典型案例分析

北京市密云区冯家峪镇西白莲峪村是地处于密云水库上游的一个低收入村，共有6个村民小组，11个自然村，260户分居两条沟，501口人。总面积11.2平方公里，山场面积15396亩，海拔251米以上，植被覆盖率达98%。年产生负离子4万多吨，年吸收二氧化碳4.7万吨，固碳1.7万吨。

在国家重视环保的背景下，该村在村党支部书记带领下，整合多种资源，探索出一条环保与脱贫协调发展的道路，成为农村脱贫的典型案例。

由于村所在地处于密云水库上游，林畜矛盾曾经是一个重要的矛盾，国家提出造林保护环境，倡导发展林业引导压缩畜牧业的战略。但是，由于造林在经济见效需要时间，村内群众从解决家庭收入较多依旧希望选择比较容易获得经济效益的养羊产业，而散养羊则容易对林木造成损坏。如何解决这个矛盾，显然简单的禁止是无法让农民接受的。村党支部的工作举措是很符合系统论思维的。首先，把散养羊和林木生产看作一个系统，为养羊的农户划定区域，规定在某一个区域的散养羊的同时还要承担起该区域的林木养护工作，如果因为散养羊造成林木损失，则由该养殖户赔偿林木承包户。这样散养羊造成的经济损失的赔偿就呈现出一种可以追溯的状态，责任利益清楚，容易解决矛盾，也把被动的林木保护变为养殖户主动关注。一个人口规模不大的村，散养羊的数量最高时达到2000只，在保证林木产业按照国家倡导政策顺利发展的同时，也解决了村民增加收入的问题。同时，提出山沟等荒地植树归植树者所有，大力推动村民参与植树活动，同时对农户按照经济林木按照种植数量给予奖励，并以五年为期限对经济林木种植最多的前十名的农户再给予奖励。经过一段时间，养殖户看到经济林木取得经济效益后，都自动放弃了养殖，参与到经济林木生产中来。

随着时代的发展，该村党支部根据自然条件将该村发展重点定位在以休闲养生为主题的民俗旅游和以优质农产品为代表的绿色农产品两个方面。

该村主要传统农产品为核桃、板栗。在扶贫第一书记等社会资源的帮助下又开发了林下木耳、以南瓜为主的"金瓜谷"。25亩的观赏区汇集了50余个"南瓜"新奇特品种，麦克风、小寿桃、黄金条、美猴王、长鹤、蛇瓜、流星等等；35亩的休闲采摘区种植了20余个口感好的"南瓜"食用新品种，金镶玉、一串红、金贝贝、甜布丁、羊角蜜、久青蜜等等；10亩地的食用鲜花采摘区有食用玫瑰、油用牡丹、药用祁菊、茶用京菊等20多个品种，以及10亩地20多种有机蔬菜。

高端休闲养生基地鹿鸣山居2006年进村，2011年开业，建筑面积3000平方米，总投资3000万元。外来企业进入村域经营对西白莲峪村对外宣传起到了促进作用，在分流高端客源的同时，也使村域民俗旅游必需定位到中端客源为主。西白莲峪村目前有农家院24户，20户能提供食宿，4户特色豆腐制作坊，每个农家院都能吃到当地特色的豆腐、饸饹、煎饼、当地野味等美食。住宿都是标准间，还有农村特有的大火炕，容纳人数在10至50人不等，空调电视等硬件设施齐全，院内鸟语花香，还有当季的果蔬可以采摘。

开发民俗旅游环境建设是关键，西白莲峪村党支部从软硬件两个角度开展了环境建设。为了更好地理解习近平同志重要讲话的理念，西白莲峪村响应国家建设生态文明的号召，依托本村资源禀赋，提出了农业"立足环境、推进发展、提高素质、保持稳定"的建设理念，并且初步具备了发展生态观光农业的条件。通过学习，党员逐步形成共识，也深刻认识到在西白莲峪村保护生态环境就是保护生产力，有了良好的生态环境才能更好地发展民俗、民宿产业，促进村民致富。在思想达成共识以后，西白莲峪村根据全体参与民俗旅游接待的民俗户的需求，整修了道路、开展基础设施建设促进了村容村貌的改善。

基础设施建设是发展的基础，软环境建设也十分重要。

在农业精准扶贫工作中，第一书记和农村基层党组织负责人可以是一些新做法的提出者和倡导者，但是每一项创新工作举措都必须按照组织程序进行表决后方可实施。同时，党外监督一直是中国共产党的优秀传统，以西白莲峪村为例，邀请党外群众参与监督就是一项有利于基层党组织发展的举措。西白莲峪村，在发展党员、党员评议等重大活动中，引入多层次的评价机制，使普通党员和群众都能够参与到其中发表意见，一方面践行了党的群众路线，另一方面也发扬党内民主，给予党员更多参与决策、发表意见的机会。

2012年，西白莲峪村党支部结合本村实际开展"三十"工程，即"十优党员"、"十佳网格化管理员"和"十星群众"，本村村民可根据自身情况，申报相对应的"明星"称号。村委会组织相关人员对这些申报人员进行审评，每个季度评选出"季度之星"，到年底的时候再评选出"年度之星"，并对这些"明星"们发放一定的奖励。开展"三十"工程以来，村民们积极性大大提高了，和谐氛围比过去有了很大的改善。"三十"工程是典型的系统思维，该工作把优秀党员、农村社会建设起到重大作用的兼职网格化管理员和普通群众的先进评选形成一个评比系统，使党员、公益志愿岗位人员、群众农村社会和经济建设的三类人群的金字塔结构之间的联系更加紧密，三种不同类型人员同时上榜，更有利发挥党员的引领作用，同时也吸引更多的村民参与村域社会和经济建设，这是系统思维在基层党建创新发挥作用的关键。

为了实现可持续发展，西白莲峪村引进高校公益创业团队，参与民俗旅游开发设计。团队根据西白莲峪村入选国际慢食协会大中华区分会牵手乡村的实际情况，提出基于村党支部引领的民俗旅游和整合供应链可持续发展建议如下：

（1）民俗旅游可持续发展建议

在民俗旅游的整体包装上，建议依托"互联网+农业"思路的特点。具体工作中做好三项工作：第一，民俗旅游的农产品要绿色、生态，条件成熟时做到可追溯；第二，将电子经营方式纳入民俗旅游的日常经营管理，通过互联网接纳更多客源；第三，将电子设备引入民俗旅游，要让来民俗旅游休闲体验的中青年体会到来农村不仅是一种返璞归真，还是一种与时俱进。

民俗旅游目标客户定位在开车2个小时能到达该村的中青年家庭（父母为中青年），要吸引这部分目标顾客，就要努力实现不同于其他地区的民俗旅游而且村内民俗旅游之间也不存在较多相同之处。建议抓住政府补贴低收入村安居契机，引导更多愿意参与民俗旅游的农户在房屋建设整体规划下建房，同时，在每村具体娱乐项目规划方面努力做到"一户一划"——每户民俗旅游都有自己与众不同的特色性规划。将民俗旅游的目标人群定位在中青年，可以根据前期调研1990年—1994年出生的人最喜欢的桌游，打造符合中青年人消费品位的休闲娱乐圣地。在公共环境的美化上，要有统一、协调的规划布局；在民俗旅游的独立环境美化上，各家要有优美、舒适、却又独具特色的布置。

传统的推广方式是采取在携程等旅游网站上用一定的低价以团购的方式来吸引一批游客，然后通过游客的口碑、好评等滚雪球式的方式来吸引更多的游客。这种推广方式治标不治本，可以小规模开展，长远的推广模式应该是整合民俗旅游与外部合作资源，促使民俗旅游的经营者"自己推广自己"。建议依靠已获得"学伴微课"的授权，利用其互联网分享技术，制作并宣传相关内容。

（2）整合供应链可持续发展建议

该村距离密云京承高速公路出口40余公里，且由于路途上要经过溪翁庄、石城等地，首次客户体验往往具有随意性。因此，在包装营销民俗旅游的同时必须重点整合当地农产品供应链、逐步提升农产品质量、完成产业升级。提升农产品质量的目的在于促进当地农业产业升级，以适应当前不断变化、升级的消费需求。这样，就会通过优质农产品吸引更多的民俗旅游客户。

"太行山道路"是河北农业大学开展技术扶贫工作的重要活动，2016年4月10日因突发心脏病病逝的李保国教授是新时期扶贫工作的优秀典型。2016年5月31日，习近平总书记的批示中有这样一句话"广大党员、干部和教育、科技工作者要学习李保国同志心系群众、扎实苦干、奋发作为、无私奉献的高尚精神，自觉为人民服务、为人民造福，努力做出无愧于时代的业绩。"河北农大的"太行山精神"砥砺着一代又一代农大学子，北京农学院也有"将毕业论文和毕业设计写在京郊大地上"的号召。河北农大作为河北省最好的农业高校，北京农学院作为首都农业高校之一，二者拥有的农业高科技众多，依托上述两所高校的技术，可以促进村域农业产业升级。

在具体的工作中应当以整合区域性供应链为切入点，整合从西白莲峪村开始逐步辐射至整个密云区民俗旅游的食材供应，整合结束之后将形成线下民俗旅游农产品体验销售和线上电商平台销售两项销售机制。整合的同时，加强对相关数据进行采集，并且对当地农民心理变化、农民履约精神等做调研分析，并为把该将项目复制到环北京地区促进京津冀"三农"领域协同发展奠定基础。

在产品供应上，供应的产品以本镇种养殖产品为主，不足产品或稀缺产品采取乡镇互补的形式以保障产品的产地来自于本区。此外，对于乡镇互补仍不能满足需求的产品，制定产品质量标准（标准以绿色或有机标准为基础进行制定），按照标准从其他地区引进。对于可以供应的农产品，要根据不同品类产地交通的便捷程度制定预定规则，产地较偏远的品类预定期长。同时，在适当时机、选择合适地点，根据各个镇需求的大数据来筹建一个小型的中转仓来满足各镇的基本需求。此外，与国内某知名电商平台合作，一方面作为供应链的延伸，通过电商平台进购部分农产品，另一方面，对于本区消化不了的农产品，帮助该区域整合统一到电商平台上出售。

西白莲峪村发展计划建议逻辑图如图 9-1 所示：

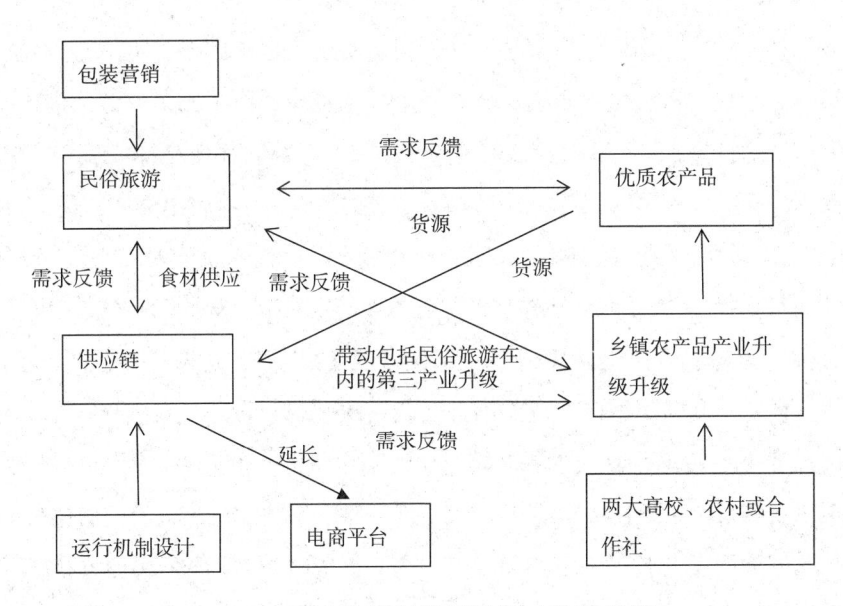

图 9-1 西白莲峪村发展计划建议逻辑图

（三）大学生村官创业带动精准扶贫的典型案例分析

孟炳淋，2013 年 7 中央民族大学美术学院油画系本科毕业后参加大学生村官考试，就职于北京市密云区不老屯镇学艺厂村，担任村党支部书记助理、并于 2015 年 12 月，通过公推直选的方式，全票入选为村党支部委员。

学艺厂村离县城足有 50 公里远，距离北京城区 140 多公里，低收入户占到全村一半以上。孟炳淋在逐步熟悉基础性、日常工作之后，开始思考如何帮助村民做些有意义的事情。一个偶然的机会，他发现了村里天然的蜂蜜、农家散养的土鸡蛋、薄皮香甜的山核桃和新鲜板栗等优质农产品，由于附加值低，再加上交通不便利，销售困难，村民只能靠赶大集或者旅游旺季的时候散卖一些，但价钱低，收入少的现象。

在对密云、北京的超市和农贸市场进行调查，深入村民家了解农产品情况，联系物流公司和产品运输包装设备之后，孟炳淋提出了通过淘宝网络销售平台销售优质农产品的想法，得到村委会领导的支持。2013 年 8 月 20 号，"不老尚品农家店"在淘宝网上成功上线运营了。

最初，村民对网络销售完全不懂，怕卖不出去拿不到钱，也不愿意先把产品给网店销售。孟炳淋把刚发到手的两个月工资全都取了出来，另外借了一万多元，按高于当时市场10%到15%的价格，一口气从村民家预订了第一批蜂蜜、柴鸡蛋、板栗和核桃。孟炳淋抓住中秋、国庆的销售时机，将单类产品进行搭配，组合成套餐的形式进行优惠促销，套餐推出后，取得良好的效果，迅速打开局面。

面对鸡蛋、蜂蜜在快递运输损坏引起的纠纷，孟炳淋坐村里最早的一班公交，经过4个多小时，将蜂蜜和鸡蛋送到那位顾客家，与客户沟通。在他的努力下，客户慢慢多了起来。网店上线的第一个冬天的时间销售额已突破6万元，为村民销售了蜂蜜3000余斤、鸡蛋1000余斤、散养土鸡100余只、核桃1500余斤、板栗2000余斤。看到这些成绩，村民都纷纷把自家的农产品交给网店销售。

基于近两年的互联网市场的培育，孟炳淋筹资20万元于2015年1月注册成立北京不老尚品农业科技有限公司，建立不老屯镇域独特农产品品牌——不老尚品，专注农产品区域电商品牌建设，通过公司+农户+合作社的运营模式，优化品质监控体系，疏通用户体验渠道；优化区域农业结构，带动村民增收致富，实现区域农业创新和可持续发展，提高产品附加值。并充分利用互联网平台，实现淘宝企业店1家、公众服务平台、微商城、第三方平台合作4家、分销代理20家、社区配送点4个正常运营，打开区域农产品销售新窗口。2015、2016年度开发独立品牌包装产品二十余款，公司累计实现销售额超过300万元，逐步实现区域内近30户农户增收上万元，覆盖区域不老屯、高岭2个乡镇，5个行政村。

2016年5月，公司完成密云城区办公室建设，并成功入驻中关村软件园孵化加速器，建立不老尚品品牌推广和网络运营中心，实现公司各岗位人员合理配置，并与园区的北京云宫科技有限公司、北京行知守仁科技有限公司、北京新立方信息科技有限公司达成战略合作。自2016年6月以来，公司取得一定的发展，其中开发的不老尚品生态巢蜜单品平均月销售额12万元左右，投资实验种植的紫皮大蒜、珍珠黑玉米，获得市场的广泛认可。

同时，他所负责的创业项目——不老尚品农产品区域电商品牌建设，获

2015年密云区创新创业十大扶持项目；2015年"国安杯"创客大赛全国前100强；获2016年"创青春"首都大学生创新创业大赛金奖；获2016年"创青春"全国大学生创新创业大赛实践挑战赛金奖，并晋级全国金奖冠军争夺赛；获2016年"创青春"全国大学生创新创业大赛电子商务专项赛银奖；北京市大学生优秀创业创团队一等奖等多项国家级、省部级奖项。

第十章　农业精准扶贫人才能力体系分析

　　农业精准扶贫是一项系统性工作，在开展农业领域扶贫工作中，思考资金和技术以外的手段依旧十分必要。现代社会的发展对各行各业的工作人员的素质要求越来越高，社会主义建设工作需要的劳动者，是理想、道德、知识、智力与技能，以及体质、心理素质等诸多因素全面发展、相互协调的人才。农业精准扶贫工作对扶贫工作者综合能力提出了较高的要求，这就要求农业精准扶贫工作者需要具备比涉农领域学术研究型人才更全面的能力。因此，在开展农业精准扶贫工作者能力提升背景下，提高扶贫者综合能力显得十分迫切。面对当前农业精准扶贫人员综合能力参差不齐的现状，提升扶贫人员综合能力成为做好扶贫工作者能力提升一项不可缺少的任务。要实现提升农业精准扶贫工作者能力的目标就要在选拔精准扶贫工作者的同时，从农业精准扶贫工作的特点出发，在广泛的领域培养扶贫工作者的非专业能力，提高其综合能力。笔者认为要提升扶贫人员综合能力，需要从精准扶贫工作出发，分析并确立扶贫人员能力体系，这样才能依据能力体系提出扶贫人员能力培训对策。鉴于本书一本研究农业精准扶贫的著作，下文将重点分析农业精准扶贫人才能力体系的组成部分，对于能力培养的具体对策，将不进行进一步展开。

　　笔者认为，农业精准扶贫工作者所需的能力包括如下几方面的内容：

一、农业精准扶贫工作者的政治学习能力

农业精准扶贫工作是一项由党和国家主导系统工程。精准扶贫工作需要两种类型的人员参与。第一种是被扶持者，也就是农民。农民是与农业融为一体的，当下与未来的精准扶贫工作中，农民都会是农业生产实践活动的第一参与群体，面临的挑战是新思维挑战、掌握新技术和互联网新工具的挑战。加强对农民尤其是贫困农民的培训，是开展农业精准扶贫工作的基础。第二种是扶贫工作者，这类人群又可以分为两大类。第一类是组织下派人员，第二类是主动参与人员。在组织下派的扶贫工作者中，主要是由各级党组织下派的第一书记和由各级政府下派的农业技术推广人员组成。而主动参与农业精准扶贫工作的人员中，一般包括三种人：大学生、城镇职工、农业项目经营者（也就是农业企业的负责人）。

在开展农业精准扶贫工作时应当按照市场经济规律办事，主动参与农业精准扶贫工作的人员，往往还要考虑投入和产出的关系。但是，不论是以何种形式介入农业精准扶贫工作，都需要明确这项工作是一项事关国家发展的大事，因此，必须要从政治高度上认识这项工作的意义和价值。

由各级党组织下派的第一书记全部是中共党员，由各级政府下派的农业技术推广人员中中共党员比例也较高，他们的政治学习的机会较多，政治素质较高。而主动参与农业精准扶贫工作的人员，虽然来自非公有制单位人员比例不高、政治学习的时间相对较少，但是，这些人介入农业扶贫工作首先是因为他们拥有社会责任感。

因此，加强不同类型的农业精准扶贫工作者政治学习工作十分重要。

从 2004 年开始，中央一号文件已经连续 14 年涉及"三农"问题，但是，2017 年的一号文件，内容不再单纯是农业生产和市场问题，而是产业结构问题，"农业供给侧结构性改革"第一次被提出，而且第一次提出"田园综合体"的概念，

明确了农业产业发展的方向，指出了产业融合带给农业的价值机会。

农业精准扶贫工作者进行政治学习，也需要把精准扶贫工作放到社会发展的大背景下去认识。

党的十八大报告强调，全党要坚定中国特色社会主义道路自信、理论自信、制度自信。习近平总书记在第十二届全国人大第一次会议上的重要讲话，阐述了"中国梦"的本质内涵和实现途径。"中国梦"是由国家梦、民族梦所组成，"中国梦"不仅是实现民族复兴之梦、强国之梦，更是实现人民幸福生活之梦，也是每个人心中的美好梦想。"中国梦"归根到底是人民的梦，这个梦想是中国各族人民的共同心声，也是每一位中华儿女的共同期盼。"中国梦"既是宏伟的国家梦，也是具体而微小的个人梦，而农业精准扶贫工作则是帮助贫困人口实现摆脱贫困梦想的工作途径。

"三个自信"是实现"精准扶贫"的底气所在，"三个自信"与"精准扶贫"是内在统一的。开展"精准扶贫"工作，道路自信是实现途径、是方向，理论自信是行动指南、是动力，制度自信是保障、是支撑。开展"精准扶贫"工作必须坚定"三个自信"，走中国道路，弘扬中国精神，凝聚中国力量。如何理解"三个自信"与"精准扶贫"的关系进而理解"三个自信"在指导农业精准扶贫工作过程中的作用，是扶贫工作者需要掌握的思想武器。笔者认为，扶贫工作者应当加强如下两方面的学习：

一方面，理解"三个自信"是实现新时期一系列目标的底气所在。

以"中国梦"为代表的一系列新理念之所以迅速在全党、全国人民中引发强烈共鸣，迸发高度的热情和动力，是人民群众对中国特色社会主义的道路自信、理论自信、制度自信的集中体现，是实现新时期各项目标的底气所在。

首先，理解"三个自信"产生于历史发展的必然抉择。自鸦片战争开始，近代百年时间，中华民族一直在寻找救国图强的道路，千万爱国志士不甘屈辱、筚路蓝缕、赴汤蹈火，其心不可谓不诚，其力不可谓不巨，然而却只能以一次次失败和一场场悲剧憾载于史册。到底哪一条道路适合中国国情和中国人民？到底哪一个政党能够坚定不移地带领中国人民沿着这条道路走向光明？我们党以血的代价，给出了正确的答案，为人民的事业进行了艰苦卓绝的斗争，最终赢得了人民的信任和支持。这是历史的抉择、人民的抉择，也是国情的抉择、实际的抉择，这种在历史激流中产生的强大民族自信心，深深扎根于一代代共产党员和每一位人民群众心中。

其次，理解"三个自信"产生于实践道路的科学检验。改革开放前，由于缺乏社会主义建设经验，"左"倾错误思想严重，社会主义建设走了一些弯路。十一届三中全会以后，通过带领人民紧紧围绕中国特色社会主义理论与实践双重探索的主题，以改革开放为强大动力，推动各项事业取得举世瞩目的新成就。我们党是善于总结历史经验、纠正自身错误的执政党。党的两个历史问题的决议，就是在党的路线出现偏差、党的理论遭受挑战、党内思想出现混乱的关键时刻，我们党深刻地总结经验教训，实事求是、审时度势、与时俱进，进一步明确党的道路、理论、制度，为革命事业和社会主义建设指明前进方向。人民群众从实践的纵向比较中，科学检验了中国特色社会主义道路、理论和制度的正确性。

最后，理解"三个自信"产生于国际竞争的心理优势。改革开放以来，党领导的社会主义建设各项事业在变幻莫测的国际形势下，历经了东欧剧变、苏联解体，历经了多次全球性的经济危机，历经了自身国际政治经济地位的重大跃升，始终保持走自己道路的坚定自信，始终充满集体领导的强大智慧，始终保持着旺盛的生机活力，中国的社会主义建设不断取得的新局面和新成就。我们的道路、理论、制度，从自我封闭、埋头苦干逐步走向与西方发达资本主义国家全面的竞争和交流，逐步改变了西方国家的认识体系，"北京共识"正在取代"华盛顿共识"，使中国在国际舞台上确立举足轻重的地位，在国际竞争中建立了中国特色社会主义道路、理论、制度的巨大心理优势。

另一方面，理解"三个自信"与"精准扶贫"的内在统一关系。

首先，通过学习，理解道路自信是开展精准扶贫的基础。

中华民族的伟大复兴是自 1840 年以后中国人真正感到自己落后了、落伍了之后提出来的。从那时起，一直是激励中华民族自省、自警、自励、自奋的理想和梦想。从妄自尊大到承认落后、落伍，这是历史进步。但因为如此，也就变得不那么自信。从"师夷长技以制夷"到维新变法,再到辛亥革命建立共和,中国人一直在效法西方人走过的强国之路,但都没有成功。直到"十月革命一声炮响,给我们送来了马克思列宁主义",中国人改为"以俄为师",仍在认真地效法别人走的道路。真正带领中国共产党人走上独立自主地探索中国革命道路的,是毛泽东。"反对本本主义""实事求是""中国革命斗争的胜利要靠中国同志了解中国情况",唤起了中国人的独立探索精神,唤起了解放思想、实事求是的精神,于是才有中国革命道路的开辟,才有中国革命的胜利,才有中国革命道路的自信。

新中国的建立,标志着中华民族伟大复兴第一阶段的历史任务——民族独立和人民解放的实现。革命时期取得的自信,到了建设时期又变得不那么自信了。中国人在很长一段时间里仿效了苏联的经验和体制,尝到了甜头,也付出了代价。1956年,毛泽东提出"以苏为鉴",开始探索适合中国国情的社会主义道路,既得到了宝贵的经验,也犯过严重的错误。"大跃进"和人民公社化运动的失误,证明只要违背发展规律,超越了社会主义的发展阶段,就会受到惩罚。"文化大革命"的错误,则证明社会主义的根本任务是解放和发展社会生产力,偏离这个中心任务,在指导思想上搞所谓"无产阶级专政下继续革命",就会犯阶级斗争严重扩大化的错误,就会犯践踏社会主义民主与法制的错误。

中共十一届三中全会在新中国的发展中是一次伟大的历史性转折。从这时起,中国共产党不但彻底纠正了自己所犯的错误,郑重地做出第二个历史决议,而且在改革开放和现代化建设新的历史起点上,确立了党在社会主义初级阶段的基本路线,开创了中国特色社会主义道路,相继实现了从高度集中的计划经济体制到充满活力的社会主义市场经济体制、从封闭半封闭到全方位开放的历史性转变。历史已经证明,只有中国特色社会主义道路能够发展中国,发展社会主义,发展马克思主义;只有中国特色社会主义道路才是实现中华民族伟大复兴的精准扶贫的康庄大道。

回顾中国历史,最贫困人口的问题是一个一直无法解决的问题。只有在中国选择了社会主义道路问题这个问题才逐步解决。这一点是基于中国特色社会主义道路目标决定的，全体人民的幸福是建设中国特色社会主义的基础。因此，理解道路自信是开展精准扶贫的基础。

其次，通过学习，理解理论自信是实现"精准扶贫"目标的行动指南。

实现"精准扶贫"目标必须坚持科学理论，这就是中国特色社会主义理论体系。世界上有各种各样的理论、学说、主义。中国近代以来，差不多世界上具有代表性的理论、学说、主义，都在中国土地上尝试过，但大都没能成功，没能解决中国社会的发展进步问题，没能给中国指明通向成功的道路，更没有在华夏大地上真正扎下根来。一句话，这些洋东西在中国行不通。一个国家实行什么样的主义，关键要看这个主义能否解决这个国家面临的历史性课题。毛泽东等老一辈革命家是在各种思潮的比较之中，最终选择了马克思列宁主义作为救国救民的真理。

在中国这样一个经济文化落后、一穷二白的东方大国建设社会主义并非易事，没有捷径可走。以毛泽东为代表的中国共产党人把马克思主义基本原理同中国社会主义建设实际相结合的探索，为后来开创中国特色社会主义提供了宝贵经验、理论准备、物质基础。与此同时，也在社会主义发展阶段、社会主义社会主要矛盾和主要任务、社会主义本质特征和基本原则、社会主义主要发展动力等一系列重大问题上犯了"左"的错误。这些错误在发展过程中没有得到彻底纠正，反而进一步发展并被系统化，最终形成"无产阶级专政下继续革命"的错误理论。

粉碎"四人帮"的胜利，使长达10年之久的"文化大革命"彻底结束。中共十一届三中全会开启了改革开放和现代化建设的新时期。在改革开放三十多年一以贯之的接力探索中，先后形成了邓小平理论、"三个代表"重要思想、科学发展观等一系列马克思主义中国化的最新理论成果，创立、坚持、发展了中国特色社会主义理论体系。中国特色社会主义理论体系，就是包括邓小平理论、"三个代表"重要思想、科学发展观在内的科学理论体系，是对马克思列宁主义、毛泽东思想的坚持和发展，使马克思主义发展进入一个新境界。

实践已经证明，真正能够为当代中国改革、发展、稳定提供持续不断的理论指导的,只有中国特色社会主义理论体系。西方的一套理论,无论是新自由主义也好,民主社会主义也罢,既不符合中国国情,也不反映中国人民和中华民族的根本利益,不可能为当代中国指出科学正确的发展道路和发展方向。同样地,社会主义的传统观念以封闭僵化为特征,既不能紧跟时代发展变化,也远远落后于中国改革开放和现代化建设实践,不可能为当代中国指出科学正确的发展道路和发展方向。只有坚定不移地坚持和发展中国特色社会主义理论体系,才能使"精准扶贫"目标顺利实现,并以此为基础实现乡村振兴,进而使中华民族伟大复兴的目标最终成为现实。所以,我们必须要有这样的理论自信。

马克思主义中国化就是将马克思主义基本原理同中国具体实际相结合,不断形成具有中国特色的马克思主义理论成果的过程。具体地说,就是把马克思主义基本原理同中国革命、建设和改革的实践结合起来,同中国的优秀历史传统和优秀文化结合起来,既坚持马克思主义,又发展马克思主义。具体地说包括三方面的含义:一是马克思主义在指导中国革命、建设和改革的实践中实现具体化;二是把中国革命、建设和改革的实践经验和历史经验上升为马克思理论;三是把马克思主义植根于中国的优秀文化之中。

精准扶贫理念是习近平总书记结合中国当前国情提出的。十九大报告指出:"中国特色社会主义进入新时代,我国社会主要矛盾已经转化为人民日益增长的美好生活需要和不平衡不充分的发展之间的矛盾。"[①]要解决新时代主要矛盾,首先需要解决发展不充分地区最贫困人民日益增长的美好生活需要的问题,精准扶贫的目标就是解决上述问题的关键。认真学习中国特色的马克思主义理论成果,不仅可以坚定理论自信,而且可以掌握开展精准扶贫工作的理论武器,为马克思主义中国化事业做出贡献。

最后,通过学习,理解制度自信是实现"精准扶贫"目标的根本保障。

开展"精准扶贫"必须坚持中国制度,这就是中国特色社会主义制度。中

[①] 决胜全面建成小康社会夺取新时代中国特色社会主义伟大胜利——在中国共产党第十九次全国代表大会上的报告,中国共产党第十九次全国代表大会文件汇编,[M].北京:人民出版社,2017,第9页.

国选择了中国特色社会主义制度，同样经历了历史的比较和反复，是中国近代以来经济社会发展的必然结果。

当1840年以来中国逐步沦为半殖民地半封建社会的时候，在中国经济社会中居于统治地位和主导地位的是封建君主专制制度，以及与之相适应的封建土地制度、宗法制度和文化制度。1911年的辛亥革命，在中国历史上彻底结束了长达几千年之久的封建君主专制制度，建立起了仿照西方政体的民主共和国。然而，辛亥革命并没有从根本上铲除旧社会旧制度的根基，这种建立在沙滩之上缺乏稳固社会基础的资产阶级共和国，很快就名存实亡了。

在中国近代历史中，始终没有放弃对西方制度的追求和尝试，但都没有成功。即使在军阀割据的年代里，仍然有一些深信西方制度可以救中国的人，曾经在地方军阀的支持下，在局部地区试行若干具有改良色彩的经济社会政策，虽然给当地经济社会发展带来了某种推动，但最终还是被内忧外患的洪水所吞噬。这也说明，在半殖民地半封建的旧中国，不寻求根本社会制度的解决，任何局部的改良都无济于事。

如同中国近代以来的历史发展选择了中国共产党领导和社会主义道路、选择了马克思主义指导一样，选择人民民主专政的国体，并在此基础上发展出一整套适合中国国情、具有中国特色的社会主义基本制度，也是中国近代以来社会发展的必然。新中国成立之时，由中国共产党和参与新中国创建的各民主党派共同制定的《共同纲领》就曾庄严宣告："中国人民由被压迫的地位变成为新社会新国家的主人，而以人民民主专政的共和国代替那封建买办法西斯专政的国民党反动统治。"历史证明，新中国成立不久颁布的"54宪法"中确认的基本政治制度，包括人民代表大会制度、中国共产党领导的多党合作政治协商制度、民族区域自治制度等，符合中国国情，又体现了社会主义制度的优越性，表明中国已经实现了从几千年封建专制制度向人民民主制度的伟大跨越。

中国特色社会主义制度的确立、坚持和发展，是在改革开放和现代化建设过程中实现的，是在中国特色社会主义道路的创立、发展中实现的，是在中国特色社会主义理论体系的创立、发展、完善中实现的。没有中国特色社会主义伟大实践,没有道路、理论体系的创立发展,就没有中国特色社会主义制度的确立发展。正是在中国特色社会主义伟大实践中,形成了中国特色社会主义道路、理论体系、制度"三位一体"的紧密联系。正如十八大报告指出:"中国特色社会主义道路是实现途径,中国特色社会主义理论体系是行动指南,中国特色社会主义制度是根本保障,三者统一于中国特色社会主义伟大实践,这是党领导人民在建设社会主义长期实践中形成的最鲜明特色。"[1]

开展"精准扶贫"工作作为实现中华民族伟大复兴的组成部分,同样需要中国特色社会主义制度来支撑。只有始终坚持人民代表大会这一根本政治制度,人民民主的生命力才会得以彰显;只有始终坚持中国共产党领导的多党合作、政治协商制度,社会主义协商民主才会显示其优越性;只有始终坚持民族区域自治制度,中华民族共同发展、共同繁荣、共同进步才会充满希望。所以,我们必须要有这样的制度自信,并且把"精准扶贫"工作与地方特点有机结合,因地制宜开展工作。

全面建设小康的关键是"全面",解决在人口比例中不高贫困人口的脱贫问题,投入是巨大的,这种在纯粹的经济学角度上看是不尽合理,但是这种投入是为人民谋福祉,投入的合理性就是源于中国特色社会主义制度的本质。理解上述理念,扶贫工作者在开展精准扶贫工作时就会产生一种为国家、人民服务的自豪感,也就平添了工作动力。

二、农业精准扶贫工作者的系统思维能力

要做好精准扶贫工作,在提高政治素养的同时,第二位需要做好的工作,就是提高系统思维能力。

---

[1] 《坚定不移沿着中国特色社会主义道路前进　为全面建成小康社会而奋斗》《人民日报》2012年11月18日.

第十章 农业精准扶贫人才能力体系分析

对于人类而言，不论是整体还是单一的个体都是一个系统，人类所处的自然界也是系统，扶贫工作体系则是人类建立起来的系统，精准扶贫工作更无法抛开系统而实现。研究系统与系统观思维是揭示系统理论本质的关键，也是做好精准扶贫工作的基础。

人们对系统的认识，有一个发展过程。系统（System）一词出现在希腊语中，原义为 Syn 有"共同"和"给以位置"的含义。系统意味着事物的共同部分和每一事物在总体中应占据的位置。尽管概念原始，但其深刻的含义，不能为许多人所接受，常常引起误解乃至错误。

随着科学技术的发展，系统被赋予了进一步的含义，如系统是"以规则的相互作用又相互依存的形式结合者的对象的集合""有组织而和被组合化的全体""结合着的全体所赖以形成的诸概念和诸原理的复合体"……

综上所述，可以认识到系统是一个整体，它的组成部分是有组织的，相互之间有依存与作用关系。同时，系统不仅有实体部分，还有赖以形成的概念部分。事实上一辆汽车、一台机器、一个工厂、一个学校乃至国家行政机关都是在一定指导思想和方针、方式下形成的。强调实体部分而忽视概念部分或反其道而行之都会导致对系统的曲解，从而造成对问题处理不当而带来损失。系统整体行动是有目的的，系统中的构成要素为服从目的的需要而持有的秩序与联系。从任何人造系统的开发与建立都是有明确的目的性并在目的指引下实施的。离开目的性，必将造成系统过程的盲目性或模糊性，以致无果而终或"先天不足"。

根据 Jonson 等人的定义"系统是为按计划完成特定目标而设计的结构因素安排序列"。这里包含三种思想：第一作为系统的设计标准需要明确应该完成的目的和目标；第二必须进行构成因素的设计，建立他们的序列；第三，能量和财、物等的输入必须按计划分配。这些思想表明，系统在完成特定目标时，必须有物质、资金、信息、能量等的计划安排与保证。

应当指出关于系统的认识与讨论还在不断地深入与发展。

对于系统的定义，尚无明确的统一认识，相对权威的文献中有一些较为通用的解释：美国《韦氏（Webster）大词典》中"系统"一词被解释为"有组织的或被组织化的；结合着的整体所形成的各种概念和原理的综合；由有规则的相互作用，相互依存的形式组成的诸要素集合等"。

《中国大百科全书·自动控制与系统工程》卷，解释"系统是由相互制约、相互作用的一些部分组成的具有某种功能的有机整体"。日本的JIS标准中，"系统"被定义为"许多组成要素保持有机的秩序，向同一目的行动的集合体。"很多著名学者专家对"系统"也做了一些经典论述，含义相近不再一一叙述，综合以上记载系统可以定义为：

系统是由若干可以相互区别（独立）相互联系而又相互作用的元素组成，在一定层次结构中分布，在给定的环境约束下，为达到整体目的而存在的有机集合体。

这个系统本身往往又是它所从属的一个更大系统的组成部分。由于系统概念是逐步形成的，至今对系统的认识也还没有结束，系统的概念还在发展。因此对系统概念的理解应持发展的观点。对系统概念的理解必须从以下几方面去考虑：

首先，系统必须由两个或两个以上的要素（部分、要素）组成。要素是构成系统最基本单位，因而也是系统存在的基础，系统离开了要素就不成其为系统。构成系统的要素随系统的不同而不同，要素的目的多少是由系统的复杂程序所决定的。

其次，系统是按一定方式结合的有机整体。系统整体与要素、要素与要素、整体与环境之间，存在着相互作用和相互联系的机制。例如钟表是由齿轮、发条、指针装配而成的，但随便把一堆齿轮、发条、指针放在一起不能构成钟表，必须按一定的结合关系装配起来才行。

最后，任何系统都有特定的功能，是整体具有且不同于各个组成要素的新功能。这种新功能使系统内部有机联系的要素以及系统以整体方式和系统环境之间相互作用所决定的。我国古代谚语说："三个臭皮匠；顶上一个诸葛亮"，说的是几个普通人组织起来集思广益的集体智慧是惊人的。但又说："一个和尚挑水吃；两个和尚抬水吃，三个和尚没水吃"。一正一反的例子恰恰说明：

系统如何来组织以满足特定的系统功能是系统发挥最大作用的关键。

任何事物都是系统和要素的对立统一体，系统与要素的对立统一是客观事物的本质属性和存在方式，它们相互依存、互为条件，在事物的运动和变化中，系统和要素总是相互伴随而产生，相互作用而变化。

因为人或人群生存在自然与社会两大环境当中，人作为自然系统的重要因素和改造自然的主体参与各项社会活动，而成为社会结构和秩序的重要因素，而且社会活动也是在组成社会的各个元素之间的特定关系中产生的。实践证明这些关系最终是依靠基本的物理相互作用维持，同时也遵从生命现象和心理现象的规律，属于完全客观的自然过程。因此，社会现象、社会结构和秩序也不是偶然的，演变和发展也必须遵从不依任何人的意志为转移的客观规律。我们可以认识到社会构成并非早期社会学者所认为的社会是人或人群构成的集合，而是大自然大系统的延伸，完全符合系统规律的客观的系统。

说社会是一个系统是完全符合"系统"定义的。因为社会系统是一个非常综合的概念，不仅社会是由很多元素相互联系和作用构成的整体，而且有许多不同的系统都被纳入其中，这些系统又含着各种各样的子系统。按着系统分类原则，系统有物质、运动和思想三种类型。就物质而言，"人"必须符合生物学定义，人不仅是社会构成的重要因素，而且是社会重要的主体。社会构成不能只有人，人作为生物个体是开放系统，需要补充生活资料，为了获得生活资料，必须从事生产活动，生产活动需要生产资料和劳动对象，所有这些资料即为社会的物质财富，也应当包含在社会系统之中。就运动而言，即为人的活动以及由人的活动带动的各种物的运动，包括生产活动、经济活动、消费活动、科学活动、政治活动、军事活动、文化活动……每种活动又可按照社会分工，划分难以计数的专门系统。就"思想"类型而言，人的生活、生产和其他社会活动，都需要一定的知识和技能，他们也必须作为思想系统包含在社会系统中，并和社会的其他部分存在着互动关系。所以社会作为一个整体是一个非常复杂的、大的系统，也是人类认识到的最复杂的运动形式。在这个系统中，各种元素的物理本性存在着巨大差别，生命的、非生命的、物质的、非物质的、有意识的、无意识的、彼此相关、错综复杂。由于成员"众多"难以计数，因此统计规律性及相关技术在社会生活中起着重要作用。

社会系统具有综合性质，在具体问题中只能根据实际状况抽出某些侧面，分别建构各种不同类型的子系统，层次结构是社会系统的显著特色。由于社会系统中的子系统不仅有横向的纷然杂陈，如生产的各个部门，而且是有问题的逐渐演进形成特定的层次结构。这种层次结构不仅要遵循层次过渡的普遍规律，同时具有社会运动的特点。

社会系统的各个部分处在不断变化之中，社会系统的各个部分，尤其是人的思想能力结构，绝不是一成不变的，而是处在不断地调整和进化的过程中，因此可以说社会系统增加了一个时间维度，存在时间中的复杂性。

一个特定的社会系统在现实条件下，大体上就是一个主权国家。"主权国家"（含托管地、联邦成员国）并不赋予其通常的内涵，只作为表达社会的界限：人口、土地、资源等。在社会系统中"国家"只是一个特定的空间范围，以一个自主系统（而不是说主权国家）来考察，在一个国家内部有省、部、城市等行政机构。也可以划分为更小的系统（低一级子系统）来考察，其前提是它们必须有相对独立的意义（如行使管辖权等）。国家与国家的关系及国际关系，则属于社会系统之间的外部关系，与决定社会的结构与秩序（如政治制度、管理体制、经济等）的内部关系有着重要的区别。

关于社会系统范围的界定，有些是精确的：如人口、户籍等，无须特别说明；有些则是含糊的：如资源储量、外海疆域、外围空间等。但这些不会构成原则的困难，因为这些国家存有支配权，运动也不复杂，不会出现自然与社会现象混淆的问题。至于思想系统与意识形态方面，把未必具有真理性的宗教信仰也纳入系统之中，不仅显示了社会系统的包容性，更在于他们对一定范围的人群的思想和行为起支配作用，有其不可忽略的现实作用。意识形态还包括占主导地位的社会思想，也包括不同理念的社会文化、知识水平、科学文化和文化教育。科学文化都具有"发明权"，不是由本国发明但已为民众掌握的知识，特别是自然科学知识同样应列入社会系统的范围。所以，社会系统中思想系统部分表

第十章 农业精准扶贫人才能力体系分析

示为社会范围的知识或信息储存者，如图书馆、资料库和互联网中可分享的信息等。

从根本上说人类社会是从自然界发展起来，属于自然界的部分。但从另一个角度，在社会的生产活动中，自然界又是人类开发的对象，它又"隶属"于人类社会。表面看来自然界与人类社会是你中有我、我中有你的镶嵌关系，而实质上是表明应当区分的两种"自然界"的概念。包括人类社会和人类自身的自然界，可称为"广义的自然界"；而作为人类开发对象的自然界范围较为狭隘，称为"狭义的自然界"。逻辑上狭义的自然界不应包括人类自身，而是人类的生存环境。虽然有时也说人类的自我开发，如智力、能力、体力等，尤其是"智力"开发，本质上是发展，和向自然界索取性开发，如开采等，意义是不同的。狭义的自然界，不等于已开发的自然界，而是"要开发"的自然界，如海洋、宇宙空间等。

精准扶贫工作作为社会系统中的典型子系统，要解决这些问题就要掌握系统思维理念开展工作。习近平总书记关于破解制约如期全面建成小康社会的重点难点问题时指出：

"农村贫困人口脱贫是最突出的短板。虽然全面小康不是人人同样的小康，但如果现有的7000多万农村贫困人口生活水平没有明显提高，全面小康也不能让人信服。所以，《中共中央关于制定国民经济和社会发展第十三个五年规划的建议》把农村贫困人口脱贫作为全面建成小康社会的基本标志，强调实施精准扶贫、精准脱贫，以更大决心、更精准思路、更有力措施，采取超常举措，实施脱贫攻坚工程，确保我国现行标准下农村贫困人口实现脱贫、贫困县全部摘帽、解决区域性整体贫困。"[①]

将农村贫困人口脱贫与全面建成小康社会一起论述是典型的系统思维，习近平总书记关于这个问题论述主要在"补短板"的理念上：

"补短板，着力解决好发展不平衡问题。全面建成小康社会，强调的不仅

---

① 习近平. 习近平谈治国理政（第二卷）[M]. 北京：外文出版社，2017：79~80.

是"小康",而且更重要的也是更难做到的是"全面"。"小康"讲的是发展水平,"全面"讲的是发展的平衡性、协调性、可持续性。如果到 2020 年我们在总量和速度上完成了目标,但发展不平衡、不协调、不可持续问题更加严重,短板更加突出,就算不上真正实现了目标,即使最后宣布实现了,也无法得到人民群众和国际社会认可。"①

"全面小康,覆盖的领域要全面,是五位一体全面进步。全面小康社会要求经济更加发展、民主更加健全、科教更加进步、文化更加繁荣、社会更加和谐、人民生活更加殷实。要在坚持以经济建设为中心的同时,全面推进经济建设、政治建设、文化建设、社会建设、生态文明建设,促进现代化建设各个环节、各个方面协调发展,不能长的很长、短的很短。"②

系统思维是系统观点在思维中的体现和应用,也就是说思维主体视工作或要解决的问题为一个系统,然后以系统与子系统、子系统之间以及系统与环境之间的关系的协调为思维线索和内容。充分运用系统观点、系统特性并最终以实现工作系统目标或提出解决问题方法最佳化的思维过程。精准扶贫工作者要防止"长的很长、短的很短"现象的出现,就要以解决好发展不平衡问题为己任,做好扶贫工作。在具体工作中在充分运用系统性思维基础上还应注意以下几方面的问题:

第一,定量分析与定性分析相结合。

定量分析强调把数量分析作为思维问题的基础,以数量分析为依据。定性分析则侧重对事物进行性质、特点做非数量化的分析,创造性思维的一个重要特征就是采用定量、定性分析相结合的方法。在对问题做精确的数量描述和演算基础上,再借助定性分析回答问题。精准扶贫工作者一般的做法应该是,首先从系统内部机制入手,来研究系统的发展与变化,一开始不急于对事物进行数据收集和处理的定量分析,而是借助社会科学知识及相关系统状况进行定性分析。通过定性分析子系统之间相互作用关系,画出能够反映各系统问题结构

---

① 习近平. 习近平谈治国理政(第二卷)[M]. 北京:外文出版社,2017:78.
② 习近平. 习近平谈治国理政(第二卷)[M]. 北京:外文出版社,2017:79~79.

联系的框图或输入输出关系的流程图（如"黑箱""灰箱"或"白箱"流程图）。从而找出各子系统间的进一步联系及定量关系，以此来确定系统状态变量及控制参数、建立数学模型，通过模型分析系统进行定量分析，得出结论。

第二，微观分析与宏观分析相结合。

微观分析是将系统中各子系统要素单独拿出来考察，宏观分析是对系统作整体性的了解与分析，一般来说宏观分析是以微观分析为基础的。系统分析同样要求一方面对系统做出微观的分析，一方面又在微观分析基础上做出宏观结论。对于一些问题，也可以采用逆向分析的方式，根据问题所涉及相关因素作宏观分析建立结构系统，再针对每个子系统进行微观分析，再进一步作宏观分析，经过综合做出宏观结论。也就是宏观与微观分析交叉进行的思维方式。

第三，静态分析与动态分析相结合。

对相关事物组合分析时一般采用静态分析。在静态分析中，虽然有些要素是在发展变化着，但绝大部分的要素是不变的，因为所做的分析充其量不过是一种预想，而预想与真正的客观实际情况可能存在着程度不等的差距。

系统作为一个多元的组合整体，各个单元均有自己的组合特性。组元（组成合金的独立的、最基本的单元称为组元，组元可以是组成合金的元素或稳定的化合物，这里借用此概念代表系统中的组成要素）间又要通过必要的协调，形成整体的规律性。即或每个单元，都符合静态分析的结论，其同整体的协调中也会产生相互影响而引起整体规律的变化。如果每个组元中，都存在着某些要素的发展和变化，就将使系统整体处于变化之中，各单元变化激剧或组元间干涉激烈。整体状态就愈是千变万化，因此对系统构成（含组元）在静态分析的基础上，还要进行必要和及时的动态随机分析。

系统变化的频率决定随机分析的频率。随机分析的方式方法有很多可以根据具体情况进行选择。动态分析是很复杂的随机问题。为了保证分析的可靠性和效率，应该在思维过程中建立有效的反馈系统，通过信息反馈及时调整思维方向。逐步掌握随机因素加以解决。在动态分析中，知识与经验也具有重要作用，可以凭借经验舍弃次要因素，明确主导思维方向以保证思维的连续性。

第四，线性思维与非线性思维相结合。

传统分析思维大多属于线性思维。它遵循线性连续性、不可逆性和渐进性，忽略不规则性、追求线性关系完全相符的精准性。而现实中，一种结果可能由千百种因素影响而生成的，一个因素也可能生出千百种结果来，而且每个结果也并不是"终端"结果，只是整个进程中的"瞬间"结果，同时它又是一个事物发生变化的原因。事实说明，所有系统在整体上说都是非线性的。现代科学指明事物现象和过程的非线性的性质，如同混沌理论研究，揭示有序与无序、确定性与随机性的统一。现代科学技术发展促进人类思维方式从线性思维走向非线性思维。

非线性混沌思维，面对现实的开放系统和耗散结构，有多层次不同尺度的运动，在非平衡、非线性的条件下，运行其不规则性和差异，随机性和差异是不能忽略不计的。面对系统的有序与无序、确定性与随机性、简单性与复杂性关系需要用耗散结构理论、突变理论、协同学和分形理论等进行非线性思考。

非线性思维方式的基本观念是：第一，内在随机性，重视次要的、非本质、不确定的因素。第二，初值条件的敏感性，不可忽略初值的微小偏差。第三，奇异吸引子，在混沌运动中无规律性的轨迹与终点确定性统一。第四，混沌是信息创生之原，从混沌通向有序、有序进入新的混沌、新的混沌再通向有序的创生，混沌演化伴随新信息的创生。

应用混沌观念进行思考，走向非线性思维，这是人类整体思维方式的又一重要进展。

第五，系统结构与系统功能相结合。

系统结构所反映的系统中各个要素相互作用的关系，是从系统内部说明的系统性质。系统功能则说明按照一定目的组织起来的系统活动及其与环境的相互作用，是从系统外部反映了系统性质。

在一定条件下，系统结构决定系统功能，系统功能又反作用于系统结构。因此，思维的系统性特征要求人们必须做到辩证地分析系统结构和系统功能的相互作用关系。在确定系统目标，研究与改善系统功能结构时，不能把思路仅仅留在提高单个要素方面,而要全面考虑提高各个单个要素的素质上,并致力于综合改革系统结构,以实现和发挥系统的优化功能,充分体现系统结构与系统功能相结合的系统思维特性。

第六,系统目标与系统功能的辩证统一。

人的思维是有动机的,思维动机一般是认识客观事物,解决客观存在的问题,满足社会的需求等。思维也是有目的(以目标为标志)的,思维的目的是寻求认识的结论,解决问题的方法或创某种事物,而目的是通过系统结构实现的功能来体现。思维的目的是由根据客观条件综合分析,以"目标"来体现的,并根目标寻求合理的系统结构。而目标完善的程度又是由系统结构的客观功能来实现和衡量的。因此,思维目标与结构功能是系统思维过程辩证的统一过程。

每一事物的客观结果,一般是由多种原因造成的,而一种原因也可能产生多种结果。期望的目标过高,会造成系统结构的复杂性,甚至导致系统功能无法实现。因而在思维过程中必须根据客观现实不断反馈、修正,达到目标与功能的统一性。以实现系统结构功能的理性优化。

第七,综合性思考。

综合性也就是全面性,全面性要求我们把事物作为一个整体来把握。这是与分析性思维相区别的。分析思维把大的整体事物乃至整个世界分割为许多构件,构件越分越细,对基本构件进行精确分析研究,也积累了丰富的知识和经验。但是,却忽略了构件之间的相互联系和相互作用,从而失去了事物的全面性。综合性思维重视分析作用,因为人类思想认识不能直接把握整体,分析是必要的。但是它更强调事物的相互联系和相互作用的全面性。如果过分强调抓主要矛盾,认为解决了一个主要问题或关键问题,其他问题也就自然解决了,这样做就可能走向否认事物的全面性和系统复杂性,从而导致错误乃至失败。

综合性思维重视主要因素的作用,但是特别强调的是事物的各种要素的相互联系和相互作用,重视发挥这种作用达到事物的协调发展,这是事物发展的"协同学"。协同学研究宏观时空或功能结构系统中各单元之间的合作关系,既研究确定性过程、也研究随机过程。也就是说,综合性思维重视各单元之间的合作关系和序列关系，以使整体功能特性更为完善和优化。

综合性思维，对系统思维是一种适应性的完善，在综合思维中可以借助系统图（枝状图、鱼刺图、网络图）对系统进行分析更为便捷。

由于扶贫者处在认识和改造自然的主体地位，扶贫工作设想的提出也必然是以人类的评价尺度为标准，这就很可能导致思考者提出的扶贫设想存在局限性。

正如陈昌曙教授在《哲学视野中的可持续发展》中指出的："在许多别的星球上可能根本没有大气、土壤，但谁都不会去讨论那里的生态环境问题；假定（当然仅仅是假定）人们肯定知道，从50世纪起直到永远，地球这个星球不能再为人居住，我们也不会去讨论50世纪后地球上的生态环境问题。这种说法固然带有浓厚的实用主义色彩，但却现实。"[①]

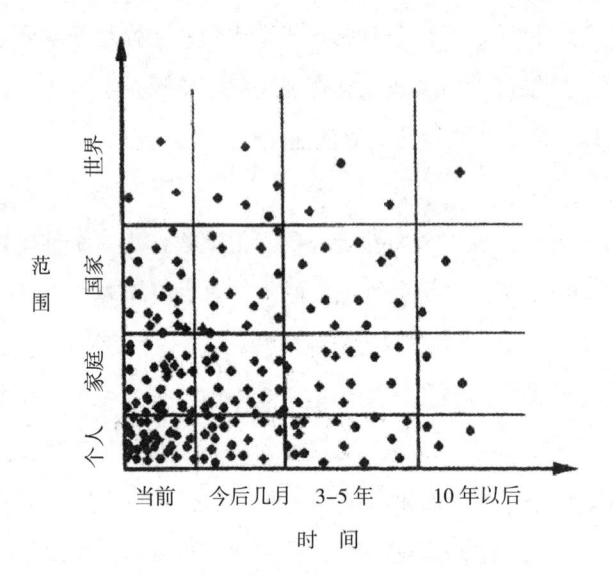

图10-1 人类关心度的时间空间区域

因此，扶贫工作者在提出精准扶贫设想时，要综合考虑复杂的信息，但考虑的范围即便较大仍然是以人类整体利益为出发点的，与人类发展关系不大的

---

① 陈昌曙.哲学视野中的可持续发展[M].北京：中国社会科学出版社.2000：116.

信息，在思考时一般都不会给以足够重视。同时，由于经济效益等直接或间接的功利性因素的影响，扶贫工作者思考问题时会重点考虑眼前问题，人类的关心度也只能限于时间和空间上较近的区域（如图10-1所示①）。

扶贫工作者自觉不自觉地关注近期因素的现象，是由多方面原因造成的。在精准扶贫活动中，在经济因素的制约下、在功利性因素的驱使下，一部分扶贫工作者有时甚至明知问题存在，仍然实施某些项目的开发。这种"人有远虑，尚有近忧"现象的出现，实际上也是部分扶贫工作者的一种无奈的选择。同时由于"人们对自己行为的长远性、全局性结果的领悟也有一个认识过程，而在此之前，他们只可能更多地关心自己近期的需要，即难免近视而缺乏远见。这是仅用工业家的过错、人们的私利和狂妄，及人们想要掠夺自然等无法说明的，至少是无法只用这些因素来充分说明的。"②

扶贫工作者在提出精准扶贫设想时应该关注复杂性问题，但主、客观因素的影响决定了彻底解决精准扶贫环境中的复杂性问题是不可能的。事实上，人的主观因素对于精准扶贫设想的提出起着决定性作用。精准扶贫设想的提出和应用，是人类利用和改造自然活动的重要组成部分。在当代社会，扶贫工作者进行提出精准扶贫设想时，要从可持续发展的角度思考问题，所考虑的"人"应该是全人类，这就要求扶贫工作者提出精准扶贫设想时，既考虑当代人又要考虑后代人，既要考虑长远利益又要考虑近期利益。扶贫工作者是存在于社会中的人，它具有社会人和自然人的双重属性。因此，如果从可持续发展的角度出发思考问题，扶贫工作者在提出精准扶贫设想时就必须考虑不同层次的追求目标，解决个体和群体、人类与自然的矛盾。扶贫工作者首先考虑的是精准扶贫工作设想与扶贫现状的矛盾，而后要考虑当代人与后代人的关系，最后要考虑人类与自然的关系。要避免"短视"现象的发生，就要充分运用系统思维去解决问题。这样考虑问题将更加长远。

习近平总书记在地方工作期间，关注环境保护的问题就是他立足于长远思

---

① 陈昌曙.哲学视野中的可持续发展［M］.北京：中国社会科学出版社．2000：71.
② 陈昌曙.哲学视野中的可持续发展［M］.北京：中国社会科学出版社．2000：71.

考的典型案例。也是他作为总书记提出"绿水青山"的论述的实践基础。从福建省长汀县治理水土流失提高森林覆盖率,到 2005 年 8 月 15 日,在安吉天荒坪镇余村考察时,首次提出"绿水青山就是金山银山",可以看出习近平总书记一直观注环境保护问题,重视可持续发展。

"2004 年,习近平在《之江新语》上发表评论,要看 GDP,但不能唯 GDP。GDP 快速增长是政绩,生态保护和建设也是政绩;经济社会发展是政绩,维护社会稳定也是政绩;立竿见影的发展是政绩,打基础作铺垫也是政绩;解决经济发展中的问题是政绩,解决民生问题也是政绩。"①

从上述论述中不难发现,习近平总书记希望更多人认识到立足长远打基础解决民生问题的系统思维的重要性。

前瞻性思考,不仅渗透到扶贫工作者精准扶贫设想中,甚至还可以在扶贫工作者确定具体工作实施手段时融入这种理念。治贫先治愚,扶贫先帮助帮扶对象改变生活习惯都是这种前瞻性思考。

陕西省延川县赵家河村村民赵胜利在回忆习近平总书记给他留下深刻印象的事时,曾经这样说:

"有两件小事。一件事是近平自己修了一个厕所的事。他住的窑洞外不远处,有个厕所,这个厕所是公用的,住这排窑洞的人,还有路过的人都会用这个厕所。但是这个厕所非常小,也非常简陋。当时陕北农村,生活很艰苦,对于上厕所就更不讲究。挖个坑,周围随便用木头、秸秆、土坯一挡,上面盖个草棚子,就当厕所了。所以俗称"茅厕"。男人站在里面方便,有时外面路过的妇女都能看见。

近平来了不久,就动手修了一个男女分开的公共厕所。他把旧的厕所拆掉,重新用砖和石头砌,扩大了面积,又加高了围墙,一间男厕,一间女厕,都是分开的,宽敞多了,而且隐秘性比较好。大家一看,这样确实很方便,就纷纷效仿,在他的带动下,村里的社员们也都纷纷改造自己家的厕所。不久之后,

---

① 习近平心中的绿水青山是什么样子? http://news.xinhuanet.com/politics/2015-12/28/c_128572974.htm

赵家河的厕所基本都改成了砖石结构的。"①

修厕所看上去是小事，却体现出帮助农村群众养成健康文明的生活方式的前瞻性思考。

三、农业精准扶贫工作者的问题意识

"问题"是个多义词。在现代汉语中问题一词的释义：①要求回答或解释的项目。②须要研究讨论并加以解决的矛盾疑难。③关键，重要之点。④事故或意外。在英文中 problem、query、question 三个词都有问题的含义，其中 problem 不仅是指简单的一般的问题以及待解决的习题（如几何题、测试题等）而且是指"难解之题"，"不可解之事物"和令人困惑的事。由 Problem 演变而来的 Problematical 一词还有"盖然性"、"或然性"或"未定的"等含义。query 是正式用语，指关于某个特殊事情的特殊问题（如对某个规划某个项目提出几项问题）。它不仅表明提出问题的人的怀疑或反对倾向，也表示提问者意在提出问题以供他人考虑和解决。question 特指想发现某事物或想得到确切信息而加以询问，因而这类问题一般是待答复的问题）此外 question 还表示议题、争论点和交付表决的问题等。

对于问题的理论范畴已引起人们重视、理解，也众说难定。

问题复杂、多样，但是有其共同的特性，深入了解问题的特性有助于对问题的含义深入理解、判断和解决。问题的特征可以从宏观和微观两个方面来分析。宏观特征主要表现为普遍性、多样性和相关性；微观特征则表现为情境性和多维性。

问题的普遍性是指问题的广泛性和持续性。一方面，问题不但数量多，而在自然与社会领域无处不在，不仅在认识和改造自然活动中普遍存在着大量的

---

① 中央党校采访实录编辑室.习近平的七年知青岁月［M］.北京：中央党校出版社.2017：305.

问题，在社会生活领域中政治、经济、生产、社会交往、工作、学习、婚姻、家庭乃至生老病死都有大量的问题与每个人息息相关，小至吃饭、穿衣，大至全人类的生存、发展涉及各个科学领域如哲学问题、科学问题、艺术问题、经济问题、政治问题、环境问题等。另一方面，问题具备持续性。问题的存在是永远不间断的，随着社会的发展，问题也在不断地增多和深化。

问题的多样性是说问题的形式和类型的多样性。就时间领域有历史问题，现实问题和未来发展问题；就空间领域，有单领域问题和跨领域交叉问题、有内部问题、也有外部问题；从组织角度，有结构问题、也有关系问题；从功效角度，有功能问题和价值问题；从表述方式角度，有形式问题、也有内容问题，有语言问题、也有非语言问题；有描述性问题、也有规范性问题；从重要性角度，有核心问题、也有边缘性问题和枝节问题；从表现形式上，有抽象问题、也有具体问题、现实问题，不仅有心理感受问题，而且也有行为表现问题。就解题方式区分，有分析问题、也有综合问题。更兼这些特征，在大多数问题中的表现是重叠并存的。综上所述可见问题的特征庞杂而多样，探讨这些特征，有助于理论研究，更主要的是针对问题的特征表现，可以采取不同的思维方式和与之相应的解题方法。因此在创造性解决问题时，必须对具体问题的表形特征，首先有一个明确的认识。

从宏观角度分析，现实中没有孤立的问题，问题与问题之间，借助一定客观存在的关系形成一个有层次、有结构，相互影响的问题系统。在问题系统内部，问题与问题之间表现为一定的结构形式（系统结构），相关问题作为一个系统单元与其他单元，存在着相关性、层次性，相互影响和制约。这种结构关系，对问题的解决有明显的促进和作用，即为解题提供了有利条件，同时，也提高了解题的复杂性。这也就告诫我们不能孤立地看待问题和解决问题。

问题是在一定情境中产生的，是特定情境的一部分，问题的发现、理解和解决都与问题的情境密切相关。美国学者 R·M·高登松把情境分为情境和问题情境。情境是指不用思考，完全靠习惯条件反射作用来解决的情况。问题情境则是指靠惯用方法不能解决，需要运用和发明新方法才能解决的情境。

情境是客观存在的，人的认识水平却因为以往的经验、知识水平、思维定势等多种原因产生认识的差异，因此情境与人的认识产生矛盾与冲突也是必然的。矛盾的产生原因即有心理成分、主观成分，也有方法论成分和客观成分。由情境发展到问题情境的认识过程，是一个心理转换过程，即由知觉到思维的转换过程、由自发的反映到自觉的认识过程。面对客观存在的情境，认识主体首先凭借自己的知识，经验和已掌握的方法对情境做出反应，进行初步的试探性的探索，并通过反馈的信息，判断认识是否正确、归属是否合适、是否有效，有没有其他方法可以使用。从感觉到意识，再从某些异常情况到进一步分析、探索。看到有了结果可能有三种情况：其一是问题情境消失。其原因可能是客观的，情境自然的变化；也可能是认识主体的正确判断。其二是产生了确实存在的，有完整结构的问题。此时则需要作深入的思考以寻求解决问题的方法和途径。其三则是做出了错误的判断。由此产生的"问题"可能是似是而非的问题，有时是对客观情况的误断，也可能是主观因素产生的虚幻问题，而根本不是问题。应当说明的是无论哪种错误的判断都是认识不够所至，应尽量避免发生。

每一个问题都有三个维度：心理学维度、思维学维度和语言学逻辑维度。问题的发展过程历经从心理上感受到问题、从认知上澄清问题、从语言上表述问题三个程序。

心理学维度：从心理学角度，问题表现为一系列心理活动和主观感受问题的心理起点是怀疑，主要心理表现是不一致感、不协调感和冲突感，这是一种心理预感。从审美心理上看，问题的出现意味着原有科学理论、观念或科学思维中包含着不美、不协调因素，消除这些因素或方面就成了有待探索的问题，也成为科学探索和创新的动机。问题对于个人表现为心理困惑或心理危机。重大的、基本问题不仅导致个人心理危机，还会引发群体、民族、阶级、社会乃至人类的心理危机和信仰危机，如全球金融危机问题。从心理过程看，从问题的产生到问题的解决表现为从不协调—协调—新的不协调的发展过程，有时也表现为由低级的、局部的表象上的不协调，向高级的整体和本质的不协调发展的过程。

思维学维度：问题的思维学方面主要表现为给定的初始状态和目标状态之间的差距。从思维活动角度看，每一个明确陈述出来的问题，都是有相对独立结构的，就问题与自我的关系而言，结构特征始终具有决定性的作用。虽然不同类型的问题的细部结构，可能会有所差异，但所有的问题在结构上都有三个基本成分：给定条件、目标、障碍。给定条件是已经存在并提供的一组信息，或关于问题现有条件的陈述，即问题的初始状态；它是已知的、客观的、现实的。目标是关于构成问题（预期）结论的描述，即问题要求的答案，目标状态或功效要求。目标状态是一种未来状态，从心理上说是一种期望、理想，从认知角度，是认知主体所追求的目标；目标状态有宏观与微观之分、有确定与不确定之分、也有可变与不可变之分、也可以有要求（必须达到）和期望之分（希望达到或争取达到）。障碍是影响达到目标的诸因素的总和。障碍的形成即有客观因素，如问题本身的复杂性、深奥性、技术手段的欠缺性和不适应性、信息不足等，也有主观方面的因素，如解题者对问题的认识水平、经验思维与解题能力不足等。正确的解决方法通常都不是直接呈现或显而易见的，必须通过思维活动才能找到解决问题的办法，通过改造给定的初始状态，达到目标状态。克服障碍的过程是一个理解与解构的过程，也是思维运演与行为操作的过程，还是一个决策与选择的过程。

语言——逻辑维度：在逻辑学中，问题是指能够以疑问句来提问或表达的特定实体。逻辑学与语言有着不可分割的联系，没有语词和语句也就没有概念、判断和推理，从而也就不可能有人的思维活动。逻辑学注重问题与语言表达的关系，并力图对其作形式化的处理。关于语言——逻辑关系对问题的分类方式方法，国内外一些专家学者各有见的，我们不做深入的探讨。应当说明的是在实践思维与创造中的一些问题是比较直接地用分类方法表述的，如为什么问题、条件问题、思维与假设问题、析取问题等，更多出现的创造性含义的问题，则必须经过认真分析，科学抽象寻找出构成选题创造障碍的本质问题，作简捷、精确的表述，以使问题情境一目了然，更好地引导创造性思维过程。

问题作用主要表现在以下几个方面：

第一，激发作用。

问题之所以存在激发功能，在于它的刺激性和挑战性。问题，尤其是困难的、复杂的、新奇的、有趣的问题，既是对富有想象力的人的吸引，也是对人的精神意志、知识水平和技术方法能力的挑战和考验。问题未能解决，将对人形成一种压力，产生痛苦或失败的感觉，是对毅力的考验和锻炼；一旦问题得到解决，才产生一种征服感、控制感、喜悦感和成就感，使人感到生活的充实、责任和意义，也成为继续奋斗的动力。

问题的激发作用使它成为灵感的源泉。问题及其解决过程是某种意义上的激发信号，对人的思维物质不断刺激，迫使人不断深入地思考、感受、体验……问题也在不断地深化，促使灵感进一步涌现，因而问题的激发感受不断地产生，质量也在不断地提高。问题激发了我们的动机和兴趣、情感和灵感，也激发了我们的感知和记忆，促使我们去观察与注意、去实验与搜索、去思考与想象、去交流与沟通、去实践与创新、去操作与控制、去合作与竞争、去协调与超越，使我们在问题的激发中不断地提高个人的创新能力，同时也在塑造一个更优秀的自我。

2015年11月25日习近平总书记在中央扶贫工作会议上指出：

"加大内生动力培育力度。我常讲，扶贫要同扶智、扶志结合起来。智和志就是内力、内因。我在福建宁德工作时就讲'弱鸟先飞'，就是说贫困地区、贫困群众首先要有'飞'的意识和'先飞'的行动。没有内在动力，仅靠外部帮扶，帮扶再多，你不愿意'飞'，也不能从根本上解决问题。现在，一些地方出现干部作用发挥有余、群众作用发挥不足现象，'干部干，群众看''干部着急，群众不急'。一些贫困群众'等、靠、要'思想严重，'靠着墙根晒太阳，等着别人送小康'。要注重调动贫困群众的积极性、主动性、创造性，注重培育贫困群众发展生产和务工经商的基本技能，注重激发贫困地区和贫困群众脱贫致富的内在活力，注重提高贫困地区和贫困群众自我发展能力。要弘扬中华民族传统美德，勤劳致富，勤俭持家。要发扬中华民族孝亲敬老的传统美德，引导人们自觉承担家庭责任、树立良好家风，强化家庭成员赡养、扶养老年人的责任意识，促进家庭老少和顺。一个健康向上的民族，就应该鼓励劳动、鼓励就业、鼓励靠自己的努力养活家庭，服务社会，贡献国家。要改进工作方式方法，改变简单给钱、给物、给牛羊的做法，多采用生产奖补、劳务补助、以工代赈等机制，不大包大揽，不包办代替，教育和引导广大群众用自己的辛勤劳动实现脱贫致富。"①

学习习近平总书记关于内生动力培育的论述不难发现在精准扶贫工作领域问题的激发作用主要包括两方面：一方面是精准扶贫者进入工作状态后激发工作状态的外因，只有深入调研，扶贫者才能了解扶贫对象的实际情况，可以有针对性提出扶贫方案。另一方面，是指引导群众积极参与扶贫活动，形成合力，这样才能实现精准扶贫的目标。

第二，定向作用。

问题从客观上指导或规定了认知和思维的大致方向和范围，也基本上给出了思维的形式、方法和视角。定向作用取决于问题的类型：对于单一、简单问题可以单视角地思考，而综合问题和复杂问题则必须进行多视角、全面透视分析决定取向。如果是外部问题可凭直觉和经验，进行逻辑分析或分解处理；而对内部问题，则应从输入、输出关系，系统结构相关性等处展开，凭借经验，逐步深入直至问题解决。显而易见，对于基础问题、理论问题、应用问题、中心问题、边缘问题……问题不同，思维形式与方法也各不相同。

习近平总书记在中央扶贫工作会议上指出：

"合理确定脱贫目标。党中央对2020年脱贫攻坚的目标已有明确规定，即到2020年，稳定实现农村贫困人口不愁吃、不愁穿，义务教育、基本医疗和住房安全有保障；实现贫困地区农民人均可支配收入增长幅度高于全国平均水平，基本公共服务主要领域指标接近全国平均水平；确保我国现行标准下农村贫困人口实现脱贫，贫困县全部摘帽，解决区域性整体贫困。深度贫困地区也要实现这个目标。同时，我们要以唯物主义的态度对待这个问题，即使到了2020年，

---

① 习近平．习近平谈治国理政（第二卷）［M］．北京：外文出版社，2017：90~91．

深度贫困地区也不可能达到发达地区的发展水平。我们今天的努力是要使这些地区的群众实现'两不愁三保障',使这些地区基本公共服务主要领域指标接近全国平均水平。在这个问题上,我们要实事求是,不要好高骛远,不要吊高各方面胃口。"①

"区域发展必须围绕精准扶贫发力。深度贫困地区的区域发展是精准扶贫的基础,是精准扶贫的重要组成部分。集中连片的贫困区要着力解决健全公共服务、建设基础设施、发展产业等问题,但必须明确,这样做是为了给贫困人口脱贫提供有利的发展环境,在深度贫困地区促进区域发展的措施必须围绕如何减贫来进行,真正为实施精准扶贫奠定良好基础。要防止以区域发展之名上项目、要资金,导致区域经济增长了、社会服务水平提高了,贫富差距反而拉大了。深度贫困地区要改善经济发展方式,重点发展贫困人口能够受益的产业,如特色农业、劳动密集型的加工业和服务业等。交通建设项目要尽量做到向进村入户倾斜,水利工程项目要向贫困村和小型农业生产倾斜,生态保护项目要提高贫困人口参与度和受益水平,新型农村合作医疗和大病保险制度要对贫困人口实行政策倾斜,等等。"②

习近平总书记在讲话中,分别从中央扶贫工作目标和区域发展工作任务两个层面,提出了精准扶贫工作的要求,这样就用工作目标定向了精准扶贫的任务。只有认真领会习近平总书记讲话精神,才能因地制宜沿着工作方向做好精准扶贫工作。

第三,引导作用

问题是认识活动的源头、枢纽或组织中心。心理能量、心理资源都是按解决问题的需求,来进行分配的。以问题为核心,研究对象理论观点、经验事实、研究途径、技术方法等诸多因素被合理地组织起来,为解决问题协调发挥作用。现代科学研究一个明显的特点,就是以问题为中心搜集信息、组织资料,并建立问题结构及问题之间的联系的。也可以说一个问题就是一个组织中心。问题

---

① 习近平.习近平谈治国理政(第二卷)[M].北京:外文出版社,2017:87~88.
② 习近平.习近平谈治国理政(第二卷)[M].北京:外文出版社,2017:89.

引导人们思考并不断的克服心理、情感、思维、各种束缚和障碍，不断的解决问题，向更高层次的问题挑战。相反，如果没有问题，思想就会陈旧、方法就会老化、真理就会泛化、思维也会迟钝，人类社会也会停滞。

习近平总书记在中央扶贫工作会议上明确指出：

"加大组织领导力度。深度贫困地区脱贫攻坚要强化落地，吹糠见米，做到人员到位、责任到位、工作到位、效果到位。解决深度贫困问题，加强组织领导是保证。党中央强调要增强'四个意识'，这不是一个口号，不是一句空话，要落实在行动上。各级党委和政府要坚决落实党中央决策部署，坚定不移做好脱贫攻坚工作。深度贫困地区党委和政府要坚持把脱贫攻坚作为'十三五'期间头等大事和第一民生工程来抓，坚持以脱贫攻坚统揽经济社会发展全局。县级党委是全县脱贫攻坚的总指挥部，县委书记要统揽脱贫攻坚，统筹做好进度安排、项目落地、资金使用、人力调配、推进实施等工作。我在这里再次重申，脱贫攻坚期内贫困县县级党政正职要保持稳定，对表现优秀的，完成脱贫攻坚任务后可提拔重用。希望在这个岗位上的同志不辱使命，把党交给的光荣任务全面完成好。"[①]

"深度贫困地区脱贫攻坚，尤其要加强工作第一线的组织领导。打攻坚战的关键是人，这些年我们在贫困村选派第一书记、驻村工作队，有的还增加了大学生村官。深度贫困是坚中之坚，打这样的仗，就要派最能打的人，各地要在这个问题上下大功夫。否则，有钱也不成事。要把夯实农村基层党组织同脱贫攻坚有机结合起来，选好一把手、配强领导班子，特别是要下决心解决软弱涣散基层班子的问题，发挥好村党组织在脱贫攻坚中的战斗堡垒作用。还要依法打击村霸黑恶势力，严防他们干扰基层政权运行。各级党政机关要积极向贫困地区选派干部，向贫困村选派第一书记和驻村工作队，让干部在脱贫攻坚中锻炼成长。在脱贫攻坚一线工作的基层干部非常辛苦。今年元旦我在新年贺词中专门问候他们，就是要发出一个信号，要求地方党委和政府要关心、关爱、

---

① 习近平．习近平谈治国理政（第二卷）［M］．北京：外文出版社，2017：91.

关注他们。要把深度贫困地区作为锻炼干部、选拔干部的重要平台。扶贫干部要真正沉下去，扑下身子到村里干，同群众一起干，不能蜻蜓点水，不能三天打鱼两天晒网，不能神龙见首不见尾。这方面，各级党组织和组织部门要管好抓紧，确保第一书记和驻村干部用心用情用力做好帮扶工作。"①

坚持问题导向，提高扶贫者工作执行力，就要加强扶贫工作的组织和领导，这样才能把党的精准扶贫工作做好，实现精准扶贫工作目标。

四、农业精准扶贫工作者的信息收集能力

21世纪已进入知识经济时代，信息、能源、材料成为影响现代社会的重要因素。

在知识经济时代，信息无处不在；没有信息，一切社会活动都将成为"盲人瞎马"、不知所终。

什么是信息？信息一词在英、法、德、西班牙语中均是"information"，日语中为"情报"，我国台湾称之为"资讯"，我国过去称之"消息"。对于信息的认识众说不一：

经济学家认为"信息是提供决策的有效数据"

美国信息管理学者霍顿（F.W.Horton）将其定义为："信息是为了满足用户决策的需要而经过加工处理的数据。"

我国著名的信息学专家钟义信教授认为："信息是事物存在方式或运动状态，以这种方式或状态直接或间接的表述。"

信息奠基人香农（Shannon）教授认为："信息是用来消除随机不确定性的东西。"

综上所述，我们可以对信息相关问题做如下简单概括：

---

① 习近平. 习近平谈治国理政（第二卷）[M]. 北京：外文出版社，2017：91~92.

信息是对客观世界中各种事物的运动状态和变化的反映,是客观事物之间相互联系和相互作用的表征,表现的是客观事物运动状态和变化的实质内容。

信息的功能是:反应事物内部属性、状态、结构、相互联系以及与外部环境的互动关系,减少事物的不确定性。

信息虽然是不确定的,但也有办法使其量化。其特点是:

第一,消息 x 发生的概率 $P(x)$ 越大,信息量越小;反之,发生的概率越小,信息量就越大。

第二,当上述概率为"1",信息量为"0"。

第三,当一个消息是由多个独立的小消息组成时,那么这个消息所含信息量应等于各小消息所含信息量的和。

基于以上分析可以发现,信息在政治、经济、国防、文化以及社会其他领域无处不在。信息在各个领域中发挥引导决策作用,并为一切具体活动提供解决问题的依据。可以说,信息在人类改造自然、推动社会进步的过程中起着至关重要的作用。

信息为创新活动选题、决策、计划、设计与验证乃至后续工作提供了依据,并指导整个创新过程的实施,也是精准扶贫工作动机的出发点和解决疑难问题的线索与手段。信息贯穿精准扶贫工作自始至终。

精准扶贫工作涵盖的信息在整个信息系统中只能算是一个相对小的子系统,必然属于一个领域的信息系统。以此类推,无论哪一级信息系统,相互之间都存在着广泛的交流。具体的信息交流渠道多种多样,既有公开的渠道,也有相对私密的渠道,信息交流渠道畅通是社会进步的根本保证。获取信息的方法多种多样,在精准扶贫工作中,经常使用的获取信息的方式、方法主要有观察、调查、资料收集等三种。

(一)观察

观察是人类感知世界、认识事物最基本的心理活动,是人类赖以生存的本能。

观察最直接的含义是仔细察看,了解客观的事物或现象。"观"指"看"、"听"

等感知行为,是对情境的感受;"察"则是对所感知的事物,经过分析综合后的理解。因此,可以认为观察是指人们对周围存在事物的现象和过程的认识。

观察力是个人能力的反映。所谓观察力是指主体正确地对事物进行的观察、认识能力,观察力是主体观察活动能力的体现,也在客观上反映了一个人的创造能力。

观察是对客观事物或现象的主观感受,是主观见诸客观的觉察与认知过程。其主要特点表现为:

客体是在"自然存在"条件下,对观察对象不加任何干预与控制;对于主体则要具备两个要素:第一,感官知觉因素具备直观性。第二,思维因素具有分析与判断能力。因此,可以认为观察之所以成为现实就必须具备两个基本条件:观察对象的客观存在是观察的先决条件,观察的主体感知能力则成为观察的必要条件。

作为观察对象的事物有静态系统与动态系统之分,他们分别以结构直接表象或按客观规律实现系统机构互动中形成综合表象作为信息输出。观察者则以相应的观察手段、技巧和合理的观察机制对观察到情境进行分析、综合,并与已有信息进行比较分析,做出判断和选择,形成最终的观察结果和在客观条件下的主观认知,成为新信息。新信息、新发现将成为精准扶贫工作的依据或深入开展实践活动的认识基础。

需要说明的是,人作为自然与社会的组成部分,也同时是观察的对象。对人的观察不仅与观察事物一样,对其外观、肢体结构、举止行为进行观察,而且要对其语言表述、表情变化及心理活动等外化反映进行观察。这一过程甚至可以借助仪器、仪表等辅助手段,并通过人的认知能力,从深层次理解人的行为与心理变化,这也是观察的最高境界。

观察是受思维支配的有目的、有意识的、系统的感知认识活动,是人类认识客观事物获得知识和新发现的起始点和重要手段,是获取信息的最基本途径。观察者从观察中得到印象,经过分析提取事物特征、研究同类事物的共性,对所获取信息进行加工分类、归纳,并抽象出表象规律,以达到对客观事物及其规律进行描述及判断的目的。观察不仅为科学研究以及创造、创新实践活动提供信息积累,而且通过对人的观察,深入了解社会及人与人关系。因此,可以认为观察是人类社会存在与发展不可或缺的认识活动。

观察是有目的的感知觉活动。因此,观察结果要具有客观性、典型性、全面性的特征,这样才能为最终进行理性判断提供真实的依据,帮助观察者得出正确的结论。一般地说,辅助党建决策的观察活动应遵循如下几项原则:

1. 客观性原则

观察是以客观存在为前提条件的。这就要求观察者在观察中能如实地觉察事物的及时情境和本来面貌,并以此为依据进一步认识事物的现象和本质,实事求是地取得客观材料。任何脱离现实或主观臆断都会使观察结果失真,这样就可能出现谬误结论或导致创意失真。需要注意的是,任何具体事件都是在一定时间和空间中产生的,因此,观察者在观察时间和场合的选择时要努力选择最佳时间和地点。

2. 全面性原则

任何事物在不同条件下可能有多个侧面和多种属性,要真实了解事物的本质,就必须尽可能实现全面的、多方位地观察,并在事物内部及内部与外部系统活动中进行动态观察,以把握和发现其内在联系与整体规律性。"横看成岭侧成峰"正是全面观察的真实写照。

3. 典型性原则

观察的典型性原则有两种含义。一是观察对象选择的典型性。同一类问题有可能涉及多种事物,选择具有代表性的事物,以收到感知一种、洞悉全部或部分的效果。二是观察点与观察过程的典型性。在选定观察对象后,在选择观察的目标时,尽可能选择具有代表性的、主要和本质方向的问题,以避免次要因素和可变因素的干扰,使本质现象与规律充分的表露出来。

4. 理性的认知原则

观察是直观感受情境的过程。因此,观察主体还需要对信息进行筛选、分析、综合、对比、判断,做出全面的评价。上述工作都与观察者的素质与知识水平密切相关。面对同一观察环境与观察对象，不同的人、因知识水平的差异，可能产生不同的观察结果。这时，必须综合观察结果与个人背景知识进行对比，而后作出判断。判断时，不仅要坚持科学理性、更要坚持实事求是的原则，不得虚构数据或以片面的数据以偏概全。

（二）调查

精准扶贫工作源于需求，又以满足社会需求为最终归宿。精准扶贫工作与自然、社会资源（人、财、物、力）密切相关，深入了解自然、社会的现实信息就成为实现并优化精准扶贫工作的基础和指导准则，而调查则是获得这些信息必不可少的手段和途径。

调查的直观理解就是为了了解情况所进行的考察。"考"的本意是推求、研究，"察"是深入细致的观察。因此，我们可以理解调查既包含调查主体对调查对象的直接观察，也包括广纳他人对调查对象的观察与体验的结论意见。调查有更广泛的信息来源，也有助于取得更佳的效果。

需要注意的是调查所取得相当部分的信息有间接性，也增加了选择信息难度。调查者必须认真研究、审慎对待和取舍。

精准扶贫工作中的调查工作基本步骤可以划分为四个阶段：准备阶段、调查阶段、研究阶段和总结与应用阶段。

第一阶段，准备阶段。

准备阶段主要任务是进行调查研究的基本规划设计。其主要任务是：①通过对现实问题的探讨来选择、确定调查题目，明确调查任务，需要说明的是在精准扶贫工作中，很多调研工作在选题之前就开始了；②经过初步探索和调查研究，明确课题的目的、意义和要求；③确定创新实践的指导思想、理论基础，明确实践活动所要解决的基本问题或要实现的基本功能；④提出工作设想，按工作的目的要求，明确调查内容和范围；⑤确定调查研究的类型、方式与方法；⑥将调查内容具体化，确定调查指标；⑦制订抽样方案，明确调查对象，选择抽样方法；⑧制订调查方案和调查大纲、组织调查人员、准备问卷图表等。

准备工作应当充分，明确中心和重点、抓住关键问题，保证调查工作能够顺利进行，取得更好的成果。

第二阶段，调查阶段。

调查阶段的任务是获取有价值的信息资料，为研究开发提供可靠的依据。因此，必须按调查设计的内容和要求系统、客观、准确地获取经验材料。

第三阶段，研究阶段。

研究阶段的主要任务是在全面地占有调查资料的基础上，对资料进行系统的整理、分类和分析。

对资料整理、分类的目的是将大量的原始资料简化、条理化、系统化，其主要工作是对资料进行检查、核对、归类、辨真伪、去粗取精。分析资料时，应由表及里、层层深入，从事物的相互联系中进行综合、抽象和概括做进一步理论分析，从整体上把握现象的本质特征及元素间的必然联系，找出事物发展的趋势和一般规律，并找出问题的疑难和矛盾加以解决。

第四阶段，总结与应用阶段。

总结与应用阶段的主要有以下几方面工作：①撰写调查研究报告，说明调查结果或研究结论。②对调研报告及结论进行评估，检查事实数据、统计分析结论等的正确性。③开展本次调研工作总结。④将调研成果和信息提供给下一工作程序或实践环节应用。

精准扶贫工作调查工作常用的基本方法包括访谈调查和问卷调查两种。

访谈调查可分为个别采访、开调查会两种方式，通过提问或讨论进行访谈调查。其目的是提高信息的准确度与可信度，一般按下列步骤进行调查工作。

（1）访谈前的准备工作

第一，明确访谈目标。要根据研究目的和信息占有情况确定访谈的目标和问题范围，有的放矢。

第二，选择访谈对象。选择访谈对象是以随机性与代表性相结合的原则抽取样本。样本的数量随访谈研究的性质不同而增减，探索性、纵向访谈样本可以少些，验证性、横向访谈样本可以多一些。

第三，编制访谈问卷。编制访谈问卷首先要确定研究变量，然后针对研究目标和变量，以研究目标为主线展开编制问题。

第四，制订访谈计划。如方式选择，时间、地点选择，进度安排等。

第五，选择访谈者。

（2）进入访谈现场

进入访谈现场，并非形式的进入，而是情感的投入，融洽感情是访谈必不可少的保证。创造融洽的现场气氛，突出主题、适当引导，围绕主题展开访谈。

（3）实施访谈

实施访谈是访谈的实质性阶段。访谈过程中要适时提出问题。提问要清晰、明确、委婉、易懂、从容不迫。控制谈话节奏，淡化敏感性问题。掌握层次，及时总结，做好记录。

（4）结束访谈

结束访谈时要做好以下三方面工作：第一，访谈时间要适当，不宜时间过长，又要遵守预先约定的时间长度。第二，结束访谈应自然，可根据现场情况捕捉恰当机会自然结束。第三，访谈结束前应向被访者致谢。

问卷调查是一种简便易行、节省时间、地域人员宽泛的调研手段，也是研究者最常用的一种收集资料的方法。用该方法所收集的材料也比较容易整理和统计，用无记名形式问卷比开调查会更容易获得某些有价值的信息资料。该方法的不足之处在于有些问卷无法收回，会影响材料的代表性。

（1）问卷的基本结构

问卷设计包括准备、设计问卷初稿、试用和修改等几步。一份完整的问卷一般由前言、指导语、主体和结束语等部分构成。

前言。

内容包括：a.调查的目的与意义；b.介绍调查主办单位；c.对被调查者回答问题的要求；d.申明保密的责任和保证；e.对被调查者表示感谢；f.返回问卷的时间。

第二部分，指导语。

指导语是用来指导填写问卷的文字说明，主要是指填表的方法、要求、时间及相关注意事项等。指导语要求遣词准确，通俗易懂，使人看后就能填写无误。指导语内容包括：a.选出答案做记号的说明；b.选择答案数目的说明；c.填写答案要求的说明；d.关于答案适用哪些被调查者的说明等。

第三部分，主体。

问题是问卷的核心内容，也自然是问卷的主体部分。编制的问题必须概念明确、内涵清晰，表述简明，适应被调查者的程度，符合调研的目的要求。对"一题多解"的情况要特别注明。

第四部分，结束语。

结束语是问卷的最后一部分，内容包括：对被调查者的合作再次致谢；征求对本次问卷调查的感受与建议；提出本次调查中的一个重要问题。一般以开放式问题的形式放在问卷的结尾。

（2）问题设计

问题设计是问卷设计中的关键，它直接影响到问卷本身的质量，关系到研究结果的真实性、可靠性和科学性。

进行问题设计时，要保证问题具备合理性、科学性、艺术性三大特点。

第一，合理性。保障问题的合理性需要注意如下三点：首先，分析问题是否为研究课题所必须。其次，探讨问题对被调查者是否全部适用。最后，确认提问的形式是否适合被调查者。

第二，科学性。保障问题的科学性同样需要注意三点：首先，使问题尽可能单一，避免增加访问的难度。其次，问题应尽量中性，使问题不带倾向性、避免误导。最后，问题含义尽量明确。在提问题时，应逻辑清楚（不抽象）、词义准确（无歧义）、语言通俗易懂（尽量少使用专业词汇）。

第三，艺术性。问题设计还应讲究语言艺术，特别是对一些敏感性问题，提问时尽可能采用委婉、迂回、虚拟等方法，帮助被调查者消除顾虑。

根据不同的调查需要，可以设计开放式、封闭式和半封闭式三种形式的问题。

开放式问题是指研究者只提出问题，不列出任何答案，被调查者可以自由回答。

设计封闭式问题,不仅要提出问题,而且还要提供备选答案,以限制回答的方向和数量,便于统计分析。

当研究者对问题尚不完全了解或者答案太多时,可以使用半封闭式问题。

(3)问题回答方式的设计

回答方式的设计,既要有利于结果的处理和分析,又要有利于被调查者的填写和回答问题。调查者提问和表述方式的不同,回答方式也有所不同。在设计问题时可以使用是否式、填空式、多项选择式、排列式、量表式等形式。

(三)资料收集

1. 资料及资料收集的概念

资料是科学、技术、生产、管理及一切领域的研究与社会实践记录,是科学技术人员及一切社会工作者劳动的结晶,积累了许多有用的事实、经验、理论、技术数据和方法,反映了科学技术发展的水平。资料是科学技术研究与创造、创新实践活动的基础,是一切物质与精神产品生产不可缺少的依据和原始材料。资料的收集对科学技术人员、管理人员等各类人群学习、研究与实践都有举足轻重的作用。

资料是指工作、生产、学习和科学技术研究等参考需要而收集或编写的一切公开或内部的材料。因此,一切文字载体的文献都可被称为资料。资料有广义和狭义之分。广义资料涵盖了一切文献载体,包括印刷型(书刊、报纸、小册子、简讯、图纸、图表等)和非印刷型(磁带、光盘、胶卷、电影胶片拷贝等)的文献。

狭义资料是指用于交流、交换、会议散发的各种知识载体,单位印发的非正式出版物,一次、二次、三次文献的综述、总结、述评、报告、工具书、检索工具书及原始记录手稿等零次文献。文献是资料的主要来源。

资料收集就是要根据所从事研究、精准扶贫工作以及生产实践活动的性质,有计划、有目的、有针对性、系统地把最新、最有用、价值高的事实材料或数据收集起来，供研究与实践使用的过程。

2. 资料收集对精准扶贫工作的意义

丰富的资料是开展人类实践活动，并使之取得良好效果的基础和重要保证。只有充分占有、"消化"资料，才能促进创造性思维活动，提高实践者的分析与判断能力。在决策、设计、实践实施过程中，资料都是重要的依托和不可缺少的指导性材料；掌握资料也是提高知识水平的有效途径。资料及资料收集的重要性，具体体现在以下几方面。

首先，占有和掌握资料是确立创新方向的重要前提和依据。

资料收集是开展精准扶贫工作的前提条件和重要组成部分，通过收集资料，可以熟悉农村基层党建工作发展的历史、现状及演化规律。在综合、分析已有党建成果的基础上，借鉴前人经验，可以掌握当前实践成果的优、劣、薄弱环节与空白；再依据需求，选择可行性的目标作为精准扶贫工作方向。如果占有的资料少，不熟悉现状与发展趋势，选题时难免会产生不准确、遗漏、重复等问题。这样，很可能使创新成果打折扣，影响精准扶贫工作的质量和效果。

其次，占有和掌握资料是产生观点的基础。

资料收集是学习和知识积累的过程，为开展精准扶贫工作论证、预测奠定了基础。一项有价值的精准扶贫工作必须有正确、鲜明的观点。观点的形成来源于对大量资料的分析、研究、提炼与升华。只有占有大量资料，并进行充分研究，才可能发现有价值的问题，并从中发现系统关系、外界影响、内部联系，找到解决问题的思路，产生创造性的设想。占有资料越多，分析、比较就会越充分，判断才能更准确，这样，才容易产生独到的见解。

最后，占有和掌握资料为持续解决问题提供思路。

资料收集是精准扶贫工作的起点，不仅为实践活动选题和提出观点奠定理论基础，而且也贯穿于整个实践工作的全过程。

一方面，当初始资料收集之后，在使用的同时，难免会发现不足、不全、不准之处，还需要进一步收集、补充、跟踪收集。同时，在论证、预测、决断、设计等过程中，当环境、条件发生变化时，还要有针对性的继续做资料收集工作。

因此，可以说资料收集工作是伴随着精准扶贫工作不断完善和更新的持续性工作过程。

另一方面，资料也是组成知识的重要一环。精准扶贫工作难免遇到这样或那样的疑难问题及各种矛盾，资料是解决上述问题必不可少的依据。为认识、分析、掌握理论问题产生及发展脉络，深入了解问题产生原因，准确地找出解决问题的突破口进而解决问题，提供了依据和方法。

3. 资料收集的途径

资料收集的途径多种多样，应根据资料资源的现实条件，从多渠道、多方面、多角度收集和积累。资料收集的主要途径有以下几种：

第一，从书籍中收集资料。

根据需求，阅读相关书籍，提高知识水平，加深对研究内容的理解，发掘出有价值的资料。

第二，从报纸、刊物中收集资料。

无论是报纸还是刊物所承载的信息都具有新潮、及时的特点，时政、经济与学术发展动向同步，有较高的政策与理论水平，涉及环境、法规、科学技术等多方面的问题。因此，报纸、刊物是一个取之不尽的适时资料源。报纸、刊物与书籍相比，具备周期短、时效性强的特征，同时，还能够反映一些新动向和新成就。农村基层党组织领导者应养成阅读报刊，收集资料的良好习惯。

第三，从文书中收集资料。

文书包括国家机关及上级主管部门下发的各种文件、党和国家的方针、政策、法规，党和国家领导人的重要讲话以及重要的政治理论文章和机关内的各种内参、简报等。这些资料反映了当前社会发展的一些重要信息，从中不仅可以了解上级意图，还能够掌握国家及地区的发展策略和重点信息，为拓宽精准扶贫工作思路提供基础支撑素材。

第四，从档案中收集资料。

档案是历史活动的真实记录，国家、地区、部门、行业、社会组织或一个事件都会有其发生、变化和发展的过程，也会有大量记载，经整理、存档成为档案。

不了解事物的过去，就很难对其现状做出正确的判断，大量的历史资料可以为现实工作提供参考。因此，农村基层党建工作者应注意从档案中收集资料。

第五，从实践中收集资料。

在日常工作实践中，应注重日常观察，把所见、所感、经验体会等第一手资料记录、整理、收集起来，作为资料备用。

4. 资料收集的方法

资料收集方法因人而异，常用的、行之有效的方法有以下几种。

第一，坚持随时做笔记。笔记的内容包括：读书提要、摘粹、专题分类笔记、疑难待考记录等。

第二，做剪报。做剪报是指在读报刊发现有价值的资料后就剪下来，再按工作需要分类、集贴成册、编序备查用。

第三，编目法。编目法是指对所有收集的资料，整理、分类、装订，列出目录作为资料索引，这种方法便于利用原有资料。

第四，写工作日记与大事记。

第五，收集资料性资料。资料性资料是指报纸每月的索引，期刊每年最后一期刊登的各期的总目录，论文、图书索引等。这也是收集理论研究资料比较方便的方法之一。

第六，制作卡片。制作卡片是将资料或摘要随时记入卡片，然后整理、分类、编号、保存的工作方法。制作卡片时，要力图做到内容精要、注解清晰、规范一致，并注明来源。

第七，文献检索。文献是资料的重要来源，包括数据、事实、主题信息等。随着时代的进步，文献检索正逐步成为最重要、最常用的资料收集方法。

5. 资料收集的要求

资料收集是一项具有连续性、系统性、科学性的艰苦细致工作，必须具备良好素质才能完成、做好。收集资料时，必须满足如下几项要求：第一，坚持实事求是原则；第二，坚持客观性、准确性原则；第三，坚持针对性、选择性原则；第四，坚持逆时性、持续性原则，做到持之以恒、不断更新，掌握最新资料；第五，坚持分类原则，保证条理清晰。

五、农业精准扶贫工作者的创新能力

创新是美籍奥地利经济学家熊比特于 1912 在其《经济发展理论》一书中提出的。根据熊比特的观点：创新就是生产函数或供应函数的变化，或者是把生产要素和生产条件的"新组合"引入生产体系。这种组合包括以下内容：1、采用一种新的产品获得一种产品的新的特性；2、采用一种新的生产方法；3、开辟一个新市场；4、掠取或控制原材料或半成品的供应来源；5、实现一种工业的新组织。通俗地讲技术创新就相当于我们通常所讲的科技成果的商业化或产业化。

习近平总书记提出"精准扶贫"的理念就是对扶贫工作供应函数的重组，是扶贫工作理论的创新。精准扶贫工作者就要立足于创新带领帮扶对象发展是实现扶贫目标的重要途径。

要在精准扶贫工作中实现创新，就要突破传统观念的一些误区。

在传统的观点中有一种观点认为：创造创新能力是一种天赋，无法教授。

这种观点的最大作用就是可以使人认为创造力开发是没有意义的。然而，中外的种种成功的例子证明了这种观点的局限性。

但是，这种观点的支持者仍然会从一些在人类历史上做出卓越贡献的创造型天才，尤其是那些在自己擅长领域中作用突出的成功者的例子中找到佐证。莫扎特、爱因斯坦或米开朗琪罗都成为他们的好例子。进而说明对人类历史产生重大影响的天才们是没法制造的。

数学能力、艺术表达能力乃至运动天赋都有各种有用的级别，即使在缺少天才的时候也是如此。

就像一组人参加百米比赛。发令枪响后，比赛开始。必然有的人跑得最快，有的人跑得最慢。他们在比赛中的表现依赖于天生的奔跑能力。现在，假设有人发明了"自行车",并让所有赛跑者进行训练。比赛改为"自行车"比赛再次开始。每个人都比以前运动得更快。但是,有的人仍然跑得最快,有的人仍然跑得最慢。

如果我们不为提高人类的创造力做任何努力,显然个体的创造能力只能依靠天赋。但如果我们为被训练者提供有效和系统的训练方法,我们就可以提高创新能力的总体水平。有的人仍然比其他人好,但每个人都可以学会创造技能,提高自己创造性解决问题的能力。"天赋"和"训练"之间根本不存在矛盾。每位教练员或教师都会强调这一点。

事实上,学习创造学理论与方法和学习其他知识之间没有什么区别。一方面,教学可以将人们培训成有创造能力的人,另一方面,受教育者已有的天赋可以通过训练来提高。

因此可以认为"创造无法学会"的观点现在已经站不住脚了。创造力具有"可教性"和"不可教性"。天赋是无法训练的,但训练可以激发潜能。

也许创造教育工作者不可能训练出天才,但是有很多有用的创造并不是天才的功劳,要提高全民的能力,创造教育工作必不可少。

在传统的观点中另一种观点认为:创造创新来自于传统观点格格不入的思想。

有许多创造是在打破旧有观点、观念基础上实现的,有的人就会产生上述观点。而且,这一观点也很容易在生活中找到佐证。因为,在学校里许多成绩优秀学生似乎属于循规蹈矩派。而在实际工作中有所创造的人往往在学校读书时成绩不佳。有创造性贡献的人必然拥有传统观点有差异的观点,但是,没有前人的积累,有创造价值的观点,又从哪里来呢?难道是从天上掉下来的吗?

没有旧有的事物作基础,任何新事物都无法产生,创造本身就是一个辩证否定的过程。批判地继承绝不等于全面打倒,与传统观点差异更不等同于与传统观点格格不入。因此,要做好精准扶贫工作不是另起炉灶,而是吸收以前成功经验在提出对策。

在传统的观点还有一种观点认为:有创造力的人往往在右脑/左脑的使用

习惯和开发上有一种明显的倾向性。于是,就产生了左脑或右脑主动性的观点。

这种观点进而认为:惯用右手的人的左脑是大脑中"受过教育的"部分,识别和处理语言、信号,按我们已知的事物应该存在的方式来看待事物。右脑是未受教育的"无知"的部分。因此,在与绘画、音乐之类有关的事中,右脑单纯无知地看待事物。你可以画出事物本来的、真实的面目,而不是按你臆想的来画。右脑可以允许你有更完整的视图,而不是一点一点地构造事物。于是,在提到创造性思维时,这种观点认为,创造只发生在右脑,为了具有创造性,我们所需要做的就是停止左脑思考,开始使用右脑。

事实上,所有这些事都有其价值,但当我们涉及关于改变概念和认知的创造时,我们别无选择,只能也使用左脑,因为这是概念和认知形成和存放的地方。通过PET(Positive Emission Tomography 正电子发射断层成像)扫描,有可能看出在任何给定的时刻,大脑的哪一部分在工作。在胶片上捕获到的放射线的闪光表明了大脑的活动。可以很清楚地看到,当一个人在进行创造性的思考时,左右脑会同时处于兴奋状态。这正是人们所期望的,也是系统思维的主要表现形式。

前文提到的扶贫先治愚、改变生活习惯、西白莲峪村通过党组织建设为扶贫奠定基础并形成以基层党组织为核心的扶贫领导集体以及本书作者之一帮助贫困大学生创业实现扶贫都是精准扶贫领域的典型的创新。在精准扶贫工作中,扶贫者要不断变换自己的思维角度、掌握创新方法、这样才能创造性解决扶贫工作中的实际问题。

参考文献

1、《马克思恩格斯选集》1~4卷[M].北京：人民出版社.1995年

2、《马克思恩格斯全集》1、2、3、4、12、13、19、23、24、25、、42、45、46（上、下）、47卷[M].北京：人民出版社.中文第一版

3、马克思.《1844年经济学哲学手稿》[M].北京：人民出版社.2006年

4、马克思.《资本论》1~3卷[M].北京：人民出版社.1975年

5、恩格斯.《自然辩证法》[M]北京：人民出版社.1972年

6、列宁.《哲学笔记》[M].北京：人民出版社.1956年

7、列宁.《列宁全集》第16卷[M].北京：人民出版社.中文第2版

8、《列宁选集》第4卷[M].北京：人民出版社1995年

9、《列宁文稿》第2卷[M].北京：人民出版社1978年

10、《毛泽东选集》第2卷[M].北京：人民出版社1991年

11、《毛泽东文集》第7卷[M].北京：人民出版社1999年

12、亚里士多德.《尼各马可伦理学》.廖申白译.北京：商务印书馆.2003年

13、黑格尔.《小逻辑》.贺麟译[M].北京：商务印书馆.2003年

14、黑格尔.《逻辑学》.杨一之译[M].北京：商务印书馆.2001年

15、黑格尔.《精神现象学》.贺麟、王玖兴译[M].北京：商务印书馆.2003年

16、黑格尔.《自然哲学》.梁志学、薛华、钱广华、沈真译[M].北京：商务印书馆.1980年

17、康德.《判断力批判》.邓晓芒译［M］.北京：人民出版社.2002年

18、康德.《道德形而上学基础》［M］.孙少伟译.北京：九州出版社.2007年

19、肖前、李淮春、杨耕.《实践唯物主义研究》［M］.北京：中国人民大学出版.1996年

20、俞吾金.《实践诠释学——重新解读马克思哲学与一般哲学理论》［M］.昆明：云南人民出版社.2001年

21、罗国杰.《伦理学》［M］.北京：人民出版社.1989年版。

22、陈昌曙.技术哲学引论［M］.北京：科学出版社，1999年

23、远德玉、陈昌曙.论技术［M］.沈阳：辽宁科学技术出版社，1986年

24、罗玲玲主编.大学生创造力开发［M］.北京：科学出版社，2007年

25、［英］爱德华·德·波诺著.《严肃的创造力——运用水平思考法获得创意》［M］.北京：新华出版社，2003年

26、阎景翰等主编.写作艺术大辞典［M］.西安：陕西人民出版社，2002年

27、巫汉祥著.大学写作教程［M］.北京：科学出版社，1999年

28、师公有、杨雅芝、王景丹主编.基础写作新论［M］.北京：蓝天出版社，1993年

29、焦垣生主编.写作学教程［M］.西安：西安交通大学出版社，1999年

30、远德玉等.产业技术论［M］.沈阳：东北大学出版社，2005年

31、杨沛霆，陈昌曙.科学技术论［M］.杭州：浙江教育出版社，1988年

32、冯·贝塔朗菲一般系统论［M］.林康义，等译.北京：清华大学出版社，1987年

33、F拉普.技术哲学导论［M］.沈阳：辽宁科学技术出版社，1986年

34、巴里·康芒纳.封闭的循环［M］.长春：吉林人民出版社，1997年

35、大卫·格里芬.后现代科学：科学魅力的再现［M］.北京：中央编译出版社，1998年

36、海德格尔.林中路［M］.孙周兴，译.上海：上海译文出版社，2004年

37、班固.汉书［M］.北京：中华书局，2005年

38、陈凡，张明国.解析技术：技术社会文化的互动［M］.福州：福建人民出版社，2002年

39、瓦罗.论农业［M］.王家绶，译.北京：商务印书馆，1981年

40、柯克斯.农业生态学［M］.北京：农业出版社，1987年

41、帕金斯.地缘政治与绿色革命：小麦、基因与冷战［M］.北京：华夏出版社，2001年

42、斯佩丁.农业系统导论［M］.吕永祯，等译.兰州：甘肃人民出版社，1984年

43、祖田修.农学原论［M］.北京：中国人民大学出版社，2003年

44、福冈正信.自然农法：绿色哲学的理论与实践［M］.哈尔滨：黑龙江人民出版社，1987年

45、邵守义主编.演讲学教程［M］.北京：高等教育出版社，1993年

46、张子睿编著.实用文写作理论与方法［M］.北京：清华大学出版社 北京交通大学出版社，2004年

47、张子睿编著.创造性解决问题［M］.北京：中国水利水电出版社，2005年

48、张子睿编著.大学生竞技口才训练［M］.北京：清华大学出版社 北京交通大学出版社，2005年

49、中共中央国务院.关于推进社会主义新农村建设的若干意见［N］.人民日报，2006-02-22（1）

50、中共中央国务院，关于积极发展现代农业扎实推进社会主义新农村建设的若干意见［N］.人民日报，2007-01-29

51、Pitt J C. Thinking about technology:foundations of the philosophy of technology［M］.New York：Seven Bridges Press，2000